U0941946

华侨大学政管学院丛书　汤兆云主编

■ 田洁玫　著

“三化”协调发展背景下鹤壁市高标准粮田布局优化研究

经济日报出版社

图书在版编目（CIP）数据

“三化”协调发展背景下鹤壁市高标准粮田布局优化研究／田洁玫著．—北京：经济日报出版社，2021.4
ISBN 978－7－5196－0869－9

Ⅰ.①三…　Ⅱ.①田…　Ⅲ.①大田作物—农业布局—最优布局—研究—鹤壁　Ⅳ.①F327.613

中国版本图书馆 CIP 数据核字（2021）第 060860 号

“三化”协调发展背景下鹤壁市高标准粮田布局优化研究

著　　者	田洁玫
责任编辑	门　睿
责任校对	王阿林
出版发行	经济日报出版社
地　　址	北京市西城区白纸坊东街 2 号 A 座综合楼 710（邮政编码：100054）
电　　话	010-63567684（总编室） 010-63584556（财经编辑部） 010-63567687（企业与企业家史编辑部） 010-63567683（经济与管理学术编辑部） 010-63538621　63567692（发行部）
网　　址	www. edpbook. com. cn
E － mail	edpbook@ 126. com
经　　销	全国新华书店
印　　刷	天津雅泽印刷有限公司
开　　本	710×1000 毫米　1/16
印　　张	15. 25
字　　数	228 千字
版　　次	2021 年 5 月第一版
印　　次	2021 年 5 月第一次印刷
书　　号	ISBN 978－7－5196－0869－9
定　　价	62. 00 元

摘 要

以粮食安全为目标的耕地保护问题一直是土地资源管理学科的研究热点,也是关乎国计民生的重大问题。随着社会经济的快速发展，耕地资源可持续利用必然面临“三化”（工业化、城镇化与农业现代化）进程带来的各种挑战。鹤壁市地处中原经济区与河南省粮食生产核心区的重叠区域，不以牺牲农业生产与粮食安全为代价的“三化”协调发展战略是地方政府的必然选择。而“三化”协调发展背景下的高标准粮田布局优化既是保障粮食安全、实现耕地保护与耕地资源可持续利用的必由之路，也是缓解各项建设造成的用地冲突、实现土地资源集约节约利用的重要举措。

选取具有代表性的高标准粮田示范区河南省鹤壁市为研究区域，以“三化”协调发展战略为研究背景，系统运用管理学、经济学、资源学等相关学科的理论与方法，借助3S技术并使用Envi、ArcGIS、IDRISI、Fragstats、SPSS等遥感、地信及数理统计软件工具，在进行耕地动态变化及驱动机理分析、耕地布局稳定性分析的基础上，对鹤壁市高标准粮田布局优化安排及路径开展研究，获得主要结论如下：

1. “三化”协调发展不同阶段的耕地动态变化规律。在1993—2003年的“三化”协调发展形成阶段，研究区耕地数量增加，但整体质量水平呈现下降趋势；而在2003—2013年的“三化”协调发展提升阶段，研究区耕地数量呈现减少趋势，但整体质量有显著提升；研究区耕地资源动态变化不仅在时间序列上表现出差异性，在空间上变异也较明显，耕地数量与质量水平整体上表现为“两县>三区”。鹤壁市耕地动态变化特征与“三化”协调发展阶段性特点基本吻合，随着“三化”进程的推进，耕地资源利用方式出现由粗放向集约转变的趋势；耕地动态变化规律对未来高标准粮田布局优化、耕地资源保护具有重要指导意义。

2. “三化”协调发展背景下耕地动态变化驱动机理。农业现代化进程与区域经济发展是鹤壁市20年间耕地数量与质量变化的两大核心驱动力量。基于“三化”协调发展视角可细分为农业生产水平、农业技术进步、农业种植结构与耕地区位水平四项农业发展驱动因素，以及社会经济水平、农民自身情况两项经济发展驱动因素，此六项因素可视为驱动耕地动态变化的“燃烧物”；耕地相关政策与制度是具有催化作用的耕地动态变化“助燃剂”；“三化”协调发展的三项组成要素则是“着火点”，最终促成耕地资源的时空变化；而耕地变化最直接的输出结果是产生耕地保护威胁这项“燃烧排放”。高标准粮田布局优化不仅是实现农业集约化发展的必由之路，也是区域耕地保护的必然选择。

3. “三化”协调发展背景下耕地布局稳定性分析。将“三化”协调发展形成阶段与提升阶段设定为两种不同情景，应用CA-Markov模型预测比较鹤壁市未来土地利用变化趋势，选择按照“三化”发展提升阶段的既定战略方向发展，则2023年鹤壁市的耕地布局稳定性数量结果与该市未来规划目标相符、空间结果符合“三化”协调发展方向、质量结果可以满足高标准粮田建设需求。然而，鹤壁市未来也存在耕地后备资源紧张与耕地质量退化的风险，可能对区域耕地资源可持续利用带来挑战。因此可从政策法规上保障耕地资源合理利用、从资源配置上提高耕地生产效率、从体制机制上协调自然生态效益与社会经济效益。总体上看，高标准粮田布局优化可望为耕地资源的可持续利用提供保障。

4. 基于高标准粮田布局优化的区域“三化”协调发展战略。高标准粮田布局优化包括空间、时序与百千万方三个层面内容，各项布局优化结果将影响研究区“三化”协调发展的战略选择：兼顾耕地保护与工业化城镇化发展，空间布局优化结果符合耕地数量与质量保护要求，未入选区域集中在鹤壁市“一核双星”规划周边，土地可用于满足未来工业化与城镇化外扩需求；提升规模连片性与农业现代化水平，百千万方布局优化结果体现“宜大则大，宜小则小”原则，有助于稳固规模连片成果并促进农业现代化生产；理顺资源布局与绿色可持续化关系，时序布局优化结果具有“近期试探摸索—中期大量投建—远期稳固提升”特点，能够保障土地资源优化配置与耕地资源可持续利用。

5.“三化”协调发展背景下高标准粮田布局优化保障。为了实现与巩固研究区高标准粮田布局优化成果，需要从四个方面加强措施保障：一是推动中低产田改造与实施土地整理工程来提升区域耕地质量水平；二是推进农业机械化、科技创新以及农技服务来满足技术服务需求；三是形成高标准粮田示范与创建粮食高产标准化来提高粮食生产能力；四是加强粮食田间工程、开展农田水利工程以及配套灌区续建改造来加强农田基础设施建设。同时，可从法律产权、政策制度、经济机制与管理体制四个层面提出厉行耕地保护、推动农地流转、加强规划调控、完备监管系统、创新投入机制、构建补偿体系、完善政府管理、培育专业组织等具有针对性的保障建议。

关键字：“三化”；协调发展；鹤壁市；耕地；高标准粮田；布局优化

目　录

图清单

表清单

附录清单

第一章　绪　论

第一节　研究背景及意义

一、研究背景

（一）耕地保护是保证粮食安全的重要手段

1. 粮食安全问题关乎国计民生

中国是农业大国与人口大国，近年来我国粮食需求量不断增加而人口、环境、社会、经济等因素却使粮食安全存在潜在隐患。国家统计局公告显示，2020年全国粮食总产量66949万吨，比2019年增长0.9%。实现了“确保谷物基本自给，口粮绝对安全”的目标。但随着人口增长和食物结构的变化，对粮食的需求量越来越大。根据中国社科院预计，到“十四五”期末，中国可能出现1.3亿吨左右的粮食缺口。国家长期对粮食安全保持高度关注，历年中央一号文件更是多次提出“要把饭碗牢牢端在自己手上”，重视粮食自给率并将粮食安全上升为治国理政方略。河南省从历史上看便是重要的粮食产地，其内部的粮食安全不但关乎本省自身发展，更会对国家战略布局产生作用，因此粮食安全是河南省时刻不能松懈的生命线。然而在灾害气候多发以及全球粮食市场多变的背景下，我国的粮食安全面临着诸多困难。稳定粮食产量、保障农户收益与保证生产优势成为实施国计民生各项建设的根基与重中之重。

2. 保障粮食安全需要耕地保护

2020年，受新冠肺炎疫情、南方洪涝、东北台风、草地贪夜蛾等影响，国家粮食安全话题屡屡被提及。中央经济工作会议更是将“解决好种子和耕地问题”列为2021年中国经济重点任务之一。”耕地是重要的土地资源与关键性的农业生产资料，其所具有的生产力与承载力是粮食生产的物质基础，William Petty更是将土地与劳动作为生产的两项最根本要素。[①]我国是耕地资源约束型国家，存在着人均耕地面积较低、耕地空间分布不均、中低产田比例大与耕地质量退化严重等诸多问题。习近平总书记在对河南省的考察中就曾提出耕地保护在粮食生产与粮食安全中的重要作用，而国内外研究也指出解决粮食安全问题首先要解决的还是耕地保护问题。依据经济学原理，提升粮食总产量主要有两种途径：扩大耕地面积与提高单位面积粮食产量。通过资源优化配置等手段以及相关体制机制等措施能够确保耕地面积稳定性，而对耕地地力提升、基础设施建设以及科技投入增加等方式则有助于提升粮食单产，对耕地数量与质量的保护可以有效保障粮食安全。

（二）耕地可持续利用面临“三化”进程挑战

工业化、城镇化与农业现代化（并称“三化”）进程能够推动技术革新与规模集聚，从而改造传统农业生产方式，其对耕地保护会产生一定积极影响。然而在社会经济快速发展的过程中，耕地资源可持续利用也将面临“三化”进程的各项挑战。

1. 工业化城镇化的直接影响

工业化会促使生产要素在空间上的聚集并促进人口大规模迁徙，单就工业化发展中基础设施用地相应增加这一点来说，对农用地的征用也必定造成一定程度的耕地占用。另一方面，城镇化会推动现代城市的形成和发展，这种将农村自然生态系统改造为城市半人工生态系统的过程，通俗来讲可概括为：农民的非农化与农地的非农化。其中，农民非农化会导致农村劳动力流向城市，而欠缺农业生产劳力则易导致耕地撂荒；农地非农化将耕地变为其他用地类型，会直接影响农业生产基础。在快速发展进程中，耕地转变为其他用地的趋势不断加剧，将不利于耕地可持续利用。

2. 农业现代化中的间接影响

社会经济整体水平的提升，在农业现代化生产活动过程中将引发农户

---

① 威廉·配第. 赋税［M］. 邱霞，原磊译. 北京：华夏出版社，2006.

对经济成本的必要考量。这会使农户在农村土地承包经营权流转过程中出现“非农化”与“非粮化”流转倾向，从而影响粮食安全。耕地类型中并不都是粮食作物用地，也有种植如制种玉米之类的经济作物用地。土地租金加上人工开支以及其他农资投入，在农业产业化要求下若耕地依然种植传统的小麦、玉米等农作物，盈利空间很小甚至有可能亏损，转而进行非农或非粮生产虽然经济效益高，但易造成耕地污染、地力退化等严重后果，会对我国耕地保护与耕地资源可持续利用产生挑战。

（三）粮食生产核心区与中原经济区重叠区域

1. 鹤壁市是河南省粮食生产核心区代表

根据2003年财政部发布的《关于改革和完善农业综合开发若干政策措施的意见》，河南省属于13个粮食主产区且是6个粮食净输出省之一，承担着保障粮食安全的重要职责。① 2008年《国家粮食战略工程河南核心区建设规划纲要》中强调要划定全省范围内93个县作为粮食生产核心区加以建设，其中占鹤壁市总面积约70%的浚县、淇县两县均位列其中。② 2012年出台的《河南省人民政府关于建设高标准粮田的指导意见》中又再次明确将95个县（市、区）划定为高标准粮田建设区，其中鹤壁市更是成为国家整建制推进粮食高产创建试点市。2014年鹤壁市的浚县作为6个“万亩示范方”之一，成为粮食生产标兵县以及国家现代化农业生产示范区。根据2020年11月4日，鹤壁市政府新闻办召开的鹤壁市2020年全面深化改革工作第四次新闻发布会：“2020年，全市夏粮总产量67.95万吨，较上年增长4.07%；秋粮总产量预计69.71万吨，较上年增长6.9%”。不论从保证耕地数量或是质量的角度考察，鹤壁市都担负着河南省粮食生产核心区建设的重担。

2. 鹤壁市是中原经济区建设的重要一环

改革开放以来全国的经济开发区创建均在不断加速，2011年《国务院关于支持河南省加快建设中原经济区的指导意见》正式发布，并于2012

---

① 国务院办公厅关于落实中共中央国务院关于进一步加强农村工作提高农业综合生产能力若干政策意见有关政策措施的通知［J］. 中华人民共和国国务院公报，2005（10）：12-17.

② 河南省粮食生产核心区建设规划（2008-2020年）［R］. 河南省委省政府，2008.

年再次对《中原经济区规划（2012—2020）》加以肯定。① 根据国务院2016年12月28日批复的《中原城市群发展规划》，鹤壁市正式作为30座地级市之一，被纳入中原城市群建设范围内。② 鹤壁市作为中原经济区建设“一核、四轴、两带”中沿京广发展轴上的重要一环、作为中原城市群的核心发展区和沿京广发展主轴上的重要关节，承担着沟通连接南北产业发展，促进中原城市群集聚的重要作用。2019年河南省政府印发《关于支持鹤壁市建设高质量发展城市的指导意见》③，在不牺牲农业、粮食、生态与环境的思想指引下，其核心使命可以归结为持续推进“三化”协调发展，其目标是带动区域工业化水平的提升、促进中原城市集群的形成、实现现代农业基地的建立。就土地层面上看，要在中原经济区建设过程中推动鹤壁市各项进程协调发展，就需要在保证耕地资源节约集约利用的前提下，同步推进其他地类的开发与利用。

（四）高标准粮田布局优化成为协调途径

1. “三化”协调发展背景情况介绍

“三化”协调发展即是工业化、城镇化与农业现代化的协调发展，其是不以牺牲农业生产和粮食安全为代价的现代化建设与可持续发展指导思想。党的十七大以来，推进“三化”协调发展的相关内容在党的会议及国家报告中不断被提出；早在2011年《河南省国民经济和社会发展第十二个五年规划纲要》中就有关于“三化”进程推进及“三化”协调发展科学道路的相关论述④；2012年，时任国务院副总理李克强明确提出要在顺应规律的基础上，积极推动工业化、城镇化、农业现代化的协调发展；2013年，河南省省长郭庚茂指明处理经济问题的基本原则需要落脚于“三化”协调发展；2016年以来在总结“三化”协同发展经验的基础上，河南省各地市坚持“三化”方向，“种”出好日子。从河南省省情来看，农

---

① 中原经济区规划（2012—2020年）［R］. 国家发展与改革委员会，2012.

② 国务院关于中原城市群发展规划的批复［J］. 中华人民共和国国务院公报，2017（02）：97.

③ 河南省人民政府关于支持鹤壁市建设高质量发展城市的指导意见［J］. 河南省人民政府公报，2019（19）：2-4.

④ 河南省人民政府关于印发河南省国民经济和社会发展第十二个五年规划纲要的通知［J］. 河南省人民政府公报，2011（12）：2-60.

业的基础地位与人口的庞大基数、新兴工业化大省的前进方向以及改变城乡二元结构的城镇化要求都要求以推动“三化”协调发展为指导。综上所述，“三化”协调发展成为地方政府推进社会经济建设与各项工作落实的必然选择。

2. 高标准粮田布局优化的存在意义

中国是土地资源严重约束型的农业大国和人口大国，河南省更是代表省份，因此在发展中必须强调合理利用土地。高标准粮田建设旨在通过土地整治等手段建设形成一批有益于提高粮食产能效力的优质耕地，其是实现我国耕地保护与粮食安全的高效路径。经过初期探索，河南省的高标准粮田工作已经初见成效，然而过程中存在缺乏指标方法统一性、布局安排合理性与规划长期稳定性的问题。“十三五”期间国家继续推进高标准粮田的建设实施，2016 年《全国农业现代化规划》中特别对农业布局提出优化要求以增强粮食保障能力①，在“十四五”开局之年，2020 年河南省更是将建设 1250 万亩高标准粮田作为目标方向。可见，高标准粮田布局优化是按照国家要求严格保障粮食安全的重要手段，其同时符合通过资源优化配置手段切实保护耕地的发展要求。基于耕地保护与粮食安全诉求，可以将高标准粮田布局优化视为协调“三化”进程中用地冲突矛盾和缓解中原经济区与粮食生产核心区建设双重压力的有效途径。

3. 高标准粮田布局优化的协调机理

基于“三化”协调发展背景的高标准粮田布局优化将有助于推动高标准粮田区域的机械化与规模化耕作水平，对提升耕地生产能力、提高耕地质量与挖掘粮食增产潜力具有重要意义；国家对高标准粮田区内的粮食生产补贴可以一定程度减轻农民的生产成本负担，直接或间接上减弱“非农化”或“非粮化”对耕地资源可持续利用的挑战，并最终为粮食安全与耕地保护提供保障力量。同时，“三化”协调发展背景下的高标准粮田布局优化可以促进耕地资源的合理配置，实现土地节约集约的利用，不仅有利

① 国务院关于印发全国农业现代化规划（2016—2020 年）的通知［J］. 中华人民共和国国务院公报，2016（31）：6-24.

于粮食生产核心区建设与农业现代化发展，更能够保障中原经济区各项建设的用地需求，缓解工业化与城镇化所造成的用地冲突，最终完成推进“三化”协调发展的目标要求。

（五）背景小结

以粮食安全为目标的耕地保护问题一直是土地资源管理学科的研究热点，也是关乎国计民生的重大问题。随着社会经济的快速发展，粮食生产的安全保障与耕地资源的可持续利用必然面临“三化”进程带来的各种挑战。研究区鹤壁市地处中原经济区与河南省粮食生产核心区的重叠区域，不以牺牲农业生产与粮食安全为代价的“三化”协调发展战略是地方政府的必然选择。而“三化”协调发展背景下的高标准粮田布局优化既是保障粮食安全、实现耕地保护与耕地资源可持续利用的必由之路，也是缓解各项建设造成的用地冲突、实现土地资源集约节约利用的重要举措。

二、研究意义

通过多种理论、技术与方法的应用，在“三化”协调发展背景下对鹤壁市高标准粮田布局优化研究具有其理论价值，研究结果也会对社会生产与土地管理产生实践意义，可为进一步研究提供相关理论依据与实践指导。

（一）理论意义

1. 完善高标准粮田布局优化的理论

从概念界定与理论依据上完善了高标准粮田布局优化理论体系的基础，进而理顺“三化”协调发展、耕地保护与高标准粮田布局优化三大内容的逻辑机理，并构建出“三化”协调发展背景下高标准粮田布局优化研究的框架结构，进一步完善了高标准粮田布局优化的理论体系。

2. 充实高标准粮田布局优化的方法

基于“三化”协调发展两个阶段进行耕地布局稳定性分析的方法创新，为高标准粮田布局优化的指标选取提供依据；适宜性评价与多目标决策方法的结合，得出高标准粮田布局优化结果；对 ArcGIS 软件方法的应用贯穿全书。多种方法综合运用充实了高标准粮田布局优化的理论方法体系。

3. 探索耕地保护的机制与体制路径

“三化”协调发展背景下的高标准粮田布局优化研究根本上是对耕地保护的研究，从理论上涉及耕地保护的机制与体制问题，因而会在相关研究中加入对耕地保护与耕地资源可持续利用的思考与探究分析，并从高标准粮田布局优化的原则、现状、措施与建议层面探索耕地保护的体制与机制路径。

（二）实践意义

1. 推动区域土地资源可持续利用与信息化管理

本书中得出的各类指标体系可为决策层提供检验指标合理性与增删评价指标依据；研究成果形成鹤壁市“三化”协调发展背景下高标准粮田布局优化的数据库，可为市县应对高标准粮田验收工作提供标准和参考，从而加速区域土地资源可持续利用与信息化管理工作推进。

2. 为高标准粮田各项规划建设提供参考与依据

本书提出的保障措施及对策建议有益于稳固耕地与粮食安全，并能够为现实中各项规划建设实践提供指导。“三化”协调发展背景下高标准粮田布局优化研究成果中的具体步骤与方法未来可望在高标准粮田其他区域或类似高标准粮田区域的布局优化与建设实施中提供借鉴。

3. 以耕地资源优化配置推进“三化”协调发展

高标准粮田布局优化属于耕地资源优化配置成果，能够从土地层面影响“三化”协调发展的战略选择。促进耕地资源节约集约利用，推动农业现代化发展；满足其他地类开发利用要求，为工业化与城镇化增添助力；适度开发并保护环境，实现绿色可持续化发展目标。

第二节 国内外研究进展

一、“三化”协调发展研究进展

早在20世纪80年代我国即提出“三化”概念，随后“三化”内涵不断发展与完善，实现与推进工业化、城镇化与农业现代化的“三化”协调发展日益成为研究关注的热点。参考河南省社会科学院课题组对“三化”协调发展阶段的划分，可将其沿革分为：萌芽时期（1984—1990年）、雏形时期（1991—1997年）、形成时期（1998—2004年）和提升时期（2005—2013年）。① 国外学者对于“三化”协调发展的研究与中国略有不同，并没有直接的概念与理论，但长期以来对“三化”组成要素的相关研究却具有重要借鉴价值。目前国内外专家的研究主要涉及：“三化”协调发展内涵与机理研究、“三化”协调发展评价与指标研究、“三化”协调发展与耕地保护研究这三个方面。

（一）“三化”协调发展内涵与机理研究

目前国内外专家学者对于“三化”协调发展概念内涵、作用影响等内容进行了各种理论分析与实证研究。国外虽然没有明确的“三化”或“三化”协调发展研究，但对工业化、城镇化与农业现代化之间相互影响关系及作用机理的研究却由来已久。

国内学者长期研究“三化”协调发展中各要素的作用机理。伍国勇提出多功能发展趋势是农业现代化的实现途径，将对工业化与城镇化产生驱动作用；马敏娜等学者认为工业化是经济持续发展的发力点、城镇化的保障与促进作用是工业化与农业现代化的力量源泉、而农业现代化则为前两项提供了人力物力基础；河南省委书记卢展工2012年指出通过“三化”协调发展解决经济建设问题，推进城乡一体化、加速工业转型升级、保障粮食安全是实现路径；陈志峰等研究人员认为三者协调机制并不是简单的线性关系，而属于数学上的合力过程；陈江龙等学者提出“三化”协调发展的内在循环机制，并通过多变量协整检验与格兰杰因果检验对江苏省“三化”机制进行实证研究，结果发现需将非农就业比重增加作为发展重点；李宾等学者使用近30年我国统计年鉴数据通过经济学检验与分析得出结论：城镇化与农业现代化水平长期稳定均衡，工业化与农业现代化相关性强，应通过工业化与城镇化拉动农业现代化。

国外专家学者对于工业化、城镇化与农业现代化的相互影响关系提出

① 河南省社会科学院课题组，吴海峰，苗洁，陈明星．河南省“三化”协调发展的历程、成就与经验［J］．经济研究参考，2012（49）：35-59.

见解。Hayami Y 与 Ruttan V W 在对国家间农业发展的研究中指出工业化的发展能为农业现代化提供市场化需求导向与劳动力、技术支持，并且有助于农业生产成本降低；经济学家 Chenery H B 等专家于 20 世纪 80 年代提出并完善“发展模型”理论，其认为在世界各国的历史发展阶段中工业化与城镇化存在正相关关系①；Barghouti S 等学者对区域视角农业多样化趋势的研究表明包括印尼、菲律宾等国在内的东南亚国家在 80 年代采取的高速工业化与城镇化战略会影响农业可持续发展，应通过调节经济、政治与技术实现“三化”协调发展；Mai L 和 Timmer C P 对中国农村经济发展的研究指出随着工业化与城镇化的推进，非农收入与农业收入的差额将不断增大，从而对农业现代化产生直接影响；Alig R J 等专家对美国 21 世纪城镇化的研究表明，过去几十年农村土地的转变对工业化与城镇化的贡献巨大，未来城市持续扩张会对生态景观造成影响，不利用农业现代化；Porphant Ouyyanont 对泰国基于历史视角研究发现弱工业化、城乡差距大、农业劳动力不足等因素会制约工业化、城镇化与农业现代化的发展。

（二）“三化”协调发展评价与指标研究

目前国内外专家学者对于“三化”协调发展评价方法与指标选取的研究可以从多尺度展开，包括国家层面、省级层面以及区域层面等。同时，针对工业化、城镇化与农业现代化的相关研究中，方法选择有的基于经济学角度也有的基于空间分析层面。

国内专家学者的研究中提出了多种“三化”协调发展的评价依据与评价指标选取方法。孟俊杰等专家对河南省“三化”协调发展水平的指标采用熵权值法取得权重，并由此得出“三化”协调发展同步度、综合水平等结果；赵颖智运用农业-工业-城镇复合系统方法研究我国“三化”协调性，指出农业生产投入对农业现代化贡献率最大、工业化中科技创新投入贡献最大、城镇经济水平对城镇化影响最大；张俊杰选择工业增加值、城镇化率等指标对中原经济区进行研究，指出农业现代化发展缓慢是河南省

① Chenery H B, Syrquin M. Patterns of development, 1950 - 1970 [J]. African Economic History, 1975, 86 (2): 215-222.

“三化”协调发展的主要障碍；蔡世忠研究员运用多指数综合分析法对河南省“三化”协调发展进行评价，全面考虑农业现代化、工业化、城镇化、生态环境以及协调指标五项因素，构建出指标体系；冯献选取19项评价指标通过功效系数进行“三化”协调发展水平认定，并通过ESDA法指出人均GDP与“三化”协调发展水平呈正相关；王新利以黑龙江农垦区为例，选择包括农机总动力、森林覆盖率、科技人员比重等指标进行协调发展评价。

国外学者从多角度对“三化”各因素以及因素间的评价方法、指标选择进行研究。Davis J C等学者对城镇化过程的研究主要基于量化因果关系，指出城镇化是对农业转移的响应，区域基础设施条件将直接影响城镇化水平高低；Hashino T和Saito O对日本工业史的研究指出区域经济情况会占据重要地位；Gaudenzi B和Borghesi A通过对层次分析法的运用进行了案例分析，由结果可知AHP法可以用于“三化”协调发展评价等相关研究；参考Boes S和Winkelmann R对有序数据基于改进模型的分析过程，可以将其用于“三化”协调度评价研究；Henley D在对东南亚和撒哈拉以南非洲的农业发展与工业增长研究，表明了农业与工业的互相作用，提出多数国家与地区农业转型应先于工业化；Young A对65个国家城乡差距的研究，指出了非农与农业劳动力科学素养以及工艺技能的差别是城乡差距的主要影响因素，因此对城乡均衡的配置资源和技术将有助于提高“三化”协调能力。

（三）“三化”协调发展与耕地保护研究

国内外专家学者对“三化”协调发展与耕地保护的研究可以分别从工业化与耕地保护研究、城镇化与耕地保护研究、农业现代化与耕地保护研究以及协调发展与耕地保护几方面展开，研究能够综合考虑各因素对耕地保护的制约与促进、影响与建设等情况。

国内学者的研究主要着眼于“三化”协调发展中的耕地数量保护与耕地质量保护两方面。张培刚等学者对农业与工业化的研究指出工业化有助于推动耕作技术、解决耕地肥力不足问题，从而保障耕地质量水平；王春龙对农业现代化进程中存在问题的分析，表明耕地保护对农业现代化起到奠基性作用；曾靖在工业化对粮食安全的影响研究中提出工业化进程会增加对耕地的占用，导致粮食种植面积减少；王双正对我国工业化与城镇化快速发展下激烈的土地供需矛盾进行了论述，认为在“三化”协调发展下应加强城乡建设用地增减挂钩、推动土地节约型城镇化建设；吉珍珍对马鞍山基于城镇化背景的研究论证了高标准基本农田建设是保护耕地的重大举措，同时也是城镇化的诉求所在；曹飞从城镇化进程入手提出对耕地占补平衡的思考，认为要提高资源配置效率、重视耕地质量与生态环境，在“三化”协调发展中以“地、业、人”协同为目标；李玉梅对河南省的耕地保护问题基于“三化”视角研究，认为较低的农业现代化水平是耕地保护的阻碍因素，并指出通过高标准粮田建设可以有效增加耕地面积，从而缓解人地矛盾。

国外专家对工业化、城镇化、农业现代化与耕地保护关系的研究主要从生态环境、政府制度等多个层面开展。Lin G C S 与 Ho S P S 在对中国土地资源与土地利用的研究指出 20 世纪 90 年代以来农村工业化和快速城市化造成大量耕地流失，未来工业化与城镇化还有很长的路要走，必须提高土地质量与利用率；Moreenthaler G W 等学者利用约束优化算法研究，提出利用现代化的精准农业提高农业效率，选择特定农场管理区可以减少环境破坏同时实现耕地保护；Alauddin M 等专家对南亚的农业集约化、灌溉与环境研究，指出工业化与城镇化会导致人均耕地减少，影响农业集约化进程，提出应发挥政府作用实现耕地保护；Robson J S 等学者对埃及中小城市区的耕地安全通过回归模型研究，表明农业与城市规划、土地复垦等政策投入可以减缓城镇外扩，并有助于保证耕地库存；Dugord P A 等专家对德国柏林的土地利用方式进行研究，指出城市相对于农村具有更高的表面温度，而热岛效应不利于生态环境，耕地保护则有利于微气候调节。

二、土地利用变化研究进展

世界范围内对于土地利用变化（Land Use/Cover Change，简称 LUCC）研究的关注始于 100 年前，主要将其作为全球环境变迁的动因加以分析。

1988 年召开的国际科技联盟理事会促使了 LUCC 计划的出现。[①] 1995 年国际上提出了"LUCC 科学研究计划"，该计划旨在解决局地、区域和全球三个尺度上的全球变化问题，计划同时也提出了 LUCC 研究的目标与策略。[②] 其后，世界各国相继开展了有关局地、区域与全球尺度的多种 LUCC 科研项目，包括国际应用系统分析研究所对欧洲和北亚的研究等[③]，中国也在相应组织与机构建立了专门的研究部门，自然资源部在 21 世纪初将"LUCC 过程与效应"研究提到了重点科研的高度。2003 年开展的土地变化科学（Land Change Science，简称 LCS）是其进一步发展。[④] 国外学者对于 LUCC 的研究早于中国，目前国内外专家的 LUCC 研究主要包含动态变化、驱动机制与模拟预测这三个方面内容。

（一）土地利用动态变化研究

国内外对于土地利用时空动态变化的研究目前较多依托于现代遥感技术与传统调研方式所取得的研究区域数据与影像，研究多以人文及自然地理学理论为依据，通过对数据源使用 ENVI 与 ERDAS 等软件工具进行解译与分类，最终获得包含 LUCC 自然环境、社会经济、区位条件、格局结构等内容的数据库，并在以地理信息技术为支撑的基础上，使用多种模型方法对 LUCC 进行分析与描述。[⑤] 目前土地利用动态变化研究的模型方法主要包含：数量模型、空间模型、程度模型、景观模型等。

国内关于土地利用动态变化的研究有基于全国尺度的也有基于区域尺度的：摆万奇通过对深圳市土地利用使用系统动力学模型分析，指出深圳

---

① Ii B L T, Skole D L, Sanderson S, et al. Land-Use and Land-Cover Change: science/research plan [J]. Global Change Report, 1995, 43 (1995): 669-679.

② Scientific Steering Committee and International Project Office of LUCC, Nunes C, Augé J I. "Land-Use and Land-Cover Change (LUCC): Implementation Strategy", Environmental Policy Collection, 1999, 26: 1-7.

③ IIASA. Modeling land-use and land-cover change in Europe and Northern Asia [R]. 1999 Research Plan, 1998.

④ GLP. "Science plan and implementation strategy", IGBP Report No. 53 and IHDP Report No. 19, 2005.

⑤ R. D. Johnson, E. S. Kasischke. Change vector analysis: A technique for the multispectral monitoring of land cover and condition [J]. International Journal of Remote Sensing, 1998, 19 (3): 411-426.

市城镇用地变化趋势为“S”型增长，耕地趋势则持续下降；刘纪远等学者在对20世纪80年代以来全国的LUCC特征及格局进行研究的基础上，提出动态区划方法分析中国15个区划单元的变化情况；涂小松等专家以苏锡常为研究区域，利用时空分异性原理与生态环境评价方法分析变化特征；陈学渊等学者对浙江安吉的耕地格局从转移类型等层面分析其时空动态变化过程。关于土地利用动态变化的模型方法研究中：朱会义等学者对指数模型进行概括与归类，按研究目的可分为表现资源变化、解释变化方向与透视变化空间形式三类；孔祥丽等专家对喀斯特地区的研究使用景观格局方法进行定量分析；王冬辰等学者基于定量模型对大同市进行了利用动态度、转移矩阵以及土地利用程度分析。

国外学者中，Darla K. Munroe等学者认为LUCC是社会、生态以及地球物理过程的综合结果。Liu认为历经十年发展变化之后，LUCC时空过程方法有了极大改进，其中主要原因是将传统地理学的经典理论与遥感以及地理信息系统等新技术进行了综合运用与整合。① 国外研究同样涉及全球、区域、局地等不同尺度：Thomson C. N等专家使用地理信息技术分析泰国曼谷市东部的住宅用地土地利用情况；Barredo J. I等学者对都柏林30年来的城市土地利用变化进行了研究；Eugenia K等专家利用卫星测算了全球天气状况；Antrop M对欧洲城市化进程中的景观变化分欧洲北部与南部进行研究，不同功能区上的变化模式各不相同；Foley J. A等学者的研究指出土地利用变化是全球变化的重要力量；Chris Davis等专家对于北美太平洋沿岸区域的城市扩张进行跨国研究，使用多种测量方法定量的分析城市扩展过程。

（二）土地利用变化驱动研究

与土地利用动态变化相同，国内外学者对于LUCC驱动的研究也十分重视尺度问题，驱动研究包括全球与区域尺度，但以区域尺度为主。对该领域的研究主要为了解释产生变化的动因来源及作用因素。通常来说，驱动因素可以分为自然条件与社会经济两大类，自然条件驱动力在短期内小

① LIU JiYuan, DENG, XiangZheng. “Progress of the research methodologies on the temporal and spatial process of LUCC”, Science Bulletin, 2010, 55 (14): 1354-1362.

尺度上不会发生太大的改变，而社会经济因素又可分为直接与间接两种，各种驱动因素综合地对 LUCC 产生影响。① 土地利用变化驱动研究的方法主要分为定性与定量两种，国内外专家学者初期多以定性研究为主，随着技术的不断深入，定量研究 LUCC 驱动力日益成为主流。

我国学者对 LUCC 驱动的研究可分为总体研究与典型地区分析两大类。总体研究中：李平等专家在全国尺度上对 LUCC 总体情况进行分析，并研究东、中、西部地区不同的土地变化驱动动因，李景刚等学者在中国北方区域尺度上，对 13 个省的耕地变化驱动机制进行了研究；典型地区分析中：缪海鹰、刘畅等专家学者分别对环境脆弱的滇西北高寒山区、青海西宁市进行分析，唐宏等学者研究了西部干旱区的三工河流域耕地变化驱动力。国内研究 LUCC 驱动因子上：涂倩倩和高淑桃分析了成都市耕地变化中人文驱动力；宋戈等专家以黑龙江巴彦县为例分析包括气温、降水、日照、有机质在内的耕地变化自然驱动因素。LUCC 驱动方法上：很多学者都运用主成分分析法，使用 SPSS 软件对耕地变化的驱动力进行分析；摆万奇与赵士洞提出系统动力学模型；刘旭华等学者运用人工神经网络方法定量的进行国家尺度的耕地驱动力分析；陈红等专家利用 3S 系统以及外调考察，对耕地变化驱动因素综合考察；付士波通过多元线性回归方程研究酒泉市的耕地驱动力。

从全球各种土地利用类型变化的驱动研究，到区域案例比较的驱动机制分析，国外专家学者对 LUCC 驱动的研究可分为全球与区域两个尺度。全球尺度的研究重视不同利用类型变化机理对全球变化的影响分析：Lambin E F 等学者指出可以在全球范围内通过模型的构建，综合概括性的研究驱动力；目前区域尺度研究成为主流：Kelarestaghi A 等专家使用地理信息技术手段，综合考虑自然及社会经济因素对伊朗北部地区的 LUCC 驱动因素进行分析；Aroengbinang BW 等学者认为影响雅加达北部的西爪哇地区 LUCC 驱动力中需要考虑环境退化因素。驱动力研究方法上：目前在该领域的研究中，众多学者使用栅格数据方法；北京召开的土地利用变化会

① B. L. Turner II，Moss R. H，Skole DL. Relation of land use and global land cover change [R]. IGBP Report No. 24 and IHDP Report No. 5，1993.

议上，Guthe F 研究论述了在驱动研究中使用的模型方法，Yukio H 则采用区域对比分析的方法探讨日本于中国 LUCC 的不同驱动根源；Aspinall R 提出使用统计模型方法研究 LUCC 驱动的主要动因；Dai EF 等学者提出将地理信息系统与人工神经网络方法整合运用于驱动力分析；Bakker MM 等专家则利用回归模型方法研究希腊的耕地利用变化驱动力。

（三）土地利用变化模拟研究

国内外学者对于 LUCC 模拟的研究主要是通过对 LUCC 格局、结构及过程的概括而进行的。LUCC 模拟即是对土地利用未来发展态势的预测分析，该领域的研究可通过不同的模型方法分为不同类别，LUCC 的建模方法包括：（1）系统模型①，但其对于空间关系表述困难；（2）方程模型，但其必须得到方程组的解，这在一定程度上限制了实际运用；（3）统计模型是模拟 LUCC 的常见方法，但其要求有较强的理论框架，否则无法准确模拟；（4）专家模型是种人工智能方法，但该模型很难囊括问题领域的方方面面；（5）演化模型，例如人工神经网络模型等可以帮助人们解决特定问题；元胞模型包括元胞自动机模型和马尔科夫模型，这两类模型可以结合运用与 LUCC 模拟研究；（6）综合模型是上述各种模型的综合，其变种即是空间动态模拟；（7）智能主体模型主要关注人类活动，在此基础上发展为多主体模型。目前，中外学者在 LUCC 研究中常用的模型有以下三类。

1. CLUE 模型

土地利用转化及其效应模型（Conversion of land use and its effects Model，简称 CLUE 模型），最初是由 Veldkamp A 和 Fresco L O 两位学者提出的。② CLUE 模型在空间结构上属于自上而下的模型，主要研究受到自然及社会经济各项驱动力作用的 LUCC 过程模拟，其主要特点是用于大尺度研究。国内外学者运用 CLUE 模型进行了诸多研究，Kok K 等学者的研究表明飓风对土地利用模式影响日益消失；陆文涛等专家对滇池流域进行研

① Sklar F H，Costanza R. The development of dynamic spatial models for landscape ecology：a review and prognosis［J］. Ecological Studies，1991.

② Veldkamp A，Fresco L O. CLUE：a conceptual model to study the Conversion of Land Use and its Effects［J］. Ecological Modelling，1996，85（2-3）：253-270.

究，为未来土地利用合理规划提供支持。为了优化 CLUE 模型的尺度问题，Verburge P H 等专家学者提出了针对小区域的 CLUE-S 模型（Conversion of Land Use and its Effects at Small Region Extent Model）；随后在 2009 年又提出了 Dyna-CLUE 模型，可以一并模拟数量与位置。Verburg P H 等学者发表论文论述了 CLUE-S 模型的土地利用变化综合分析；周瑞等专家则利用模型对村镇尺度的 LUCC 进行模拟，结果显示预测精度良好。

2. CA 模型

CA 模型即是 LUCC 模拟研究中常用的元胞自动机模型（Cellular Automata），其模型概念从 20 世纪 40 年代开始起源，并被发展应用于诸多领域方向。CA 模型属于经验/统计型模型，是一种典型的贝叶斯分析方法，其空间结构表现为自下而上形式，模型研究思路是基于邻域关系对元胞间的互相关系进行分析。目前，CA 模型的发展日益成熟，国内外专家在模型使用过程中也不断对其进行改良。Clarke K C 等学者提出 CA 改良模型进行 LUCC 模拟研究①，并随后提出主要运用于中等尺度的 SLEUTH 模型，这是一种强调布局模拟的模型②；张显峰与崔伟宏建立了 LESP 模型，在虚拟环境下模拟 LUCC 情况。CA-Markov 模型是在元胞自动机原有模型基础上增加马尔可夫预测模型，以此增加预测模型结果的精确度。CA-Markov 模型在世界范围内被广泛运用于 LUCC 研究：陈龙泉等学者对 Markov-CA 模型的研究表明该模型的模拟预测效果比单纯马尔可夫模型强；肖明等专家对模型的运用也证明可信度较高；Adhikari S 等学者运用该模型对印度政策干预下的 LUCC 进行预测；Kityuttachai K 等专家研究了泰国海滨城市的土地利用类型变化情况。

3. ABM 模型

ABM 模型也可称为智能体模型（Agent-Based Model），若智能体并非

---

① Clarke K C, Hoppen S, Gaydos L. a self-modifying cellular automaton model of historical urbanization in the San Francisco Bay area [J]. Environment and Planning B: Planning and Design, 1997, 24 (2): 247-261.

② Clarke K C, Gaydos L J. Loose-coupling a cellular automaton model and GIS: long-term urban growth prediction for San Francisco and Washington/Baltimore [J]. International Journal of Geographical Information Science, 1998, 12 (7): 699-714.

单个存在，则称为多智能体 MAS（Multi-Agent System）。其在空间结构上同样为自下而上，通过对变化主体的分析进而研究模拟预测，但在空间表达上有一定限制。Castella J C 等学者以越南山区为例、Valbuena D 等专家以荷兰农场为案例、张鸿辉等学者以长沙市区为例、田光进等专家从人为因素入手进行 ABM 模型分析，这些中外专家学者的研究都论述了行为决策影响下的 LUCC 预测。

三、高标准粮田布局优化研究进展

高标准粮田是在国家基本农田概念基础上提出的，具有河南省特色的、构建粮食生产核心区的重点举措。其发展经历了一系列沿革：自 2012 年 2 月《河南省人民政府关于建设高标准粮田的指导意见》出台；随后《河南省高标准粮田“百千万”工程建设规划（2012—2020 年）》正式面世，形成了河南省层面对高标准粮田建设的基础构架；到 2013 年河南省质量技术监督局发布了《河南省高标准粮田建设标准》（DB41/T885-2013），该地方标准作为指导实施的技术纲领是对高标准粮田研究方法的成果集中；而 2015 年 5 月《河南省高标准粮田保护条例》的出台意味着其在地方性法规层面的进一步完善。① 国内外专家围绕高标准粮田的相关研究主要包括：高标准粮田布局指标研究、高标准粮田布局优化研究以及高标准粮田布局优化路径研究这三个方面。

（一）高标准粮田布局优化指标研究

河南省的高标准粮田脱胎于基本农田，与高标准农田和高标准基本农田具有相同点，同时可以与国外的“基本农田”对照研究②，因此高标准粮田布局指标体系的构建上可以借鉴基本农田与高标准农田已有经验，国内外专家学者对于相关的指标体系、影响因子等方面均有相对完善的研究。

国内对高标准粮田布局优化指标体系的研究较少，更多的研究依托于基本农田指标体系或高标准农田指标体系。李庚与吴次芳等学者的研究中

---

① 河南省人民代表大会常务委员会．河南省高标准粮田保护条例［Z］．郑州：2015.

② Collins R C. Agricultural land preservation in a land use planning perspective［J］. Journal of Soil & Water Conservation，1976，31（5）：196-197.

就提出了耕地入选基本农田体系需要包括：土壤肥力、坡度、水利基础设施水平、交通区位以及耕地连片性5项内容；冯锐在其论文中总结出高标准基本农田建设影响因素，主要包括地形、气候、土壤、水文条件在内的耕地本底质量因素，社会经济、基础设施、农业机械化在内的耕地利用效率因素，以及非农化、连片度、破碎度等耕地空间格局因素；刘名冲在指标的选择上仅使用自然禀赋、基础设施与施工、立地条件；而朱传民等学者对于高标准基本农田的指标体系研究中，提出决策因素包括土地地力水平、土地平整工程、田间基础设施3大类；而刘芮含在此基础上增加了景观生态条件要求，使指标体系完整性增强；对于河南省吨粮田高标准农田的指标研究中，刘霈珈等学者基于地球化学评估以及农用地分等体系要求，提出自然禀赋、基础条件和区域条件3项；李梓通的论文中从耕地质量、基础设施和技术跟进3个方面阐述了高标准粮田建设的达标条件，为高标准粮田布局指标研究提供了思路。

国外并没有“高标准粮田”的概念，但对于“基本农田”的评价指标却早有研究，目前相对成熟的有：俄罗斯1886年提出的农用地质量评价系统；美国在1961年提出的土地登记地籍系统①，以及1981年土地评价与立地分析系统②；联合国粮农组织在1976年提出的农业生态区系统③；英国在1971年的法规中提出土地潜力分级体系④；荷兰在1972年提出的农业土地利用规划评价体系⑤；日本在1976年提出全国土地利用计划系统。近年来，国外学者对于评价体系的构建也多有研究：Rossiter D G对土地评价模型基于时空两个方面分类，强调土地质量是重要指标；Thapa R B等学者对越南的土地评估选取了土壤、土地利用、水资源、道

---

① A A Klingebiel, P H Montgomery. Land Capability Classification [S]. Washington, D. C. USDA, 1961.

② Wright L E, Zitzmann W, Young K, et al. LESA-agricultural Land Evaluation and Site Assessment [S]. Washington, D. C. USDA, 1983.

③ Fao R. a framework for land evaluation [J]. Soils Bulletin, 1976.

④ Kim G T, Jeon G U. Land resource economics and sustainable development [M]. UBC Press, 1993.

⑤ Van Kooten G C. Land resource economics and sustainable development [J]. American Journal of Agricultural Economics, 1993, 76 (2): 337.

路网络和市场作为影响城郊农业的主要因素；Samranpong C 等专家对泰国北部的土地适宜性评价研究中，认为可以根据政策或经济情况而制定指标体系；Sonneveld M P W 等学者对荷兰的评价指标体系通过三十年研究，指出为实现土地资源可持续利用，应重视对环境影响和风险的评估；Nguyen T T 等专家的研究提出了农业生态能力、环境影响和社会经济条件的部分性能指标。

（二）高标准粮田布局优化方法研究

国内外专家学者对于布局优化方法的研究经历了不同阶段探索，高标准粮田布局优化也正是通过对这些方法的参考与借鉴展开的。目前已有的布局优化研究方法主要可分为四大类型：（1）模型方法，认为对土地（耕地）利用变化的模拟预测即是对土地（耕地）布局的优化手段，LUCC 模拟研究的综述中对此方法已有详细介绍；（2）适宜性评价方法，主要通过选择与构建耕地适宜性评价指标体系，进而推动布局优化研究；（3）GIS 方法，主要借助 3S 工具尤其是强调对地理信息技术的运用，通过 ArcGIS 软件的功能模块得出布局优化结果；（4）多目标决策方法，其是遵循政策规划约束同时考虑多种目标要求，通过理想点法等数学模型方法择优实现布局方案的方法。

国内学者对基本农田或者高标准农田布局优化的研究有时也称作布局调整研究，其内涵均是为了提高耕地质量或者满足土地规划要求而对现有农田基于一定标准调入或调出，最终实现优化目标的行为。依据耕地质量要求的研究有：高丽丽等学者对浙江地区通过农用地分等和地化评估结果，评价基本农田质量并实现了布局调整；路雪采用逼近理想点的方法对耕地进行综合质量排序，并根据贴近值大小分别从调出和调入角度对基本农田进行优化；汪永丰等专家基于 GIS 栅格数据的特性，通过耕地评价分值排序提取图斑的方法对龙潭镇基本农田布局进行了优化；侯俊国等学者对丘陵山区基本农田的研究，以及刘霈珈等学者以河南温县为例的研究都是基于耕地综合质量评价模型得出的成果进行布局优化。依据土地规划要求的研究有：许妍等专家对江西省的研究，张述清等学者对云贵高原的基本农田布局优化都是基于土地利用总体规划修编成果要求进行的；张勐基于对两轮土地利用总体规划的对比，确定调入和调出的基本农田，最终完成对基本农田的布局优化；苏黎兰等学者的研究则是兼顾符合规划的数量与符合适宜性的质量要求予以优化；李灿等专家利用农用地分等成果，按照等级折算的方法对布局进行了调整。

国外专家对于农田布局优化的研究程度和关注度都很高。一方面，从政府层面构建法律法规以及规划制度，通过划定农田区域和范围来布局优化，其中比较知名的包含：英国早在 1933 年就出台的农业调整法；1960 年法国颁布的农业指导法；1980 年匈牙利的全国环保规划；1981 年美国的农田保护法①；1982 年波兰出台的农业和林业用地保护法；荷兰虽然没有专门法规却通过规划划定了农田布局范围②；苏联同样通过农业环境立法手段调整农田布局；近年来美国通过土地利用分区政策进行的布局优化。另一方面，国外研究多通过对地理信息系统技术及模型的运用实现布局优化，主要包括：美国提出的斯托利指数法③以及土地评价与立地分析系统方法④；加拿大建立的 Can-SIS 数据库以及 GUELPH 模型等。

（三）高标准粮田布局优化路径研究

高标准粮田的规划目标是到 2020 年底政府将在河南省内的 95 个县市区中共建成 6369 万亩吨粮田，因此对河南高标准粮田布局优化步骤、措施与建议方面的研究就显得十分必要。在对高标准粮田布局优化路径的研究中，中外学者主要关心时空布局优化安排设计、布局优化保障措施以及布局优化政策建议这几个方面的问题。

近年来，国内学者对于高标准粮田时空布局优化的研究主要有：冯锐等学者根据土地利用限制性条件将中江县分为不同的整治模式进行空间布局，同时根据治理模式将区域分为 3 个时期进行时序布控；杜昭阳在其论

---

① Gustafson G C. Farmland protection policy: The critical area approach [J]. Journal of Soil & Water Conservation, 1981, 36 (4): 194-198.

② Steiner F R. Farmland protection in the Netherlands [J]. Journal of Soil & Water Conservation, 1981, 27 (27): 248-249.

③ Reganold J P, Singer M J. Defining prime farmland by three land classification systems [J]. Journal of Soil & Water Conservation, 1979.

④ Benson V W, Harris B L, Richardson C W, et al. Using expert systems and process models to enhance U.S. agriculture [J]. Journal of Soil & Water Conservation, 1992 (3): 234-235.

文中提出“四象限”模型方法，按照协调性和适宜性交叉出 9 种类型，并依照综合排序原则进行时空安排；陈天才从微观角度的重点区域布局入手，按近、中、远三期进行时空布局。专家们对高标准粮田布局优化的保障主要依据当地具体问题相应制定，并有很多政策建议研究：宋祥刚等学者通过系统工程原理，针对平原地区高标准粮田存在的问题提出了与之相适应的建设方针；邢广洲等专家针对豫西南浅山丘陵区具有代表性的泌阳县，提出高标准粮田需要注重水利工程、改善田间交通、提高农业效益、创新组织方式；王新盼等学者综合了北京市平谷区不同区域基本农田的限制性因子，提出分西南部、南部平原以及南部半山 3 类推进建设；李婷等专家对湖北省赤壁市的研究分优先、次优先整治以及全面整治 3 个区域进行布局；杨静丽等学者在总结经验的基础上针对河南正阳县的具体建设情况，对资金整合、补偿落实、配套设施以及工程管护上的问题予以建议。

国外学者认为土地利用分区对于基本农田布局规划实施来说是必要的前提设定，Greene R P 等学者提出区域优化布局能够带来区域优势，从而提升耕地质量。就高标准粮田时空布局相关研究而言：Dumanski J 等专家使用土地质量指标方法（Land Quality Indicators，简称 LQI）进行布局规划设计；Rounsevell M D A 等学者以英国两个地区为例探讨了区域尺度的农用地空间布局问题；Chavez A B 等专家对耕地进行了空间上的设计布局。Thapa G B 等学者对尼泊尔山区的土地通过土地整理进行布局规划设计。近年来，国外专家对布局优化的相关保障手段研究包括：Lichtenberg E 等专家在研究中提出，增加灌溉排水等农业基础设施投入以提高土地配置效率；Bunting D P 等学者强调现有农业基础设施的重要性；Rosa D L 等专家指出布局规划可以通过土地整治保证地块完整性；Adelman S 等学者对乌干达北部的研究中指出土地产权对于粮田布局规划具有重大影响。

四、国内外研究进展的简要评述

从以上对国内外专家学者三个方向多个角度的研究进展综述中，可以得出诸多对后续研究具有借鉴意义的经验与指引。但同时要认识到已有研究进展中存在的局限，这需要通过未来研究不断予以拓展加强，才能推动相关研究发展从而丰富成果内容。

（一）可借鉴的研究经验

“三化”协调发展的研究综述中：国内外研究从理论层面不断丰富“三化”的内涵、“三化”协调发展的作用机理与实现路径；形成了河南省“三化”协调发展的阶段划分标准；研究对“三化”协调发展提出了基于多学科背景的评价模型与指标选择方法；文献中同时明确了在“三化”协调发展下进行耕地保护的理论与实践意义、导向方针与策略。

土地利用变化的研究综述中：基于局地、区域、全球等不同尺度的土地利用动态变化分析已具备数量、质量、程度、空间、景观等多角度的研究方法成果；对土地利用变化驱动模型的研究充分考虑了定性与定量的结合，同时驱动因子选择灵活；文献可为土地利用变化的未来趋势研究提供多种经过实证检验的模拟与预测模型。

高标准粮田布局优化的研究综述中：参考国内外对基本农田的相关研究，可以逐步构建出高标准粮田布局优化的指标体系；依据政府规划或借助3S技术从模型优化与评价优化等多方面形成高标准粮田布局优化方法的相关研究成果；具备从空间与时序角度对高标准粮田进行布局优化安排的经验，能够提供高标准粮田布局优化的相关对策建议。

（二）可加强的研究局限

“三化”协调发展的研究综述中：较少关注“三化”发展不同阶段差异性及规律性的实证研究；缺乏对“三化”协调发展不同阶段的土地利用未来趋势研究；“三化”协调发展评价模型偏重于协调度研究，并未形成完善详实的评价指标体系；对“三化”协调发展背景下耕地保护的实现途径研究存在局限。

土地利用变化的研究综述中：目前土地利用变化研究已经趋于成熟，但对耕地利用变化的研究仍有待完善；耕地利用驱动的研究多针对耕地数量变化，较少关注耕地质量；对耕地模拟预测的研究多沿用土地利用变化模拟模型，并未对影响耕地变化的“三化”协调发展背景进行深入探究。

高标准粮田布局的研究综述中：相关研究多依托于基本农田的已有经验，较少有针对高标准粮田布局优化目标要求、指标体系与影响因子的研究；特别是基于“三化”协调发展背景的研究更是鲜有；布局优化方法多是单一使用，缺乏兼顾主客观影响的综合布局优化方法运用；对高标准粮田布局优化的研究多为时空布局安排，较少关注百千万方布局优化。

（三）评述小结

国内外文献对于“三化”协调发展与高标准粮田布局优化均有相关类似研究，但针对“三化”协调发展背景下的高标准粮田布局优化研究却较为缺乏，因此进行相关研究具有一定创新性意义。

针对以上国内外研究进展综述，期望通过对已有经验的借鉴，逐步推进相关研究发展。实现以鹤壁市为研究区的“三化”协调发展中耕地数量、质量与空间上的历史变化、现实驱动及未来趋势分析；完善“三化”协调发展不同阶段差异性的实证研究与高标准粮田布局优化的评价体系构建；完成兼顾协调发展要求的高标准粮田时空与百千万方布局优化安排；并最终探究高标准粮田布局优化的保障措施与政策建议路径。以期基于“三化”协调发展背景，通过高标准粮田布局优化方式，缓解耕地保护问题、维护粮食安全并促进区域的可持续发展。

第三节 研究区概况及数据来源

一、研究区域概况

鹤壁市地处中原经济区与河南省粮食生产核心区的重叠区域，受到粮食安全与经济发展的双重要求，将其作为研究区分析“三化”协调发展背景下的高标准粮田布局优化问题具有典型性与代表性。以下主要从五个方面对研究区进行概况介绍。

（一）区位条件

鹤壁市是河南省的一个地级市，具有悠久的历史文明，商朝首都朝歌、周朝第一大诸侯国卫国都城朝歌、战国七雄之赵国都城中牟均位于鹤壁市。鹤壁市是中原城市群核心发展区，处于河南省北部，位于东经113°59′-114°44′，北纬35°26′-36°3′的太行山东麓向华北平原过渡地带，约占整个河南省总面积的1.38%。鹤壁市的东、西、北部与安阳市相接，南与新乡市相邻，北距首都北京 475 公里，南至省会郑州 110 公里。西气东输与南水北调工程从鹤壁市西侧经过，京广铁路、京港高速铁路、京港澳高速公路以及 G107、G515、G230、G342 这 4 条国道纵贯南北，鹤壁濮阳高速公路连接了京港澳与大广高速实现东西贯通。近年来，鹤壁市作为中原经济区建设中沿京广发展轴上的重要环节，日益承担起北接京津、沟通南北产业和城镇密集带的重要作用。从行政区划上看，研究以鹤壁市下辖的两县（淇县、浚县）及三区（淇滨区、山城区、鹤山区）作为对象。具体区位情况如图 1-1 所示。

图 1-1　鹤壁市区位示意图

（二）自然禀赋

1. 气候与水文

鹤壁市属于暖温带半湿润季风型气候，主要表现为四季分明，光照充足，温差较大，夏季东南风为主导风向、冬季为偏北风，造成春季干旱多风少雨，夏季闷热潮湿多雨，秋季气爽清凉季短，冬季寒凉多雾少雨的气候特点。鹤壁市年平均气温在 14.2 ℃到 15.5 ℃范围内，年降水量约为 481.6 mm 到 503.7 mm，年日照时数在 1978.7 h 到 2087.1 h 之间。鹤壁市自然条件优越，市区空气质量在二级以上的天数达到 80%以上，饮水水源地水质 100%达标。①

鹤壁市范围内的主要自然河流包括：汤河、淇河与卫河，其中淇河水质为国家二类以上。人工疏浚及枢纽包括：共产主义渠，民主渠、夺丰水库、红卫水库以及盘石头水库等，其中盘石头水库总库容达 6.08 亿立方米。正常年份水资源基本平衡，地下水资源较好，但分布不均。

2. 地形与土壤

鹤壁市地处华北地层区，地质构造上处在新华夏系华北坳陷的西部与太行山隆起的东南部，具有断裂且褶皱不发育的特性。鹤壁市地势整体上呈现西高东低趋势，东部地形多为平原，间或出现丘陵、洼地，西部以丘陵山区为主，总体上构造复杂。其中，鹤壁市三区多为低山与丘陵；淇县自然地势西高东低，京广铁路以西为低山与丘陵，其东多为平原；浚县平原面积约占 82%，地势中部略高，西部与东部呈现平缓地形。地形示意如图 1-2 所示。

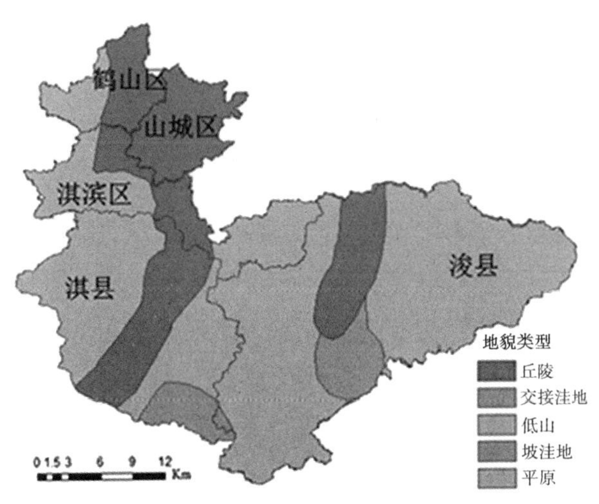

图 1-2 鹤壁市地形示意图

根据河南省土壤普查结果，鹤壁市区及其所属淇县西部属于豫西北太行山地丘陵棕壤、褐土林（果）牧水保区，该区域土壤类型主要为褐土，

① 2019 年鹤壁市环境状况公报［R］. 鹤壁市人民政府，2020.

因受地形、母质等因素影响，又有淋溶褐土、褐土、石灰性褐土之分，主要特征是土层较薄、砾石含量较多、有机质含量较少；鹤壁市下属的浚县与淇县东部属于豫东北冲积平原潮土、风沙土、盐碱土粮经作物改土培肥区，区域内土壤类型主要为潮土类潮土亚类中的壤质潮土土属，其特征是保水保肥能力强、易于耕作，属于具有中上等肥力的土壤。①

（三）社会经济

1. 人口与城镇化率

根据鹤壁市统计年鉴与公安年报数据，鹤壁市人口在2009年之前平稳增加，至2010年总人口大幅提升至超过155万，其后继续呈现稳步增长趋势，到2013年总人口高达到1611698人，是2000年的1.149倍；2013年全市人口自然增长率5.61‰。男女性别比为108.553；2013年城镇人口数为850196人，是2010年的1.752倍，城镇人口增加迅猛。

鹤壁市2003年的城镇化率首度超过40%，此后逐年上升，到2010年城镇化率小幅下降到48%，但其后又重新上升至50%以上，目前城镇化率已高达52.84%。受到社会经济快速发展的影响，鹤壁市总人口中的城镇人口增加迅猛是城镇化率攀升的主要原因。具体人口与城镇化率情况由图1-3可见。

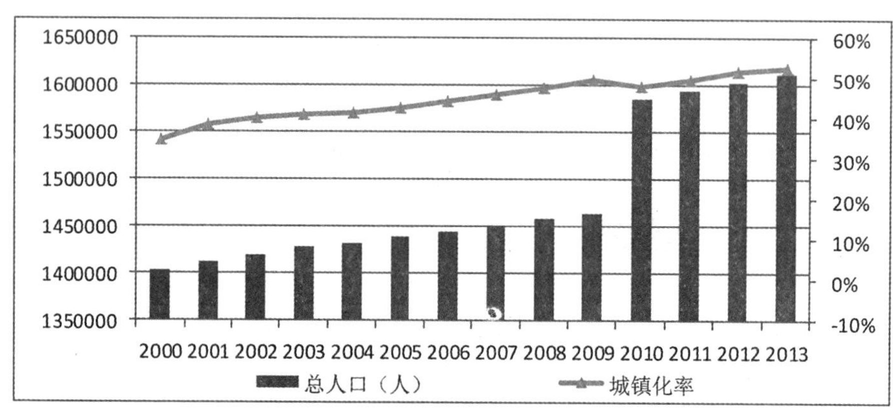

图1-3 鹤壁市人口与城镇化率变化图

① 河南省土壤普查办公室：《河南土壤》，北京：中国农业出版社，2004年。

2. 经济发展情况

根据鹤壁市统计年鉴数据，1993—2013 年的 20 年间鹤壁市地区生产总值持续上涨，2013 年鹤壁市地区生产总值达到 6221183 万元，相较 1993 年的 290048 万元增长了 21 倍之多。2013 年鹤壁市地方财政收入 396400 万元，全市社会固定资产投资 5234242 万元，经济发展态势良好。

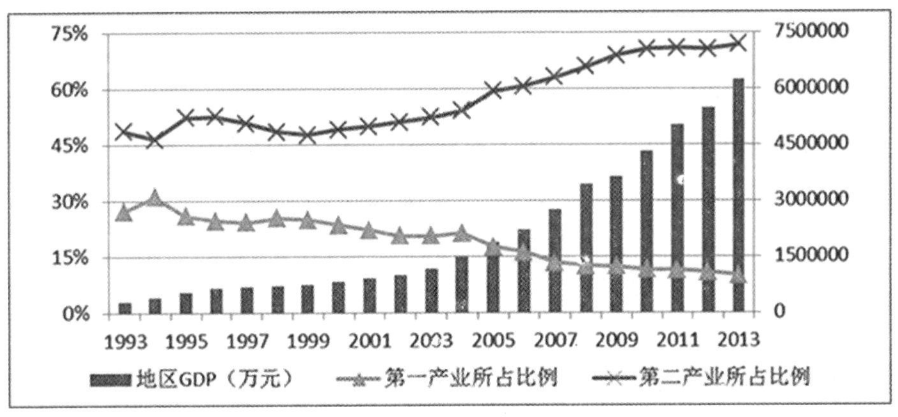

图 1-4 鹤壁市 GDP 与一二产业比例变化图

由图 1-4 可见，与地区生产总值变化趋势相同的是鹤壁市第二产业所占比例，十年间由 1993 年的 48. 50%上升到 2013 年的 71. 70%，增长总额达到 4321952 万元；而鹤壁市第一产业所占比例却由 1993 年的 27. 10%下降为 2013 年的 9. 80%，减少额为 531804 万元。这种趋势情况说明鹤壁市的经济结构偏重以第二产业为主，特别是 1996 年与 2006 年受到工业化与城镇化发展影响，第二产业产值增加突出，而第一产业产值占比明显下降。

（四）粮食生产

1. 历史概况介绍

鹤壁市地处河南省粮食生产核心区之列，具有悠久的粮食种植历史，自商周时期起就是国家的粮仓所在，更是全国的粮食盛产地；新中国成立以来，鹤壁市作为重要粮食作物生产基地，粮食播种面积比重、粮食单产及复种指数均高于一般城市，是全国粮食生产先进市、河南省粮食高产创建先进市。根据《河南省高标准粮田建设标准》（DB41/T885-2013）中建设区域的划分，浚县属于黄淮海平原区（详细划分标准见附表 1），淇县属于山前平原区，鹤壁市整体处在河南省高标准粮田建设的范围之内，浚县更是高标准粮田建设试点之一。

2. 粮食生产情况

鹤壁市粮食生产条件优越，近 20 年间粮食总产量长期保持在 70 万吨以上，2013 年粮食总产量达到十年前的 1.546 倍，有效实现多年连续增长。同时，鹤壁市粮食作物亩产从 2008 年开始达到 450 公斤，并且保持 0.41%的年增长率持续稳定提升。粮食增产的主要原因包括高产作物面积扩大及增产措施落实到位，近十年间鹤壁市的粮食作物播种面积呈现 0.48%的年均增长速度。

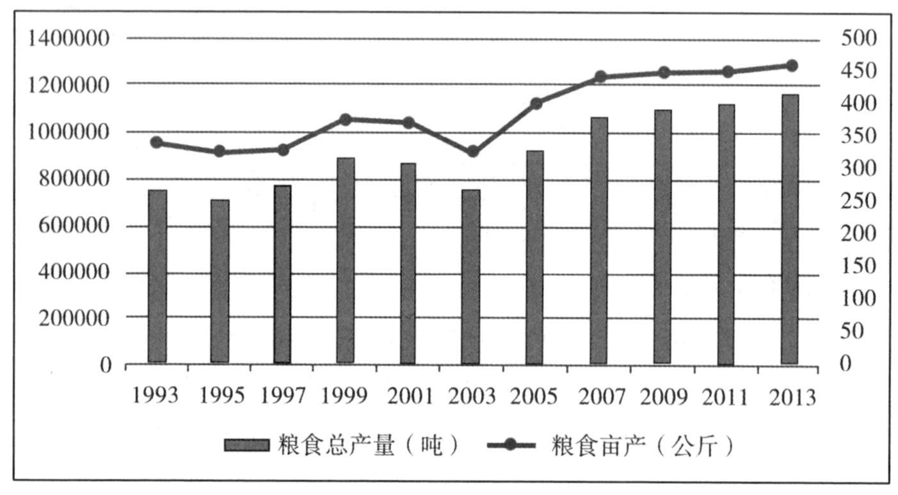

图 1-5　鹤壁市粮食总产量与亩产变化图

由图 1-5 可知，鹤壁市粮食总产量与亩产总体上均呈现波动增长趋势，从 2003 年开始粮食增产稳定且持续上升。根据统计年鉴数据，2013 年鹤壁市浚县与淇县占全市粮食作物播种面积比例分别达到 58.14%与 25.00%，占全市粮食总产量比例也高达 60.91%与 25.23%，可见，鹤壁市两县的粮食生产能力稳固。

（五）土地利用

根据河南省测土配方施肥项目数据可绘制出图 1-6，其中耕地所占比例达到 63.28%，可见，耕地是鹤壁市主要的土地利用类型。耕地的主导地位使得鹤壁市农业现代化与高标准粮田建设具备了优越的先天物质基础。相关研究也指出：鹤壁市的耕地比重高于河南全省平均水平，且各项粮食指数均高于全省平均，同时鹤壁市耕地压力指数很小。然而，近年来工业化与城镇化进程的推动使得人地矛盾不断加剧，鹤壁市耕地数量呈现逐年减少趋势，2005—2010 年的五年间鹤壁市耕地减幅明显大于全省平均水平。

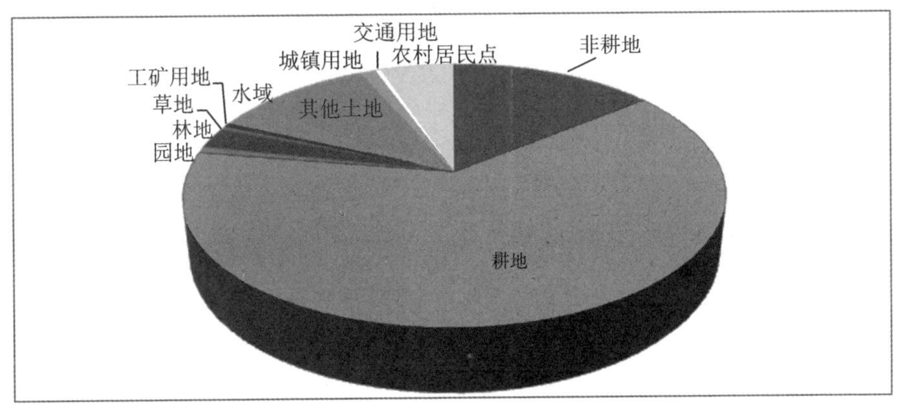

图 1-6　鹤壁市土地利用类型比例图

二、研究数据来源

数据的获取与收集是分析研究的基础。遥感数据具有周期性长、信息量丰富、数据综合性强与可比性高的优点，可在耕地动态变化及模拟预测研究中加以运用；而对于耕地变化驱动以及高标准粮田布局优化等方面的研究，则需要运用非遥感数据。

（一）遥感数据源

研究所使用的遥感数据源包括：来自中国科学院计算机网络信息中心国际科学数据镜像网站的鹤壁市 1993 年、2003 年、2013 年的 Landsat5 TM、Landsat7 ETM+以及 Landsat8 OLI-TIRS 三期卫星遥感影像数据；来自 Google Earth 的鹤壁市卫星合成加工影像数据。对遥感数据的运用主要通过 ENVI 软件进行预处理与解译分类，并基于 ArcGIS 软件平台形成数据库成果。

（二）其他数据源

研究所使用的其他数据源包括：地形地貌数据（鹤壁市30米分辨率数字地形图）；矢量数据（鹤壁市行政区划矢量图、鹤壁市土地利用现状矢量图）；数据库成果数据（河南省第二次土壤普查成果、测土配方施肥项目形成的河南省耕地地力评价成果）（部分数据库成果展示见附表2）；文献资料数据（已公开发表的、涉及研究与研究区的期刊、会议及学术论文等）；社会经济统计资料数据（中国国土资源公报、河南省统计年鉴、鹤壁市统计年鉴、鹤壁市年鉴、土壤志、鹤壁市城市总体规划等）。

第四节　研究目标及方法

一、研究目标及主要内容

（一）研究目标

加强耕地保护即是对粮食安全的基础保障，在"三化"协调发展背景下综合考虑粮食生产核心区与中原经济区的建设需求，通过多学科理论、技术与方法的应用对鹤壁市进行高标准粮田布局优化研究，以期实现耕地资源优化配置并从布局优化层面推进"三化"协调发展进程，为今后以耕地保护为主题的高标准粮田区各项利用规划提供参考和依据，并进而推动区域土地资源可持续利用与信息化管理。

（二）主要内容

"三化"协调发展背景下鹤壁市高标准粮田布局优化研究的内容主要分为四个部分：

第一部分包括第一章与第二章。主要阐明研究背景与意义、国内外研究进展、研究区概况与数据来源、研究目标及方法，并通过对"三化"协调发展与高标准粮田布局优化相关概念及理论支撑的论述，构建出本书研究的逻辑机理与框架结构，为后文研究提供依据。

第二部分包括第三、四、五章。此三章主要基于"三化"协调发展背景，围绕研究区耕地动态变化历史特征规律、驱动因素及驱动机理、未来布局稳定性情况进行分析并探讨了耕地保护与耕地可持续利用相关问题，为高标准粮田布局优化研究奠定基础。

第三部分包括第六章与第七章。此两章在前期研究基础上，理清了“三化”协调发展下研究区高标准粮田布局优化的目标要求与过程方法，构建出指标体系并进行水平测算，最终取得高标准粮田时空与百千万方布局优化结果并提出“三化”协调发展未来战略选择；同时，提炼出高标准粮田布局优化的指导原则，并基于制约因素与潜力条件提出相关保障措施与建议，完善了高标准粮田布局优化的路径体系。

第四部分为第八章。通过对各章节研究结论的总结，提出研究的创新点，并分析研究存在的局限与未来展望。

二、研究方法及技术路线

（一）研究方法

“三化”协调发展背景下鹤壁市高标准粮田布局优化研究涉及管理学、经济学与资源学等多学科交叉内容，研究主要采用理论与实证方法、定性与定量方法以及综合布局优化方法对研究内容进行分析。

1. 理论与实证方法

通过梳理研究背景与意义，提出理论基础并规范相关概念，根据研究目标查找大量“三化”协调发展的研究文献，翻阅有关耕地动态变化的研究资料，了解掌握高标准粮田布局的研究进展。通过对国内外学者研究进展的总结与评述，奠定了研究的理论方法结构框架。

同时，选取鹤壁市作为研究区进行实证性研究，通过外业实地调研方法与地理信息系统技术分析了研究区耕地数量与质量变化的各项情况，并在此基础上依据“三化”协调发展阶段划分对研究区高标准粮田的布局进行了情景预测模拟，提出具有实证意义的高标准粮田时空与百千万方布局优化安排，实现了理论研究与实证研究的统一。

2. 定性与定量方法

科学研究要求实现定性与定量方法的结合。全面考虑定性研究中的归纳与演绎、分析与综合方法，对研究的逻辑机理与结构框架进行分析与总结，以期对内在与外在规律加深认识、为本书研究思路指明方向。研究中

"三化"协调发展的目标要求、对高标准粮田布局优化的影响以及耕地保护的相关分析都需要定性研究。

另一方面，定量分析有助于实现土地资源的精细化管理。对遥感数据源运用多种信息技术方法，基于遥感、地理信息学、景观生态学的相关软件可以进行定量化分析，并通过计量经济模型与数理统计方法深入研究；对年鉴数据等非遥感数据主要可以运用数学模型方法分析变化驱动力、标准化处理评价指标，构建排序模型进行布局优化研究。

3. 综合布局优化方法

目前并没有专门用于高标准粮田布局优化的技术方法，综合布局优化方法也并不是一种特定方法，而是对多种布局优化方法的综合运用。在尊重各级政府高标准粮田规划要求的基础上，通过综合布局优化方法实现了对模型方法、适宜性评价方法、GIS 方法与多目标决策方法的综合运用，研究方法上具有一定创新性。

首先，基于 CA-Markov 的模型方法不但可对研究区未来土地利用空间布局进行预测，在研究中更主要的可以被用于确定高标准粮田布局优化中的耕地布局稳定性指标；其次，基于"三化"协调发展与高标准粮田布局优化目标要求，通过对研究区耕地动态变化与驱动因素的分析总结，可以构建出高标准粮田布局优化指标体系，并进而进行适宜性评价；再次，运用 ArcGIS 软件的叠加功能，通过图层权重叠加法可以得到研究区高标准粮田布局优化地块平均水平；最后，依据政府规划指标限制，通过综合排序优选方法与逼近理想点法确定出高标准粮田各项布局优化结果。

（二）技术路线

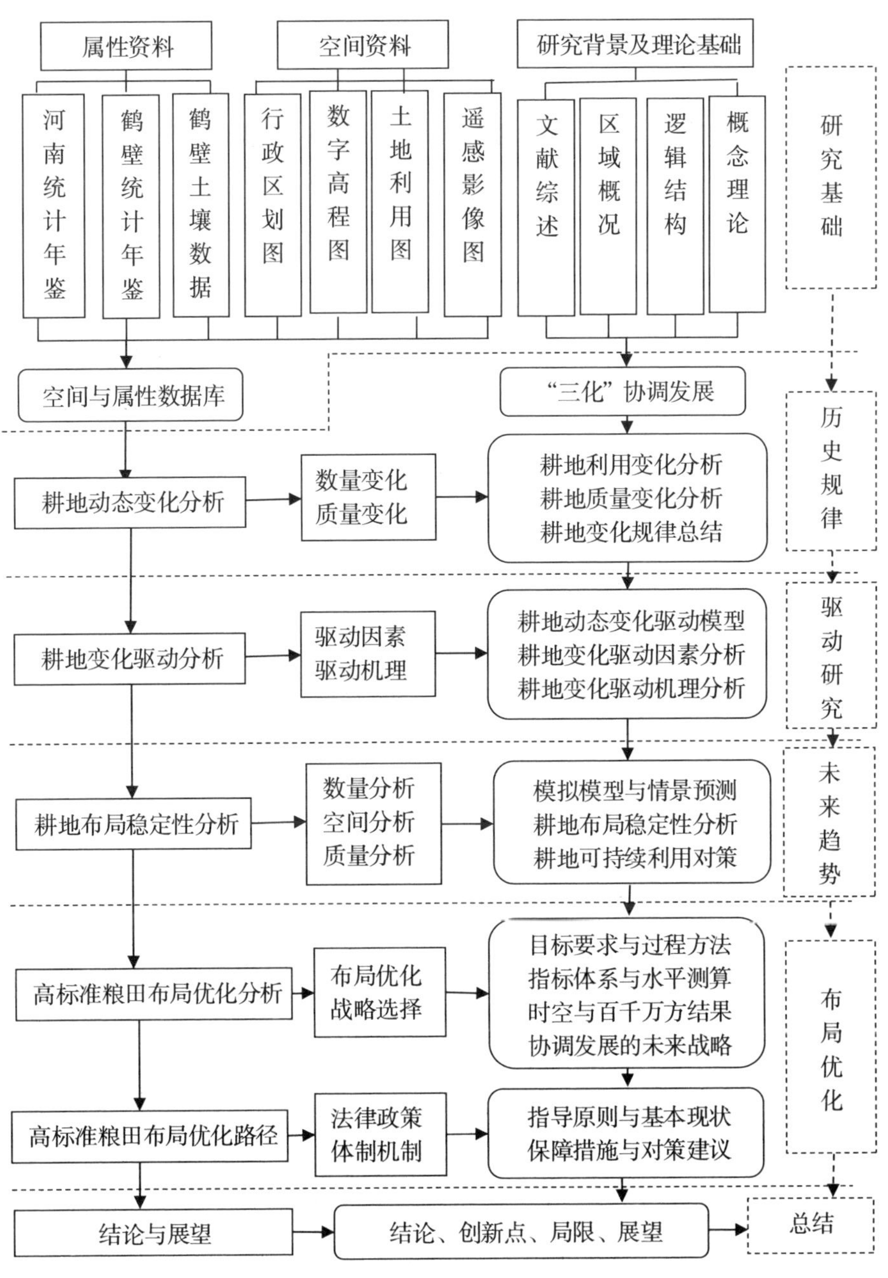

图 1-7 技术路线图

第二章　研究的理论基础

第一节　涉及的基本概念

一 “三化”协调发展相关概念

（一）工业化

工业化一词来源于“industrialization”。工业化过程最早起源自18世纪60年代的英国，到20世纪30年代后，世界范围内的工业化浪潮不断高涨。新中国成立以来我国工业化取得了长足发展，以1979年的改革开发为标志开始走上中国特色工业化道路，到2002年党的十六大报告正式提出区别于传统工业化的新型工业化概念。

相较于发达国家与我国以往的传统工业化，新型工业化主要“新”在经济增长模式的创新，“新”在对现代信息技术与人力资源优势的运用。中共十六大以来，工业化与新型工业化概念不断融合，从内涵上更加侧重于强调：信息化与工业化的相互作用、科技产生的经济效益、产业结构的优化提升、人口、资源与环境的可持续发展。

综上，研究界定的工业化概念可表述为：在信息化与科技化引领下，不仅关注工业经济绩效更加重视现代化技术效率，以高新技术产业为先导促进产业融合，同时充分运用人力资源优势，强调降低污染与低能耗，可持续协调与集约优化发展的过程。

（二）城镇化

城镇化一词来源于“urbanization”，也被翻译为城市化。2000年中共中央通过的《关于制定国民经济和社会发展第十个五年计划的建议》首次正式使用了城镇化概念。其后城镇化的概念不断加深与完善，2007 年党的十七大报告提出统筹城乡发展的中国特色城镇化，2012 年的中共十八大以来国家积极推行以人为核心的新型城镇化。

城镇化与城市化之间既有联系又有区别，两者均表达一种由农村自然生态系统向城市半人工生态系统转变的过程，但城镇化概念更符合我国国情，也更符合河南省作为农业大省，在转型过程中必须注重小城镇与城乡一体化发展趋势的必然要求。具体到城镇化概念的内容层面，有关人口集中、产业扩大、空间扩张与城镇观念等方面的内涵呈现出较强一致性，并在完善过程中概念外延得以不断扩展。

综上，研究界定的城镇化概念可表述为：在工业化与信息化引导下，强调以人为本、生态文明与可持续发展内涵要求，促进农村人口有序向城镇集聚，城镇空间规模日益集约高效，城镇经济结构日益升级优化，城镇功能质量日益完善提升，进而实现区域城乡统筹协调发展的过程。

（三）农业现代化

农业现代化可翻译为“agricultural modernization”。最早发源于 20 世纪 50 年代的美国，随后相继传入其他国家，欧美逐渐成为全球农业现代化的中心。我国新中国成立以来对农业现代化的探索不断深入，1978 年党的十一届三中全会阐明农业现代化方针政策，2002 年十六大报告明确了建设农业现代化的目标，2007 年党的十七大首次提出中国特色新型农业现代化概念。

农业现代化的概念界定要求符合国情，而符合中国国情的农业现代化需要满足“三农”目标。农业现代化概念内核普遍包含以下四个方面：以农业机械化为基础、以农业科技进步为源泉、以农业产业化为方向、以农业信息化为手段；同时在概念中还必须关注农业的可持续发展与资源的永续利用，这是农业现代化的保障。

综上，研究界定的农业现代化概念可表述为：在农业产业化与信息化的引领下，在现代管理手段与科学技术支持下，实现传统农业向现代化农业转变，提升农业生产水平与农民综合素质，以绿色可持续发展缩小城乡差异，实现机械化生产与规模化经营的过程。

（四）“三化”协调发展

20 世纪 80 年代我国便提出包含工业化、城镇化与农业现代化在内的

“三化”概念，同时指出“三化”是国家现代化的根基。2012年李克强总理在考察省部级领导干部研讨班时指明要积极推动工业化、城镇化、农业现代化的协调发展，河南省省长郭庚茂在2013年的河南省委经济工作会议上强调推进“三化”协调发展，其后“三化”协调发展的概念被广泛应用于河南省中原经济区、高标准粮田等多项建设中。随着进程的深入推进，“三化”协调发展日益成为河南省区域发展的力量、区域转型的措施、中部崛起的依托。

协调发展是指系统中各个要素在互相作用下逐步实现均衡的发展状态。“三化”协调发展强调的是“三化”之间的互相影响，工业化与城镇化向农业现代化供应技术与需求，农业现代化向工业化与城镇化供应保障与支撑。因此可界定出三者的关系：工业化是动力、城镇化是支柱、农业现代化是基石。党的十九大以来，通过增加“信息化”与“绿色化”而逐步将“三化”提升为“四化”或“五化”，2020年10月29日中国共产党第十九届中央委员会第五次全体会议中提出“到二〇三五年基本实现社会主义现代化远景目标……基本实现新型工业化、信息化、城镇化、农业现代化，建成现代化经济体系”。[①] 研究“三化”协调发展，其内涵具备信息化与绿色化的基本要求，且考虑到对研究区高标准粮田布局优化更强的针对性，因此仍选择使用“三化”协调发展概念展开研究。

综上，研究界定的“三化”协调发展概念可以表述为：工业化、城镇化与农业现代化的协调发展，是科技化、信息化与产业化促进下不以农业生产与粮食安全、生态平衡与环境保护为代价的“三化”和谐有序发展之路。

二、高标准粮田布局优化相关概念

（一）耕地与基本农田

1. 耕地

依据联合国粮农组织对农用地的分类规定，耕地指种植作物的土地，

① 中共中央关于制定国民经济和社会发展第十四个五年规划和二〇三五年远景目标的建议［N］. 人民日报，2020-11-04（001）.

其中包括菜园及休闲等用地类型。[①] 依据我国自然资源部对土地分类体系的说明以及中国国家标准化管理委员会发布的《土地利用现状分类》(GB/T 21010-2007)，研究界定的耕地概念可以表述为：直接用于种植农作物所占用的土地及其附属设施用地，其中包括零星或临时种植树木、果木、苗木等的可耕地，同时符合规定的沟、渠、路、坎与滩涂用地也包含在其中。

“三化”协调发展背景下鹤壁市高标准粮田布局优化研究所使用的耕地资料部分来源于遥感影像解译数据，由于遥感分辨率精度受限以及同谱异质等因素，存在将耕地附近地物划入耕地的可能性；同时，根据研究目的仅对遥感影像进行五种地类划分，因此耕地概念不可避免地出现扩大趋势。但遥感数据与统计年鉴中耕地数据出入很小，且三个时段变化趋势符合实际，因此认为其仍具有研究上的科学性。依据朱新华的研究，全国超过70%的耕地属于粮食用地，研究区本身又处于粮食生产核心区，因此对高标准粮田的研究可采用遥感解译的耕地数据作为基础。

2. 基本农田

基本农田可翻译为“capital farmland”，在国外通常指各项条件优良，能以少量投入获得持续高产的起保护功能的农地。依据国务院发布的《基本农田保护条例》(1998年12月27日国务院令第257号)以及自然资源部发布的《基本农田划定技术规范》(TD/T1032-2011)，研究界定的基本农田概念可以表述为：为了满足特定阶段人口与发展对农产品的需要，而根据土地利用总体规划要求划定为禁止被占用的耕地。

基本农田从属于耕地范畴，但两者的概念内涵不尽相同：耕地主要涉及生产功能，因此更偏重其自然资源属性；而基本农田涉及人口与发展要求，因此更偏重人地关系属性。同时，基本农田具有很强的政府规划指令性，2008年十七届三中全会提出了永久性基本农田概念，实质上永久性基本农田仍指基本农田，“永久”体现的是政府对基本农田的保护态度。

（二）高标准粮田概念辨析

高标准粮田是在基本农田概念基础上提出的，是具有河南省特色的构

---

① Klingbiel A. A，Montgomery PH. Land Capability Classification [M]. US Department of Agriculture Handbook，1961：17-18.

建粮食生产核心区的重点举措。2012 年《河南省人民政府关于建设高标准粮田的指导意见》（豫政〔2012〕26 号）首次提出该概念，2013 年发布的《河南省高标准粮田建设标准》（DB41/T885－2013）以地方标准形式进一步完善定义，到 2015 年《河南省高标准粮田保护条例》的出台意味着实现了地方性法规上的保护。包括《高标准粮田“百千万”工程建设规划（2012—2020）》《河南省高标准粮田验收认定办法》与《高标准粮田考核办法》在内的具体建设与考核办法共同构建出高标准粮田体系。

研究界定的高标准粮田概念可以表述为：在粮食生产核心区内依据相关规划要求，在政策扶持与专项资金的支持下，以“三化”协调发展理念为指引，达到“平整连片、质量优良、设施齐备、技术到位、产能高效、绿色环保”目标，并主要用于粮食作物生产的高标准永久性基本农田。①

高标准粮田与高标准农田、高标准基本农田概念相近，因此有必要进行区别辨析，进一步明确高标准粮田的概念范畴。高标准农田概念来自农业部发布的《高标准农田建设标准》（NY/T 2148－2012）；高标准基本农田概念则依据自然资源部发布的《高标准基本农田建设标准》（TD/T1033－2012）。三者具有以下相同点：概念均从属于基本农田范畴；概念中均体现出高标准要求。不同点为：首先，高标准粮田属于地方标准，后两者属于国家标准；其次，高标准粮田是用于小麦、玉米、水稻等粮食作物生产的农田，后两者涉及范围则不仅限于粮食生产用地。综上，高标准粮田概念范畴与研究具有更强的针对性，因此选择采用高标准粮田概念。

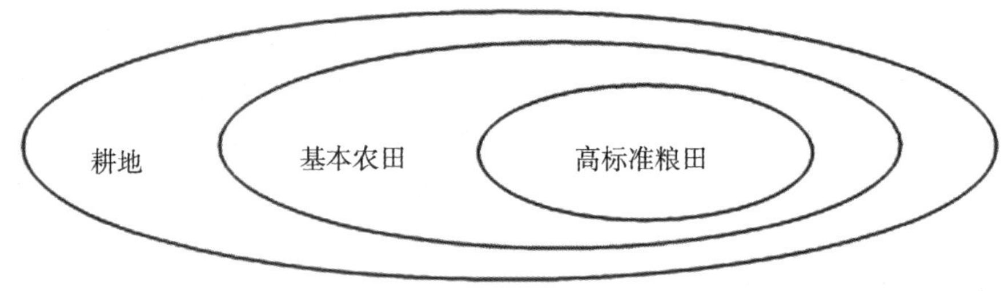

图 2-1　概念关系图

① 河南省人民政府关于建设高标准粮田的指导意见［R］. 河南省人民政府，2012.

高标准粮田包含在耕地范围内，概念间的关系如上图 2-1 所示。高标准粮田相关研究中涉及耕地的部分主要使用遥感解译数据结果，其他研究主要使用年鉴资料及土地利用调查数据作为高标准粮田的指标数据来源。

（三）高标准粮田百千万方

高标准粮田百千万方划定是河南省建设高标准粮田的核心任务，其是在高标准粮田整体框架指导下进行的，并且最终结果有助于高标准粮田的目标达成。依据《河南省高标准粮田建设标准》（DB41/T885-2013），研究界定的高标准粮田百千万方概念可以表述为：耕地集中连片，田面平整，无影响大型机械化作业的废弃建筑物、村庄、重要交通干线和重要设施等障碍因素的连续田块。其具体划分标准为：耕地连片面积大于等于 100 亩，小于 1000 亩则划定为“百亩方”；大于等于 1000 亩，而小于 10000 亩划定为“千亩方”；大于等于 10000 亩则划定为“万亩方”。

考虑到高标准粮田与基本农田的概念范畴，高标准粮田百千万方划定需要结合当地基本农田划定工作，以乡镇为单元，通过土地整治等工程手段促进耕地地块连片性的提升，将破碎地块集中连片的建设起来，最终达到政府规划目标要求。依据《鹤壁市高标准粮田“百千万”工程建设规划（2012—2020）》，到 2020 年预计在研究区内集中建成 39 个万亩方、79 个千亩方、46 个百亩方。

（四）高标准粮田布局优化

布局通常指对事物的全面规划与安排，其包括空间布局、时序布局等多个方面内容；布局优化指对事物的布局通过一定措施、技术与方法，使其达到最优目标要求的过程。因此，研究界定的高标准粮田布局优化概念可以表述为：依据河南省及鹤壁市对高标准粮田建设的规划内容，遵循“三化”协调发展要求，充分考虑研究区自身耕地状况，按照一定指标体系，综合运用多种技术方法，将符合要求的耕地择优划为高标准粮田的优化配置过程。

依据《河南省人民政府关于建设高标准粮田的指导意见》（豫政〔2012〕26 号），高标准粮田布局优化研究中具体可分为以下三个层面展开：空间布局优化，是对高标准粮田布局相对位置的优化安排；时序布局优化，是对高标准粮田布局先后顺序的优化安排；百千万方布局优化，是根据百千万方的定义将高标准粮田划分为百亩方、千亩方与万亩方的优化安排。

第二节　研究的理论支撑

一、系统科学理论

系统科学理论起源于20世纪20年代，最早由奥地利学者L.Von.Bertalanffy创立[①]，并于20世纪60年代开始在国际上传播，被广泛应用于多学科与部门；到1981年我国学者钱学森提出国内最早的系统科学体系，其后众多专家学者不断深化系统科学理论研究。系统科学理论体系庞杂，在此主要介绍与研究密切相关的系统理论与协同理论。

（一）系统理论

系统概念来自古希腊，表示由部分所构成的整体。系统理论是研究系统结构、模式、规律、特征、功能、原理等内容的理论体系，其核心概念包括：系统、要素、功能与环境。综合来看，系统概念表达的是由若干要素组成的有机整体，由于各个要素间存在互相联系，使得整个系统具备独立要素所不具备的功能特性，并以整体形式与外界环境产生作用。

首先，根据系统理论，要素之间会互相作用并且在此基础上对整个系统产生影响，系统的功能与特性存在于系统全部要素的综合影响作用中，因此，必须宏观全面的把握系统，不能割裂要素间的联系。其次，系统理论指出，系统具有功能性与结构性，每个系统均有其存在的目的功能，系统能表达出一种或多种功能特性，系统的功能性由其结构性决定，要素通过特定结构形成系统从而赋予系统特定功能性。再次，系统理论中提出了“序”的概念，主要表达要素在时空等层面上的安排，对要素“序”的处理能帮助系统发挥最优效用。最后，系统理论阐明了系统的环境适应性与稳定性特征，表明系统总是处在一定环境之中，与环境之间的物质与能量交换体现了其环境适应性，而这种交换可能会对系统的平衡产生影响，但

---

① Bertalanffy L V. “The History and Statm of General Systems Theory”, Academy of Management Journal, 1972, 15 (4): 407-426.

系统稳定性会促使系统恢复正常功能。

系统理论对“三化”协调发展背景下鹤壁市高标准粮田布局优化研究的指导意义与支撑作用：其一，“三化”协调发展是一个系统，研究中要将工业化、城镇化与农业现代化作为系统的组成要素来全面看待，不可偏废其一；其二，书中将高标准粮田作为整体系统，要认清功能来完善结构，高标准粮田布局优化正是从“序”的角度通过调整结构进而提升系统功能的研究；其三，将“三化”协调发展看作高标准粮田系统的外部环境，环境对系统有影响作用，能够促进系统稳定发展。

（二）协同理论

协同概念同样源自希腊文，表示协调同步，共同协作之意。协同理论作为系统科学理论的分支，最早出现在1971年联邦德国学者Hermann Haken的著作中，其是研究系统内部与系统之间在动态变化的环境中所遵循共同演化规律的理论体系。①

首先，协同理论将系统看作能够进行物质与能量交换的开放系统，认为其中存在不同性质的大量子系统，正是通过子系统的协调运作形成自组织结构，才使得系统产生稳定有序的功能，因此可知，系统受到外部影响，但最终会通过内部协同达到有序。其次，系统理论引入序参量概念，其是用于衡量系统秩序程度的量，序参量对系统的形成有决定作用，当子系统出现协同作用，此时序参量上升到某饱和值并在宏观层面表现出系统的结构与功能。再次，系统理论强调系统内部协同作用的重要性，系统内部要素或子系统克服各自独立运作，形成协同作用并不断趋向共同目标中心才能应对系统外部影响。最后，协同理论认为在协同作用下能够产生协同效应的结果，在开放系统中子系统受到环境影响，通过协同作用所产生的系统整体效应能够促进系统由无序状态向有序状态的转变，协同效应有助于系统保持稳定。

协同理论对“三化”协调发展背景下鹤壁市高标准粮田布局优化研究的指导意义与支撑作用：其一，“三化”协调发展系统中工业化、城镇化

---

① Haken H. Synergetics：An Introduction [J]. Springer - Verlag，Berlin - New York，1983，1.

与农业现代各个子系统协同作用，共同构成了“三化”协调发展系统稳定的结构与功能；其二，当将“三化”协调发展目标要求看作会对高标准粮田系统产生影响的外部环境时，可以通过对高标准粮田内部要素的合理调配，最终形成协同作用进而完善高标准粮田系统；其三，“三化”协调发展下的高标准粮田布局优化作为协同结果，其产生的协同效应有助于高标准粮田系统保持稳定。

二、耕地保护理论

耕地保护是为了满足耕地资源的可持续利用目标，充分考虑耕地条件水平，为实现特定利用目的，综合运用多种手段方法保证耕地数量与质量要求的行为。从古至今，国内外专家学者对耕地保护的理论研究众多，在此主要介绍与研究密切相关的外部性理论与可持续发展理论。

（一）外部性理论

外部性理论来自经济学研究，最早由英国学者 Alfred Marshall 于 19 世纪末在其著作《经济学原理》中提及①，到 20 世纪初由 Arthur Cecil Pigou 在《福利经济学》一书中扩充，其后，美国学者 Ronald H. Coase 在《社会成本问题》中继续将该理论予以完善。有关外部性概念，William D. Nordhaus 和 Paul Samuelson 从产生主体入手，而 Alan Randall 则从接受主体定义，总体上看，外部性表达经济主体间不能通过市场方式处理的外部影响。

首先，外部性理论认为公共物品存在非排他性与非竞争性，因此极易产生外部性，而耕地的公共物品属性使得耕地保护手段具有显著外部性。其次，外部性理论提出外部性包括正外部性与负外部性：正外部性表现出外部影响所带来的福利增加，也称为外部经济；负外部性则表现出福利削减，又称外部不经济。再次，外部性理论指出外部性对市场均衡存在影响，由于市场对私人利益的追逐，难以补偿具有社会利益的成本付出，外部性的存在会使市场调控对资源的配置缺乏效率，从而引起市场失灵。最

① Marshall A . Principles of economics [J]. Political Science Quarterly, 1961, 31 (77): 430-444.

后，外部性理论明确了外部性的矫正方式，可以通过外部性的内部化，依赖政府宏观调控、明确界定产权、减少交易费用等手段实现市场均衡。

外部性理论对“三化”协调发展背景下鹤壁市高标准粮田布局优化研究的指导意义与支撑作用：其一，高标准粮田布局优化是为了实现政府高标准粮田建设规划要求而进行的，这种具有耕地保护功能的政府规划属于制度手段范畴，本身具有外部性；其二，需要认识到高标准粮田布局优化能够发挥增益性的外部作用，对区域的耕地保护与社会经济协调发展具有正向影响；其三，由于高标准粮田布局优化存在正外部性，因此政府及社会团体等层面有必要从经济机制、管理体制、组织方式等多角度予以保障与补偿。

（二）可持续发展理论

可持续发展最初见于 1972 年发布的《人类环境宣言》中，到 1980 年，《世界自然保护大纲》中提出将人类与自然协调统一的观念。1983 和 1987 年是具有奠基作用的两个时点：一个致力于推动可持续发展的组织“世界环境与发展委员会”成立了，一个明确可持续发展理念定义的报告《我们共同的未来》问世了。1992 年该理论最终在里约热内卢形成全球性质的发展理论。具体到土地资源管理领域的可持续理念拓展：1993 年联合国粮农组织发布了《可持续土地利用管理评价大纲》，并给予了土地资源可持续利用的明确定义；2015 年联合国发布的《2030 可持续发展议程》中明确提出了实现粮食安全和促进可持续农业的目标。①

首先，可持续发展理论指明实现当代人的生存与发展不应该影响后代人的生存与发展，而土地资源可持续发展即是在可持续发展理论支撑下，通过节约集约的土地利用方式满足当代人与后代人对土地数量与质量需求的发展。其次，可持续发展理论不否定社会经济的发展，更加注重发展中生态环境的价值，要求各项发展必须以保证生态环境可持续为前提。再次，可持续发展理论强调对资源的永续利用，认为其是人类社会赖以生存

① Anonymous. Transforming our World：the 2030 Agenda for Sustainable Development [J]. Civil Engineering：Magazine of the South African Institution of Civil Engineering，2016，24（1）.

与发展的必要基础。①

可持续发展理论对“三化”协调发展背景下鹤壁市高标准粮田布局优化研究的指导意义与支撑作用：其一，“三化”协调发展的概念包含绿色化与可持续化的内涵，研究中要重视“三化”协调发展的可持续性；其二，高标准粮田布局优化研究是坚持土地可持续利用原则的资源配置方式，通过布局优化不但能满足耕地保护要求，更有助于区域社会经济的可持续发展；其三，为切实保护高标准粮田布局优化结果，需要依据可持续发展理论，采取多重措施保障耕地资源的永续利用。

三、布局优化理论

高标准粮田布局优化实质上是按照一定指标体系，综合运用多种技术方法，将符合要求的耕地择优划为高标准粮田的资源配置过程。其目的是提高区域耕地地力水平，加强基础设施建设，提升耕地集中连片性能，最终满足规模效益的实现。以下主要介绍与研究密切相关的土地资源优化配置理论与土地规模经营理论。

（一）土地资源优化配置理论

土地资源优化配置理论源自区位理论，自19世纪末至20世纪初古典区位理论产生以来，其发展历经了Johann Heinrich von Thünen提出的农业区位理论、Max Weber提出的工业区位论以及Walter Christaller提出的中心地理论。到二战后的20世纪50年代，Frederick Steiner及Ian McHarg等学者提出了依据土地的自身适宜性进行资源优化配置；20世纪70年代以来，土地资源优化配置多通过土地利用规划等手段加以约束，并将“3S”理论广泛应用于研究。

首先，土地资源优化配置是为了适应社会经济发展对土地各项需求的变化，而对土地资源内部结构与功能的优化调整，其目的是提高土地资源利用效率与实现多重效益。其次，土地资源优化配置理论认为应考虑区域自然禀赋、社会经济等多方面的差异性，通过区位布局实现空间区位的选择与空间结构的优化。再次，土地资源优化配置理论旨在通过分析土地资

① 曲福田：《可持续发展的理论与政策选择》，北京：中国经济出版社，2001年。

源禀赋，运用技术管理手段，对区域内土地资源从数量与质量、空间与时序等多层面进行合理分配和布局优化，从而促进人地协调。最后，土地资源优化配置理论指出由于存在比较优势，因此在资源配置过程中应充分考虑适宜性的高低，依据区域比较优势来合理配置土地资源。

土地资源优化配置理论对“三化”协调发展背景下鹤壁市高标准粮田布局优化研究的指导意义与支撑作用：其一，需要认识到高标准粮田布局优化属于土地资源优化配置范畴，其目标是促进研究区的耕地保护与“三化”协调发展；其二，高标准粮田布局优化需要遵循区位理论，充分考虑研究区自然条件以及社会经济的影响，对区域空间布局优化进行合理选取与配置；其三，高标准粮田布局优化应当基于区域耕地资源的比较优势，在时序布局优化上可参考适宜性高低合理进行阶段性安排。

（二）土地规模经营理论

土地规模经营理论源自规模经济原理，1776 年 Adam Smith 在《国富论》中论述了规模经济理论，到 1890 年 Alfred Marshall 在《经济学原理》中将古典政治经济学发展形成了新古典经济学，其后，Paul A Samuelson、Harvey Leibenstein 及 Alfred D Chandler 等美国学者不断将该理论予以发展完善，Karl Heinrich Marx 也在其著作《资本论》中提出大规模耕种土地能够获得更多的农业经营收益。①

首先，土地规模经营理论是通过规模化的经营手段进行高效土地利用经营活动的理论，其中：“规模化”是在一定生产力水平下，通过适度扩大土地、劳动力、资金等生产资料的投入而达到规模效应；“高效”的衡量主要通过对生产资料整合，以此降低单位成本并促进土地规模效益提升。其次，土地规模经营理论指出各行业分工后出现农业落后于制造业的情况，考虑到技术经济因素是影响规模经济的关键因素，因此需要依赖于农业科学与机械，通过扩大农业生产规模与提高农业生产能力，最终实现土地规模经营效益。再次，土地规模经营理论认为生产规模存在最优点，如超过最优规模则会有边际递减规律出现，因此在土地规模的选择上应考虑实地情况，进行适度经营。

---

① 马克思．资本论．第一卷［M］．人民出版社，1975.

土地规模经营理论对“三化”协调发展背景下鹤壁市高标准粮田布局优化研究的指导意义与支撑作用：其一，河南省的高标准粮田建设是通过促使耕地集中连片，在规模经营的基础上进行粮食生产，以期实现规模效益的建设；其二，为实现规模效益，在高标准粮田布局优化中应特别注意农业科技及机械化层面的指标作用，以期提高粮田生产能力，同时促进产业化发展；其三，在高标准粮田布局优化中应考虑百千万方布局优化的具体安排，并特别注意适度规模，遵循“宜大则大，宜小则小”的原则。

第三节　研究的逻辑基础

对鹤壁市基于“三化”协调发展背景进行高标准粮田布局优化研究主要涉及三个方面的内容：“三化”协调发展、耕地保护、高标准粮田布局优化。三者在逻辑上具有互相影响、相互作用的规律性：耕地保护是高标准粮田布局优化的基础，也是“三化”协调发展的基本前提；高标准粮田布局优化是耕地保护的有效举措，也是“三化”协调发展战略的具体体现；“三化”协调发展是耕地保护与高标准粮田布局优化的指导思想与前进方向。其逻辑机理图如图 2-2 所示。

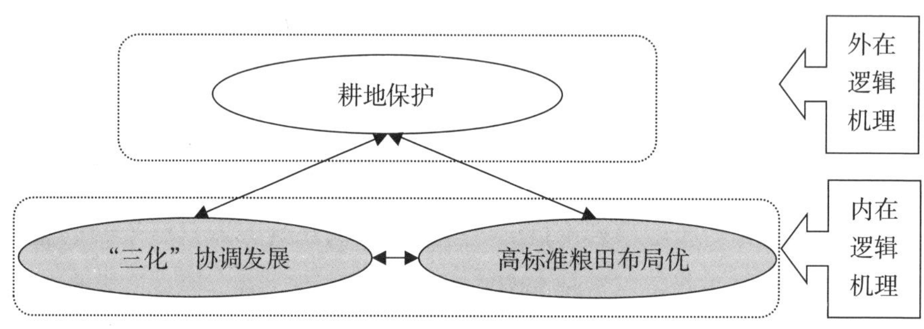

图 2-2　逻辑机理图

首先，耕地保护构建了“三化”协调发展与高标准粮田布局优化外在的影响作用机理：(1) 耕地保护是连通“三化”协调发展与高标准粮田布局优化的纽带，由于高标准粮田从属于耕地的概念范畴，作为“三化”协调发展构成要素的“工业化、城镇化与农业现代化”才得以通过对耕地产生影响而作用于高标准粮田布局优化；(2) 耕地保护是“三化”协调发展与高标准粮田布局优化的共同目标，因而研究的核心关注点即是对处于粮食生产核心区的鹤壁市，在“三化”协调发展背景下通过高标准粮田布局优化这一资源配置手段进行耕地保护研究。

其次，“三化”协调发展与高标准粮田布局优化本身具有内在的影响作用机理：(1) “三化”协调发展作为指导思想作用于高标准粮田布局优化，并在具体分析中从阶段划分到目标要求等多方面影响着高标准粮田布局优化研究；(2) 高标准粮田布局优化的最终结果与研究结论同时会对三化协调发展的战略选择与持续推进产生影响。

依据对上图的系统论述，以下主要从三方面内容的两两关系入手，具体分析研究逻辑基础。

一、“三化”协调发展与耕地保护

(一) “三化”构成要素会对耕地产生影响

作为“三化”协调发展构成要素的工业化、城镇化与农业现代化从理论层面上会对耕地变化产生影响：一方面，工业化及城镇化会促使生产要素的空间聚集与人口的大规模迁徙，其在土地利用上集中表现为建设用地增加，由于土地具有稀缺性，建设用地的扩张会一定程度引起耕地减少，从而影响耕地保护；另一方面，工业化与城镇化的发展能够体现出地区经济发展态势，从而为农业现代化提供先进技术与优良服务，农业现代化旨在改变传统农业生产方式，提高耕地质量与单位面积耕地的生产能力，其与耕地保护内涵一致。同时，工业化、城镇化与农业现代化会促进农民迁移与农地流转，迫使农业向节约集约方向发展，从而减少对耕地的撂荒、破坏与浪费行为，切实促进耕地保护。

从实际层面考察“三化”协调发展构成要素对耕地数量与质量变化的影响，就需要综合考虑社会经济条件、耕地自然禀赋、区位条件状况、政策制度影响等多个方面内容，合理筛选正向与负向的耕地变化驱动因素指标，提出符合“三化”协调发展的耕地保护措施。

(二) 耕地保护需要“三化”协调发展指引

河南省历来是国家粮食生产大省，作为粮食主产区及粮食生产核心区担负着保障粮食安全的重要职责，然而河南省存在的人口基数众多、经济基础薄弱等问题，严重制约着区域发展水平提升。2011 年国家提出中原经济区建设的构想，对工业化、城镇化滞后于全国水平的中原地区提出发展目标要求：到 2015 年工业化与城镇化水平稳步提升，到 2020 年工业化与城镇化达到或接近全国平均水平。可以看出，中原经济区建设进程中社会经济必然得到高速发展，那么在此过程中，关乎粮食生产地位稳固性的耕地保护问题就显得尤为重要。

基于这样的背景，“三化”协调发展被提出并在河南地区同步实行，“三化”协调发展强调的是工业化、城镇化与农业现代化的协调有序发展，其中的核心论调是“不以农业生产与粮食安全、生态平衡与环境保护为代价”，这就要求必须转变观念，不因工业化与城镇化的发展而损伤粮食生产与粮食用地，同时积极利用农业现代化的技术成果提升粮田的产量与基础设施水平。综上所述，耕地保护需要“三化”协调发展的指引。

二、耕地保护与高标准粮田布局优化

（一）耕地是高标准粮田布局优化的基础

耕地作为一种重要的土地类型其自身具有生产能力与承载能力。基于此，耕地成为粮食种植的物质基础，对人类的生产生活产生巨大影响。我国是农业大国，河南是农业大省，作为粮食生产核心区代表的鹤壁市在耕地利用方面存在着与我国耕地资源基本国情相同的潜在挑战：一方面，随着人口的增多，人均耕地不可避免的缩减，并同时存在耕地分布不均与耕地细碎化状况；另一方面，多年耕种与缺乏养护造成的耕地质量退化情况普遍存在，同时社会经济的发展一定程度造成耕地后备资源不足。在这些挑战下，粮食生产核心区担负着提高粮食产量、满足国民及社会经济发展对粮食需求的责任，对其范围内的耕地进行高标准粮田布局优化显得尤为重要。

根据前文概念与理论的介绍，高标准粮田布局优化依据的是耕地自身数量与质量条件，其通过进行区域内的耕地适宜性评价，从空间、时序与百千万方层面择优完成政府规划目标。综上所述，耕地是高标准粮田布局优化的基础，高标准粮田布局优化是对耕地的资源优化配置过程。

（二）高标准粮田布局优化促进耕地保护

高标准粮田布局优化具有多方面达标要求，不仅针对耕地地力水平情况，更包括基础设施及技术服务等内容。由此，研究取得的高标准粮田布局优化结果才更符合政府规划目标，能够为决策的制定、管理工作的推进提供参考依据，同时为高标准粮田其他区域与类似高标准粮田区域提供经验借鉴。

高标准粮田布局优化结果有利于实现土地用途分区，对高标准粮田区通过土地用途管制与土地集约利用能够促进耕地保护。概括来说：一方面，通过高标准粮田布局优化能够切实获取具有较高质量标准的粮田范围，将其结果从规划层面固定下来，并依据《河南省高标准粮田保护条例》从法律层面予以保障，从而可以促进对耕地的直接保护；另一方面，依据高标准粮田布局优化评价指标可以明确区域内部的耕地差异，进而对各项限制性影响因素予以总结提取，并在实际工程建设层面对中低产田加以改造，通过土地整治等手段提升耕地地力水平与耕地基础设施水平，增强社会服务与科技投入，从而可以促进对耕地的间接保护。

三、高标准粮田布局优化与“三化”协调发展

（一）高标准粮田布局优化会对“三化”协调发展发挥作用

需要认识到，“三化”协调发展背景下的高标准粮田布局优化最终结果必然符合工业化、城镇化与农业现代化的协调发展要求，因此，高标准粮田布局优化不但具有耕地保护功能，还能对“三化”协调发展的未来战略选择与持续协调同步发挥作用。

首先，基于土地资源优化配置理论的高标准粮田布局优化结果能够推动耕地资源的节约集约利用，依据土地适应性划定好高标准粮田保护区范围后，其他区域可以更好地用于满足未来工业化与城镇化建设对土地的需求；其次，基于土地规模经营理论的高标准粮田布局优化结果能够促进耕地集中连片规模并实现粮田高效持续利用，从而形成农业现代化发展的物质基础，同时，布局优化后通过多重保障措施加强农业科技与服务投入，

农业现代化水平必然稳步提升；最后，高标准粮田布局优化中充分考虑了阶段性与时序性，关注区域生态环境效益，对林地、水域及未利用地的保护能够促进绿色可持续化目标的实现。综上所述，高标准粮田布局优化对“三化”协调发展具有提升与促进作用。

（二）“三化”协调发展是高标准粮田布局优化的指导方向

《河南省人民政府关于建设高标准粮田的指导意见》中明确提出了“三化”协调发展的指导思想地位，可见“三化”协调发展是贯穿高标准粮田布局优化整体研究的目标方向，其能够从作用机理、阶段划分、目标要求等多个方面影响高标准粮田布局优化并发挥指导作用。①

首先，作为“三化”协调发展构成要素的工业化、城镇化与农业现代化建设会在一定程度上促使自然生态系统向人工生态系统的转变，“三化”协调发展通过影响耕地而作用于高标准粮田，而高标准粮田正是在此基础上从耕地中择优配置出来的。其次，由于“三化”协调发展具有不同的历程阶段，各个阶段中耕地变化呈现不同的特点，因此，高标准粮田布局优化中需要特别注意“三化”协调发展阶段的影响作用。最后，高标准粮田布局优化指标体系不但要满足自身的各项达标要求，更要符合“三化”协调发展目标，这就需要从工业化、城镇化与农业现代化三方面合理进行指标筛选，同时权重的确定必须均衡考虑工业化、城镇化与农业现代化的协调作用。

第四节　研究的基本框架

一、研究框架结构

基于逻辑基础分析，“三化”协调发展背景下鹤壁市高标准粮田布局优化研究的框架结构见图 2-3。

① 河南省人民政府：《河南省人民政府关于建设高标准粮田的指导意见》，河南，2012 年。

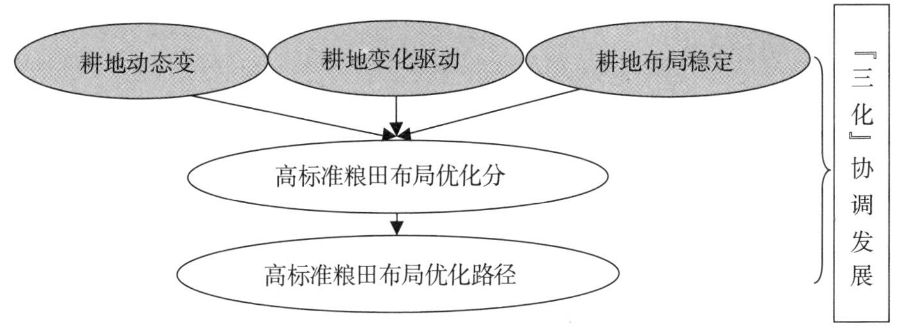

图 2-3　框架结构图

由上图可见：耕地动态变化、耕地变化驱动与耕地布局稳定性三项分析是本书研究的基础；高标准粮田布局优化分析是研究的核心；高标准粮田布局优化路径是对研究的总结。各项研究均基于“三化”协调发展背景，层层递进、逐步深入展开分析。

二、研究框架内容

（一）基于“三化”协调发展阶段的耕地动态变化分析

该部分主要包含四个方面内容：（1）综合考虑河南省“三化”协调发展的整体历程经验与研究区当地实际的发展具体情况，划定出1993—2013年“三化”协调发展的两个阶段；（2）运用LUCC方法，通过遥感影像预处理与解译分类，基于研究区“三化”协调发展两个阶段，从多角度进行耕地利用变化特征分析；（3）构建研究区的耕地自然质量评价指标体系，运用耕地平均自然质量模型，基于研究区“三化”协调发展两个阶段，从多角度进行耕地质量变化特征分析；（4）分别对“三化”协调发展两个阶段耕地动态变化特征规律展开分析，并在此基础上进行规律总结。

高标准粮田从属于耕地概念范畴，该部分通过对研究区耕地动态变化历史特征规律的分析与总结，为全书研究奠定了逻辑起点；同时，该部分对“三化”协调发展的阶段确定，能够为之后研究打下坚实基础。

（二）基于“三化”协调发展的耕地变化驱动机理分析

该部分主要包含四个方面内容：（1）从耕地数量与质量两个层面确定耕地变化因变量，从社会经济、自然禀赋、区位条件、政策制度四方面选取驱动分析的自变量；（2）综合运用主成分分析方法与逐步多元线性回归模型，分别对耕地数量与质量变化进行定量驱动分析；（3）基于农业现代化进行农业发展驱动因素分析、基于工业化与城镇化进行经济发展驱动因素分析，并最终基于“三化”协调发展对各项耕地变化驱动因素进行总结；（4）基于社会燃烧理论从定性角度总结耕地变化驱动机理，并在此基础上提出研究区耕地保护相关思考，引出高标准粮田布局优化的研究意义。

“三化”协调发展通过对耕地产生影响而作用于高标准粮田布局优化，该部分通过对研究区耕地动态变化驱动机理及驱动因素的分析与总结，能够为后文研究提供参考与奠定指导意义。

（三）基于“三化”协调发展的耕地布局稳定性分析

该部分主要包含四个方面内容：（1）从常见土地利用模拟预测模型中选出适合“三化”协调发展背景下鹤壁市高标准粮田布局优化研究的 CA-Markov 模型，并通过对研究区 2013 年土地利用情况的模拟精度检验，明确所选模型的准确性与可用性；（2）基于“三化”协调发展两个阶段设定两种不同情景，运用模型方法进行研究区 2023 年土地利用模拟预测，最终确定出最优情景模拟预测结果；（3）基于最优情景模拟预测结果从数量、空间与质量三个层面进行研究区未来耕地布局稳定性分析，揭示内在规律与发展趋势；（4）通过对研究区未来耕地稳定发展中可能存在的风险挑战分析，探讨耕地可持续利用对策，理清高标准粮田布局优化的重要作用。

耕地布局稳定性关乎高标准粮田布局优化结果的合理性与可持续性，该部分通过对耕地布局稳定性的分析与探讨，能够为此后研究提供参考与依据，发挥引导与约束作用。

（四）“三化”协调发展下高标准粮田布局优化分析

该部分主要包含四个方面内容：（1）依据政府相关规定明确研究区高标准粮田布局优化的具体目标与达标要求，确定高标准粮田布局优化的实现过程与主要方法；（2）基于“三化”协调发展与高标准粮田布局优化双重目标要求，进行研究区高标准粮田布局优化指标体系构建；（3）参考土地适宜性评价方法，通过图层权重叠加方法测算高标准粮田布局优化地块平均水平，并在此基础上运用综合排序优选方法与逼近理想点法进行高标准粮田空间、时序与百千万方的布局优化；（4）基于取得的各项高标准粮田布局优化结果，系统分析研究区未来“三化”协调发展的战略方向选择。

综合前期对于“三化”协调发展与耕地各项研究结论，充分考虑研究区高标准粮田各项政策规定，该部分作为全书的核心所在，不仅实现了研究目标，更具有承前启后的作用。

（五）“三化”协调发展下高标准粮田布局优化路径

该部分主要包含五个方面内容：（1）以“三化”协调发展为指引，从四方面对高标准粮田布局优化进行原则总结；（2）紧密结合之前研究结论与研究区当地实际情况，基于生产力四要素角度探究高标准粮田布局优化的制约因素，并进一步明确研究区未来高标准粮田布局优化的潜力基础；（3）基于研究区高标准粮田布局优化的基本现状，从前期分析得到的四项达标要求入手，提出具体的工程与项目保障措施；（4）为稳固高标准粮田布局优化成果，从“法律产权、政策制度、经济机制、管理体制”四个层面进行具有针对性的保障建议分析。

完成了基于“三化”协调发展的研究区高标准粮田布局优化各项安排后，该部分通过总结研究经验，从理论层面推进了研究路径完善，有助于保障高标准粮田的可持续利用与发展。

第三章　基于“三化”协调发展阶段的耕地动态变化分析

1993—2013 年是研究区鹤壁市一段重要的历史发展时期，依据河南省“三化”协调发展历程，将研究阶段划分为 1993—2003 年的“三化”协调发展形成阶段与 2003—2013 年的“三化”协调发展提升阶段，并可据此对鹤壁市耕地利用变化与耕地质量变化进行相关研究分析。对“三化”协调发展不同阶段的耕地动态变化总结，有助于加深对研究区耕地历史变化特征与规律的认识，更能够为高标准粮田布局优化研究提供必要的基础资料。

第一节　基于“三化”协调发展历程的研究阶段分析

根据河南省“三化”协调发展的历程划分经验，遵照研究区实际情况，科学选择研究时段。对最终确定的研究区“三化”协调发展两个阶段情况进行概述分析，可为后续研究奠定基础。

一、“三化”协调发展历程划分

河南省“三化”协调发展是以工业化、城镇化与农业现代化为主体，坚持不以农业生产与粮食安全、生态平衡与环境保护为代价，不断满足中原经济区、粮食生产核心区与高标准粮田区建设需求，不断完善协调发展能力的过程。

依据河南省社会科学院课题组以及中原经济区“三化”协调发展河南

省协同创新中心的相关研究结论，可将“三化”协调发展按照其历史进程划分为四个时期：萌芽时期（1984—1990 年）、雏形时期（1991—1997 年）、形成时期（1998—2004 年）和提升时期（2005—2013 年）。[①]

二、研究区时段选择与阶段确定

由于区域发展的不均衡性普遍存在，研究区的“三化”协调发展阶段划分与河南省整体情况并不完全一致。在研究区的时段选择上需要充分考虑鹤壁市的行政区划沿革并保证研究的科学严谨。

自 1957 年鹤壁市由国务院批准设立为省辖市，到 1992 年政府决定建立淇滨经济技术开发区，鹤壁市“两县三区”格局开始形成，因此选择 1993—2013 年这一时段开展“三化”协调发展背景下鹤壁市高标准粮田布局优化研究。考虑到时段选择必须符合时间尺度上的统一性与持续性，因此以 10 年为间隔划分出 1993—2003 年与 2003—2013 年两个阶段。

结合河南省“三化”协调发展的历史进程划分，充分考虑鹤壁市的研究时段选择，最终确定研究阶段划分为：1993—2003 年的第一阶段处于雏形时期和形成时期，将其定义为“三化”协调发展形成阶段；2003—2013 年的第二阶段处于形成晚期和提升时期，将其定义为“三化”协调发展提升阶段。

三、研究区“三化”协调发展阶段概况

（一）“三化”协调发展形成阶段概况

随着 1992 年南巡讲话和十四大会议召开，这一阶段市场经济和改革开放思想开始深入人心，工业化成为河南“抓住时机，发展自己”的重点，而电力工业基础建设也逐步成为鹤壁市工业化发展重点；1994 年中原城市群战略的提出，使得全河南省城市积极联体成片，该阶段鹤壁市建设用地大增；2003 年城镇化建设战略不断发展完善，鹤壁市城镇化率有所提升。

研究区地处作为农业大省与人口大省的河南省，该阶段农业生产蓄势

① 吴海峰. 河南省“三化”协调发展战略决策的形成历程［EB/OL］. http://www.chinareform.org.cn/forum/crf/77/paper/201305/t20130503_166251.htm，2013-05-03.

待发，农业现代化初始发展。1994 年与 1996 年国家两次提高粮食价格，促使鹤壁市粮食产量屡创新高；1994 年河南省贯彻国家提出的农村土地使用权流转机制，在农村实行适度规模经营，提高农业生产收益并促使农业现代化发展，此后鹤壁市粮食产量连续多年增长；2001 年提出“两个基地”建设与 2003 年的粮食生产主产区战略布局，鹤壁市对农业基础设施建设逐步加强；2003 年提出的城乡统筹发展，促使以工扶农，推动农业劳动力转向非农就业，并促进鹤壁市农产品加工业的发展。

（二）“三化”协调发展提升阶段概况

2003 年后河南省的工业化与城镇化发展均进入高速增长时期，党的十六大提出了新型工业化道路，这一阶段鹤壁市成为最大的镁制品生产中心；2006 年鹤壁市成为河南省 7 个城乡一体化试点，促使鹤壁市农村基础设施建设不断加强；2012 年河南省《中原经济区发展规划》启动，鹤壁市作为中原城市群的核心发展区域，城镇化规模进一步扩大。

随着发展的不断深入，该阶段农业生产更加集约，农业现代化水平进一步提高。2004 年国家《关于推进农业现代化建设的意见》中强调继续推进农村土地承包经营权流转，促进工业反哺农业，农业产业化发展；2005 年河南省启动粮食生产核心区建设，鹤壁市作为粮食高产创建先进市耕地质量水平不断提升；2011 年《河南省国民经济和社会发展第十二个五年规划纲要》提出“以三化促三农”，鹤壁市农业现代化水平进一步提高；2012 年《河南省人民政府关于建设高标准粮田的指导意见》中，鹤壁市作为整建制推进粮食高产创建试点市，粮食生产用地和粮食产量均稳定在较高水平。

第二节　基于“三化”协调发展阶段的耕地利用变化分析

选取研究区 1993 年、2003 年与 2013 年三期遥感影像，使用信息化技术手段、运用相关软件方法，对符合精度要求的土地利用分类结果基于“三化”协调发展两个阶段进行耕地利用变化特征分析。

一、遥感影像选择与预处理

（一）遥感影像选择

研究区耕地与其他植被覆盖地类差异最大的时段主要在春季（北半球公历 3 月—5 月），根据研究区农作物物候图 3-1，选取冬小麦返青而其他植被作物并未生长的时期，也即将 3 月—5 月确定为最优采集耕地信息时段①，因此遥感影像的选择也应符合该时段要求。

农作物	冬季			春季			夏季			秋季		
	12 月	1 月	2 月	3 月	4 月	5 月	6 月	7 月	8 月	9 月	10 月	11 月
冬小麦												
春小麦												
水稻												
花生												
春大豆												
棉花												

图 3-1 研究区主要农作物物候简图

鹤壁市所在经纬度为（114. 17；35. 90），条带号 124，列编号 35。在最优时段内获取研究区遥感影像，图片及数据来源于中国科学院计算机网络信息中心国际科学数据镜像网站，主要参数情况见表 3-1。虽然研究区 2013 年遥感影像中显示云量较大，但主要集中在图片左侧，而鹤壁市则位于图片右侧部分，不存在云量干扰，因此无须去云处理。

表 3-1 鹤壁市三期遥感影像参数表

获取时间	经纬度	云量	卫星名称	传感器
1993-04-26	113. 82；36. 05	0. 48	Landsat5	TM
2003-04-14	113. 80；36. 01	0. 00	Landsat7	ETM+
2013-05-03	113. 88；36. 04	42. 71	Landsat8	OLI-TIRS

① 赵庚星，窦益湘，田文新，等．卫星遥感影像中耕地信息的自动提取方法研究［J］．地理科学，2001，21（3）：224-229.

（二）遥感影像预处理

1. 归一化处理

研究所选用的遥感数据产品已经经过系统辐射校正和地面控制点几何校正，并且通过数字高程模型（Digital Elevation Model，简称 DEM）进行了地形校正。所有图片的大地测量校正依赖于精确的地面控制点和高精度的 DEM 数据，使用的是三次卷积算法。Landsat5 TM、Landsat7 ETM+以及 Landsat8 OLI-TIRS 卫星图片其地图投影坐标均为 UTM 投影，WGS1984 地理坐标，因此无需进行归一化处理。

2. 假彩色合成

首先要对波段组合进行选择，只有针对不同传感器选取与分类地物特征一致的波段组合，才能在影像处理中减少误差。考虑农作物的光谱特性，对 Landsat5 TM 数据选取绿光波段 TM2、红光波段 TM3 和近红外波段 TM4 参与组合①；Landsate7 ETM+数据的 4、3、2 波段多被用于植被分析，三波段的组合会显示出植被非常鲜艳，能够与非植被进行很好的区分②；Landsat8 OLI-TIRS 数据使用 6、5、2 波段组合，能合成适用于农业分析的图像，该波段组合可以突出植被类型并对裸地信息增强，有助于更好地区别出有作物的耕地。③ 波段组合选择后在 ENVI 软件中分 RGB 进行假彩色合成。

3. 图像配准

在 ENVI 软件中使用 Image to Image 几何校正方法，选用的配准基准图像为 2003 年的 Landsat8 ETM+影像，在影像上分别选取 45 个控制点对 1993 年和 2013 年的遥感图进行配准校正。所选控制点多为道路、河流交叉口，山峰、河沟弯道处，控制点能均匀分布于整幅图像内。采用一次多项式方法配准，通过双线性内插方法重采样，将总体误差及各控制点误差

---

① 赵庚星，GE Lin. 基于 TM 数字图像的耕地变化检测及其驱动力分析［J］. 农业工程学报，2004，20（1）：298-301.

② 董士伟，李宪海，李红，等．基于多尺度分形特征的 ETM+影像耕地提取［J］. 农业工程学报，2011，27（2）：213-218.

③ 牛鲁燕，张晓艳，郑继业，等．基于 Landsat8 OLI 数据的山东省耕地信息提取研究［J］. 中国农学通报，2014，30（34）：264-269.

控制在 1 个象元之内。

4. 图像裁剪

在 ArcGIS 软件中打开三期遥感影像图以及鹤壁市行政区划矢量图，利用裁剪工具加以处理，最终生成三幅裁剪图像如图 3-2 所示。

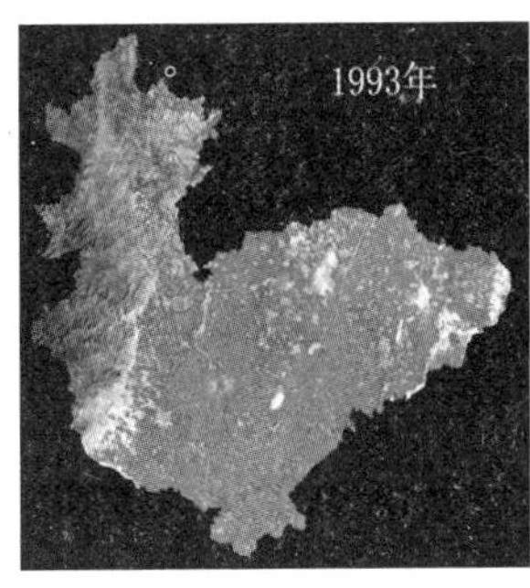

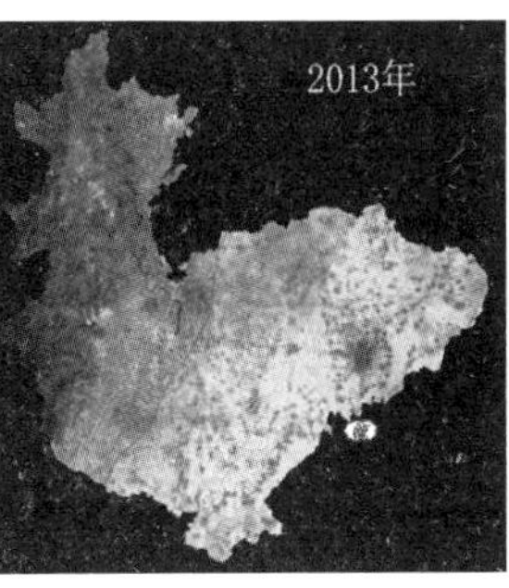

图 3-2 研究区三期遥感影像裁剪图

5. 图像增强

图像增强可以帮助目视解译并提高解译效果，便于遥感图像分类的样本选择。采用 2%线性拉升方法对图像进行增强处理，以便增强后期解译分类效果。

二、遥感影像解译分类过程

（一）土地利用类型划分

研究主要针对高标准粮田布局优化，因此在土地利用类型划分上以能明确区分耕地、林地、建设用地、水域、未利用地为目标。采用 Anderson 在 1976 年针对遥感调查数据确定的土地利用分类系统①，经归并修改后形成研究所使用的土地利用类型划分体系，具体说明如表 3-2 所示。

① Anderson J R, Hardy E E, Roac J T, et al. a land use andland cover classification system for use with remote sensor data [M]. Washington: United States Government Printing Office, 1976.

表 3-2　土地利用类型划分说明表

土地利用类型	解释说明
耕地	指经过人类开垦而形成的种植农作物的土地及其附属设施，包括菜地。由于光谱特征相似，将部分园地（果园）解译到耕地中
林地	指成片的自然林、次生林以及人工林所覆盖的土地，主要包括生态林、经济林及灌木林地等
建设用地	指建造建筑物与构筑物的土地，主要包括城镇（中心城区）、工矿、农村居民点以及交通用地
水域	指包括内陆水域及沿岸滩涂和水利设施等占用的范围
未利用地	指未经过人类开发与利用的土地，包括盐碱地、戈壁以及荒草地等

（二）遥感影像解译分类

1. 建立解译标志

使用 ENVI 软件的 ISODATA 算法进行非监督分类，依据全国土地调查的相关规定，图斑最小上图面积为 6 mm^2，在软件中设置中此项数目为 60，以此提高遥感影像的分类精度。非监督分类后通过目视解译，依据遥感影像上图案的色调、形状、大小、阴影、纹理等特征，参考 DEM 图及 Google Earth 卫星影像，最终建立研究区的土地利用类型遥感解译标志，如表3-3所示。

表 3-3　1993/2003 年 TM/ETM+（432）与 2013 年 OLI-TIRS（652）遥感解译标志表

土地利用类型	解译标志	影像标志（432）	影像标志（652）
耕地	多为鲜红、紫红色，或为绿色、灰绿色，均匀连片，边界清楚，形状规则，内部纹理整齐统一		
林地	多为暗红、紫红色，颗粒小，形状不规则，多位于山地附近、道路和水域周边		

续表

土地利用类型	解译标志	影像标志（432）	影像标志（652）
建设用地	多为青灰色或青紫色，形状为块状、线状、不规则状，内部纹理中可见道路		
水域	多呈暗蓝色或青黑色、黑色，条带状、线状或圆形斑块状，形状不规则		
未利用地	呈灰白色或粉白色，有片状纹理特征，面积较大		

2. 遥感影像分类

选定感兴趣区并评价训练样本，在此基础上使用最大似然法进行监督分类。Richards 在 2006 的文章中提出每种土地利用类型的训练区均应保证在 60 个以上，以确保各类土地利用统计参数的精确性。① 研究采用此项规定进行训练区选择，并利用 ENVI 软件中的 ROI Tool 方法进行样本选择。

3. 分类后续处理

监督分类完成后，通过对照分类结果图与原始影像图，对不完善部分进行详细的目视解译修正，运用 ENVI 软件中的类别筛选、类别集群、类别合并方法进行分类后处理，可以有效减少破碎和噪声问题。

（三）分类精度检验评价

对分类结果的评价可以使用地表真实感兴趣区法进行，根据土地利用调查数据以及 Google Earth 软件中反映出的研究区真实地物情况，利用 ENVI 软件的混淆矩阵方法检验模块精度。对各地类均选择 60 个以上的分类精度检验抽样点，并保证其分布的均匀性。结果如表 3-4。

① Richards J A. Remote Sensing Digital Image Analysis [M]. Germany: Springer Berlin Heidelberg, 2006.

表 3-4 鹤壁市三期分类结果精度检验表

指标 \ 年份	1993 年	2003 年	2013 年
总体分类精度（%）	96.73	97.11	97.37
Kappa 系数	0.958	0.963	0.965
平均错分误差（%）	3.46	2.50	2.83
平均漏分误差（%）	3.39	3.37	2.77
平均制图精度（%）	96.61	96.63	97.23
平均用户精度（%）	96.54	97.50	97.17

结果可见：鹤壁市三期遥感解译分类土地利用图的各项精度水平均符合要求，总体分类精度均高于 96%，Kappa 系数均高于 0.95。说明解译结果能够满足进一步的研究分析。

（四）土地利用分类结果

将解译完成的土地利用分类结果保存为 ENVI Standard 格式，导入 ArcGIS 软件中形成鹤壁市三期土地利用类型数据库成果。通过制图综合，最终可形成 1993、2003、2013 年分为耕地、林地、建设用地、水域、未利用地 5 大地类的土地利用类型图，如图 3-3 所示。

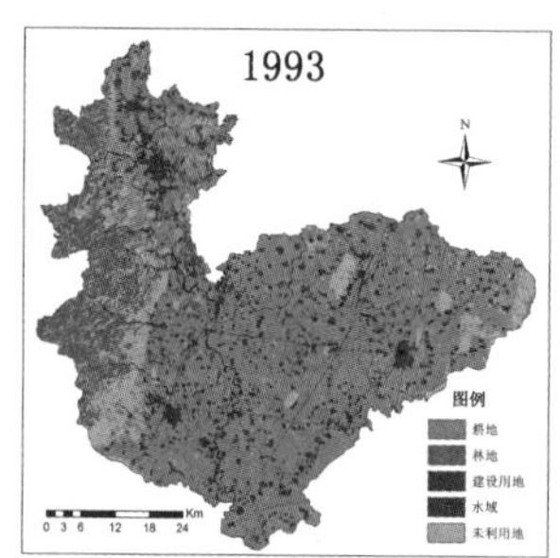

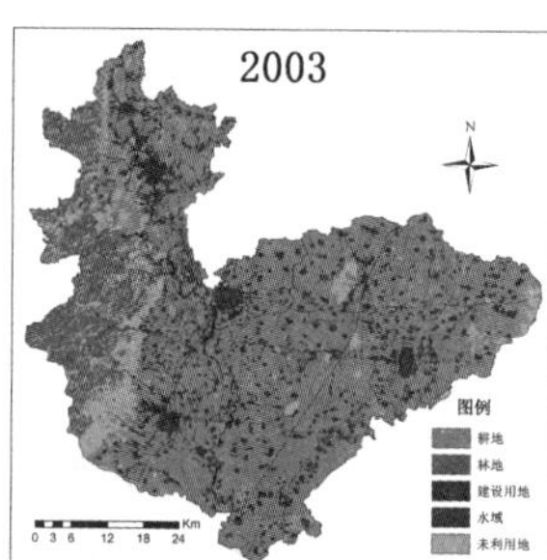

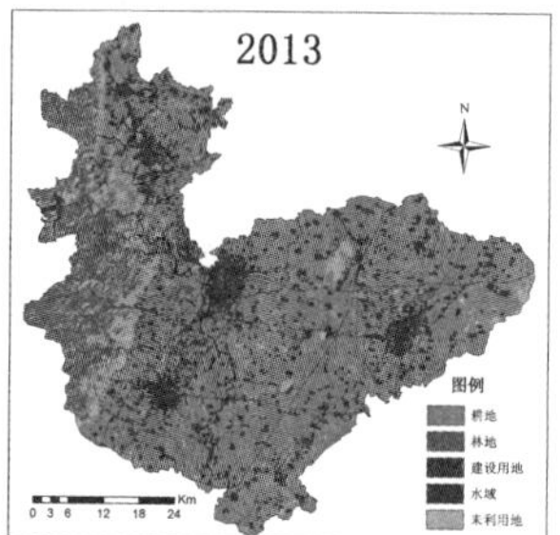

图 3-3 鹤壁市三期土地利用类型图

在 ArcGIS 软件中，通过统计计算得到鹤壁市三期土地利用类型面积情况，如表 3-5 所示。

表 3-5 鹤壁市三期土地利用类型面积及比例汇总表

土地类型＼年份	1993 年		2003 年		2013 年	
	面积（km^2）	比例（%）	面积（km^2）	比例（%）	面积（km^2）	比例（%）
耕地	1333. 548	62. 25	1347. 785	62. 92	1315. 787	61. 42
林地	218. 135	10. 18	216. 971	10. 13	225. 528	10. 53
建设用地	256. 803	11. 99	308. 189	14. 39	368. 901	17. 22
水域	47. 652	2. 22	46. 946	2. 19	55. 961	2. 61
未利用地	286. 036	13. 35	222. 284	10. 38	175. 994	8. 22
合计	2142. 174	100. 00	2142. 175	100. 00	2142. 171	100. 00

分析可知：1993—2013 年鹤壁市建设用地递增与未利用地递减符合经济建设中用地的一般规律；鹤壁市主导地类为耕地，三期所占比例均在 60%以上，耕地面积呈现先增后减趋势，且 20 年间耕地净减少仅为 17. 761 km^2。变化中呈现出的代表性与特殊性具有相关研究价值。

三、耕地利用变化特征分析

（一）耕地变化总量分析

运用 ArcGIS 软件从鹤壁市三期土地利用类型图中提取耕地利用变化图件及耕地面积与周长数据，绘制出下图 3-4 并统计出下表 3-6。

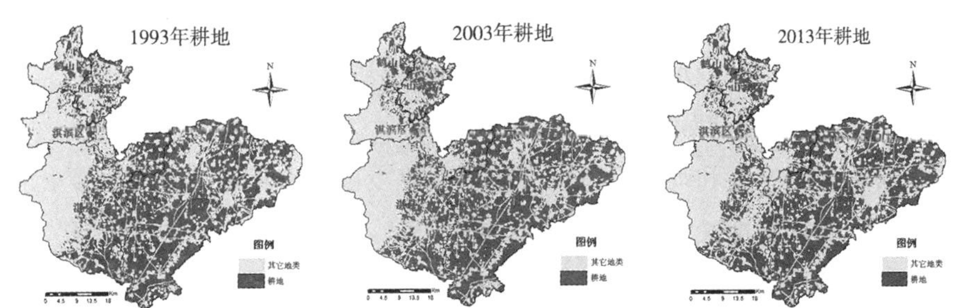

图 3-4 1993、2003、2013 年鹤壁市耕地变化图

由图 3-4 可见：一方面，由于低山丘陵的自然地理形势影响，位于鹤壁市西部的鹤山区、山城区、淇滨区与淇县耕地数量较少；另一方面，建设用地的扩张对耕地变化产生剧烈影响，其中最为显著的是淇滨区、淇县

与浚县。

1993—2003 年的“三化”协调发展形成阶段，鹤壁市建设用地空间扩张以作为新城区的淇滨区为主，同时两县出现了两条纵横交错并与新城区连通的公路；2003—2013 年的“三化”协调发展提升阶段，鹤壁市新城区与淇县逐步连接，以京港澳高速鹤壁段与 107 国道为主的鹤淇大道形成中轴，出现“鹤淇一体化”的大体轮廓，同时浚县依托原县城形状不断向外围拓展。因此，20 年间鹤壁市的“耕地孔洞”也如图中所示在逐渐扩大。

表 3-6　鹤壁市各区域三期耕地面积与周长汇总表

区域＼指标	1993 年		2003 年		2013 年	
	面积（km^2）	周长（km）	面积（km^2）	周长（km）	面积（km^2）	周长（km）
鹤山区	52. 163	504. 713	52. 751	496. 713	51. 188	488. 407
浚县	799. 458	3144. 194	815. 431	3282. 716	805. 377	3287. 508
淇滨区	135. 434	1083. 862	124. 856	1047. 008	111. 980	997. 959
淇县	259. 370	1867. 077	261. 111	1954. 212	257. 762	2042. 397
山城区	87. 122	748. 866	93. 636	651. 135	89. 480	641. 434
鹤壁全市	1333. 548	7348. 712	1347. 785	7431. 784	1315. 787	7457. 706

分析表 3-6 可知：从面积上看，除淇滨区的耕地持续减少外，其他区域 20 年间均呈先增后减态势，浚县在耕地面积先增后减趋势下，总面积仍增加 5. 919 km^2；从周长上看，两县耕地周长逐年增加，三区逐年减少；总体来说，“三化”协调发展两阶段中两县的耕地在总量上具有优势。

（二）耕地变化程度分析

耕地变化速度和动态度可以反映不同阶段耕地的年均变化量及变化速度，从而表征耕地变化程度。依据公式（3. 1）与（3. 2）可汇总出表 3-7 并绘制下图 3-5。

$$V = \frac{uj - ui}{T} \tag{3. 1}$$

$$K = \frac{uj - ui}{ui \times T} \times 100\% \tag{3. 2}$$

式中：V 为变化速度，K 为变化动态度，U 为耕地面积，i 为初期，j 为末期，T 为时间间隔。

表 3-7　鹤壁市 20 年间耕地变化速度与动态度表

区域 \ 指标	1993—2003 年		2003—2013 年	
	速度（km^2/a）	动态度（%）	速度（km^2/a）	动态度（%）
鹤山区	0.059	0.11	-0.156	-0.30
浚县	1.597	0.20	-1.005	-0.12
淇滨区	-1.058	-0.78	-1.288	-1.03
淇县	0.174	0.07	-0.335	-0.13
山城区	0.651	0.75	-0.416	-0.44
鹤壁全市	1.424	0.11	-3.200	-0.24

分析表 3-7 可知：变化中出现负值意味着耕地剧烈减少，1993—2003 年仅淇滨区指标为负值，说明“三化”协调发展形成阶段中耕地以增加为主，且浚县耕地发展程度最佳；2003—2013 年鹤壁全市耕地减少速度高达 -3.200 km^2/a，可见，“三化”协调发展提升阶段的 10 年中耕地被占用情况愈发严重，但浚县与淇县减少动态度仅占全市水平的一半，说明该阶段两县耕地仍具有较高稳定性。

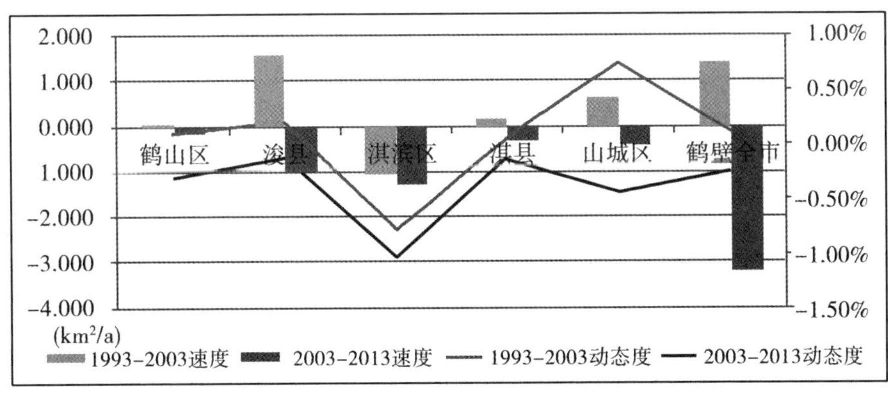

图 3-5　20 年间各区域耕地变化情况图

图 3-5 中动态度的变化情况与速度趋势基本匹配：1993—2003 年浚县

耕地增加速度最高，而2003—2013年动态度则最小，说明浚县前期耕地面积大增，后期保持该水平且减少较少；20年间淇县的动态度差值最小，说明淇县耕地变化程度最缓和。“三化”协调发展两个阶段中，两县呈现出较强的耕地变化稳定性，可以满足高标准粮田布局优化要求。

（三）耕地贡献程度分析

贡献程度可以反映出各区域对耕地变化的贡献大小，具体公式如（3.3）所示。其数值越大对于耕地变化的贡献越大；为负值则意味着产生反作用，各区域耕地贡献程度计算结果在下表3-8中显示。

$$\frac{D = Uj - Ui}{Bj - BI} \tag{3.3}$$

式中：D为贡献程度，B为某地类总量，其他同公式（3.1）。

表3-8　鹤壁市20年间各区域耕地贡献程度表

区域＼年份	1993—2003年（%）	2003—2013年（%）
鹤山区	4.13	4.88
浚县	112.19	31.42
淇滨区	-74.30	40.24
淇县	12.23	10.47
山城区	45.75	12.99
鹤壁全市	100.00	100.00

分析表3-8可知：1993—2003年耕地增加是主流状态，在“三化”协调发展形成阶段中浚县承担了最多的耕地增加贡献，而淇滨区则对于耕地增加起着反作用；2003—2013年各区域耕地面积均减少，其中淇县成为对耕地减少贡献程度最小的区域，浚县则变为耕地减少的第二大贡献区域。可见，近年来浚县耕地的可持续利用出现潜在压力，未来有必要通过高标准粮田布局优化不断加强耕地保护。

（四）耕地类型指数分析

对耕地变化的研究可以使用景观格局方法，运用Fragstats分析软件在类型级别（class-level）中通过四个指标进行分析，结果如表3-9，并可绘

图 3-6。图表中，NP 为斑块数量，反映空间格局；AI 为聚集度指数，反映类型的聚集程度；PLAND 为斑块所占景观面积比例，反映斑块类型的丰富度；LPI 为最大斑块所占景观面积比例，用于反映优势类型。

表 3-9 鹤壁市各区域三期耕地类型指数汇总表

年份/指标 \ 区域		鹤山区	浚县	淇滨区	淇县	山城区
1993 年	NP	20	19	42	104	8
	AI（%）	72.65	86.33	74.35	78.01	71.42
	PLAND（%）	4.02	59.84	10.04	19.59	6.51
	LPI（%）	3.82	59.45	5.92	18.23	6.41
2003 年	NP	19	11	44	100	8
	AI（%）	73.50	86.73	74.30	77.97	77.66
	PLAND（%）	4.01	60.37	9.19	19.53	6.90
	LPI（%）	3.83	60.21	4.40	18.31	6.74
2013 年	NP	20	18	48	104	10
	AI（%）	72.94	86.57	73.04	76.22	77.53
	PLAND（%）	4.01	61.07	8.40	19.69	6.83
	LPI（%）	3.82	60.88	3.96	18.40	6.48

将 NP 和 AI 组合分析可知：1993—2003 年鹤壁市 NP 减少的仅有浚县与淇县，同时两县的 AI 值最高，说明“三化”协调发展形成阶段中两县具有较高的耕地规模化优势；2003—2013 年虽然山城区超越淇县成为 AI 值第二高区域，但由于耕地总量较少并不能形成规模，因此“三化”协调发展提升阶段中两县耕地集中连片性仍高于三区。

将 PLAND 与 LPI 组合分析可知：1993—2013 年此两项指标变化趋势基本同步，总体上耕地斑块优势度排序稳定，“三化”协调发展两阶段均呈现出“两县>三区”态势。

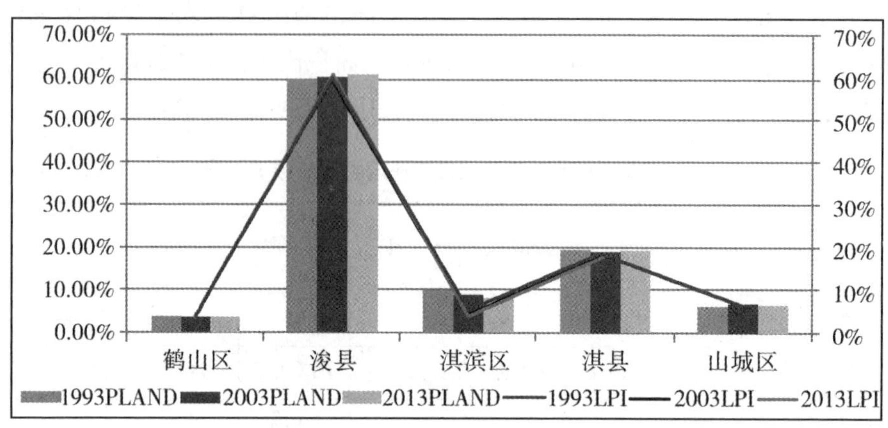

图 3-6　20 年间各区域耕地 PLAND 与 LPI 指数组合图

(五) 耕地景观指数分析

运用 Fragstats 分析软件在景观级别（landscape-level）可通过四个指标进行分析，结果显示如表 3-10。表中，FRAC_ MN 为平均斑块分维数，取值在 1—2 间，越趋近于 1 则表明景观形状规律性越强，受人为干扰越大；CONTAG 为蔓延度指数，在 0—100 之间，趋向于 100 时表示有连通度极高的优势斑块类型存在；SHDI 为香农多样性指数，反映景观复杂性和变异性，其值越小破碎度越低；SHEI 为香农均匀度指数，在 0—1 之间，趋于 0 则说明景观优势性明显。①

表 3-10　鹤壁市各区域三期耕地景观指数汇总表

指数 \ 年份	1993 年	2003 年	2013 年
FRAC_ MN	1. 032	1. 032	1. 030
CONTAG	62. 215	62. 549	63. 131
SHDI	1. 164	1. 157	1. 142
SHEI	0. 724	0. 719	0. 710

① 邬建国. 景观生态学——格局、过程、尺度与等级［M］. 北京：高等教育出版社，2000.

分析表 3-10 可知：FRAC_ MN、SHDI、SHEI 三个指标均呈现逐年递减趋势，CONTAG 则逐年递增，说明鹤壁市的耕地在这 20 年间变得越来越集中连片、越来越均质、越来越能凸显其优势地位，同时“三化”协调发展过程中耕地受人为干扰变大，形状更加趋向规则。以上指标分析均说明在“三化”协调发展进程中，鹤壁市作为粮食生产核心区，其耕地利用不断趋于集约高效。

（六）耕地转移关系分析

在研究区三个时期土地利用空间数据库中使用 ArcGis 空间分析功能对 1993—2003 年、2003—2013 年的土地利用进行叠加分析，并使用 Tabulate Area 工具算出不同阶段的栅格格式土地利用转移矩阵，如表 3-11。

表 3-11 鹤壁市两阶段土地利用转移面积矩阵表

1993—2003 年（km^2）	耕地	林地	建设用地	水域	未利用地
耕地	1270. 570	0. 936	40. 880	0. 122	21. 040
林地	0. 036	203. 708	0. 468	0. 117	13. 806
建设用地	3. 033	0. 315	253. 039	0. 014	0. 402
水域	0. 524	0. 160	0. 251	46. 505	0. 212
未利用地	73. 622	11. 851	13. 551	0. 187	186. 825
2003—2013 年（km^2）	耕地	林地	建设用地	水域	未利用地
耕地	1270. 060	1. 223	68. 084	4. 414	4. 004
林地	0. 128	215. 301	0. 281	0. 766	0. 494
建设用地	12. 225	0. 113	294. 145	0. 950	0. 756
水域	0. 053	0. 053	0. 285	46. 553	0. 001
未利用地	33. 321	8. 838	6. 106	3. 278	170. 739

转移矩阵中的行表示初期某土地类型，列表示末期某土地类型，其中的数字可以看作行土地类型转移为列土地类型的数量多少。依据行、列中数值可以分别计算该土地类型面积的减少量和增加量。在知道增减量的基础上，通过简单加减可以算出土地类型的总变化量以及净变化量。计算结果汇总如表 3-12。

表 3-12　鹤壁市两阶段土地利用转移矩阵变化量汇总表

1993—2003 年（km^2）	新增量	减少量	总变化量	净变化
耕地	77.215	62.978	140.193	14.237
林地	13.262	14.427	27.689	-1.165
建设用地	55.150	3.764	58.914	51.386
水域	0.440	1.147	1.587	-0.707
未利用地	35.460	99.211	134.671	-63.751
2003—2013 年（km^2）	新增量	减少量	总变化量	净变化
耕地	45.727	77.725	123.452	-31.998
林地	10.227	1.669	11.896	8.558
建设用地	74.756	14.044	88.8	60.712
水域	9.408	0.392	9.8	9.016
未利用地	5.255	51.543	56.798	-46.288

依上表 3-12 中的数据可知：（1）1993—2003 年耕地和建设用地都呈增加趋势，其中建设用地净增加量是耕地的 3.609 倍，而其他三类则呈减少趋势，未利用地减少最多；（2）2003—2013 年耕地、未利用地急剧减少，林地、水域以及建设用地净增加，其中建设用地不但持续增加更比上一阶段增量加大。

基于“三化”协调视角分析鹤壁市 1993—2003 年及 2003—2013 年各地类的转换关系。依据表 3-11 和表 3-12，分别从增加和减少角度，计算耕地、建设用地的新增量来源于哪种地类。结果如图 3-7、图 3-8。

分析图 3-7 可知：“三化”协调发展形成阶段最突出的特点是耕地与建设用地均为净增加。1993—2003 年，鹤壁市耕地与建设用地同步增加从而为工业化、城镇化与农业现代化发展提供用地支持。耕地增加很大程度来自对未利用地的开发，这仍属于粗放式增长方式，也是“三化”协调发展处于形成阶段中的必然积累过程。建设用地净增加量是耕地的 3.609 倍，改革开放中建设用地大规模扩张，在“三化”协调发展形成阶段问题尚未凸显，但未来必然会对耕地可持续利用造成压力，且对有限未利用地的过度开发也会造成资源利用问题。

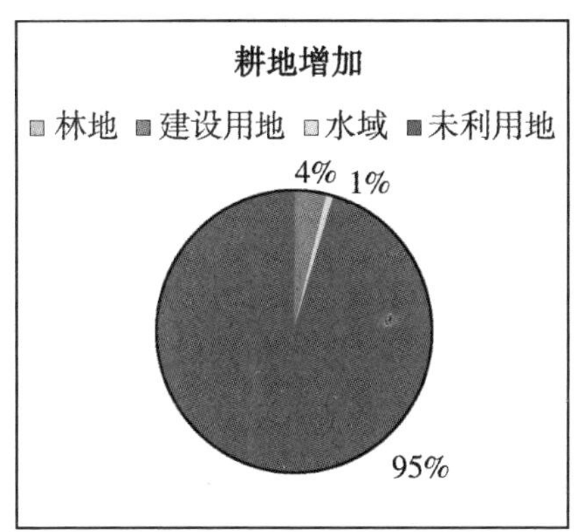

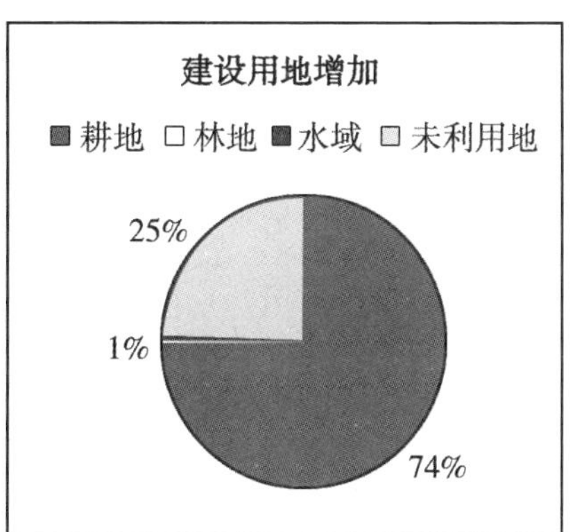

图 3-7 鹤壁市 1993—2003 年耕地增加与建设用地增加构成及比例图

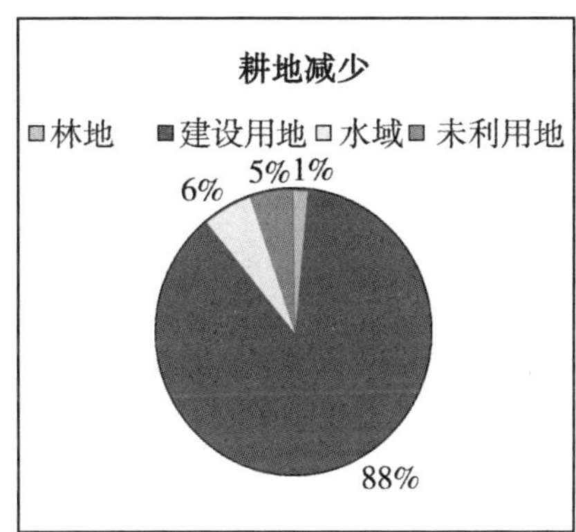

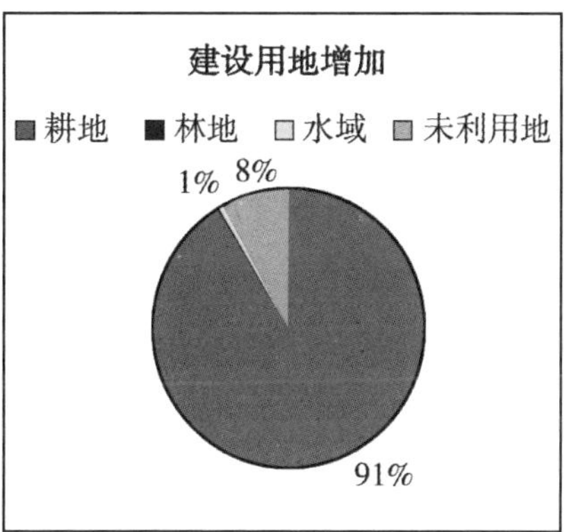

图 3-8 鹤壁市 2003—2013 年耕地减少与建设用地增加构成及比例图

分析图 3-8 可知：“三化”协调发展提升阶段最突出的特点是耕地净减少而建设用地净增加。2003—2013 年，耕地主要减少为建设用地，林地占用符合退耕还林还草工程建设要求，水域占用主要满足农田水利设施建设需要。建设用地的增加是以耕地的减少为代价的，但为了耕地的可持续利用，这种趋势必须得到遏制；建设用地从前一阶段的 25%来源于未利用地变为 8%，这说明未利用地的可开发利用程度变低，鹤壁市未来各项发展应转变思路，不能单纯依靠对未利用地的开发，而应积极采取规划整理与布局优化等挖潜手段。

第三节　基于“三化”协调发展阶段的耕地质量变化分析

耕地自然质量是满足耕地利用需要的耕地条件与状况水平，是测度耕地生产能力的关键指标，通过构建指标体系对鹤壁市耕地自然质量加以评价，并基于“三化”协调发展两个阶段，最终可以进行耕地质量变化的特征分析研究。

一、耕地自然质量评价体系

（一）评价指标选取说明

耕地自然质量评价指标的选取需要综合考虑影响耕地自然质量变化的各项条件。参考河南省第二次土壤普查以及耕地地力评价成果，根据《河南省高标准粮田建设标准》中对耕地质量的要求，结合专家意见与实地调研情况，从气候、立地、土壤、养分以及管理条件五方面筛选指标。①

气候条件：从广义上说，气候条件作为一个宏观外部条件需要被加以考量，但考虑到鹤壁市经纬度范围较小，受温度、湿度、降水等气候因素变化影响不存在明显差异性，因此可以忽略。

立地条件：主要包括耕地所处的地形与地貌条件。鹤壁市地形起伏，海拔高度在55~814m之间，立地条件的不同会直接影响耕地自然质量的差异。坡度大于25°不适宜发展种植业，坡度指标的存在极为重要。

土壤条件：耕层质地是土壤中各粒子的配合比例，其对作物的生长发育以及对水分和养分的吸收都有重大影响。土地构型体现了土壤剖面上各层次的组合情况，良好的土地构型是土壤肥力的基础。

养分条件：土壤养分是作物营养的主要来源，也是土壤肥沃程度的重要指标，主要包括各种对作物生长有影响的土壤元素。有机质包含了农作物生长所需的各种必需营养元素，因此选取该指标反映养分条件。

① 马利明. 河南省长垣县耕地地力评价［M］. 郑州：中原出版发行集团中原农民出版社，2011.

管理条件：灌溉能力对鹤壁市耕地自然质量水平起着关键性作用，需要在管理条件中选取灌溉能力作为评价指标。灌溉条件好的地区作物生长条件优于其他地区，这是耕地自然质量的重要影响因素。

综上所述：最终选取坡度、耕层质地、土体构型、有机质、灌溉能力这五项耕地自然质量评价指标。

（二）评价指标标准量化

区分定性与定量两类指标使用不同量化依据进行处理：对坡度、有机质这两项定量指标，依据农用地分等定级规程，根据一组分布均匀的实测值评估出对应的指标量化标准，采用特尔菲法确定临界值以及中间各值，可得指标与量化标准的对照表；对耕层质地、土体构型、灌溉能力这三项概念型定性指标，以其对粮食产量的影响为依据，结合鹤壁市的具体情况，采用专家打分法，经过归纳、反馈、逐步收缩、集中，最后得出相应指标量化标准。标准量化结果在 0—100 之间，数值越高说明指标适宜度越高，具体如下表 3-13 所示。

表 3-13　鹤壁市耕地自然质量评价指标量化标准表

标准 \ 指标	坡度	有机质	耕层质地	土体构型	灌溉能力
100	<2	≥20	重壤土、轻粘土	粘壤身型	保灌
90	–	–	中壤土	轻壤身型	–
80	–	≥15~20	轻壤土	中壤底砂型	–
75	≥2~6	–	–	–	–
70	–	–	砂壤十	中砂底粘壤型	能灌
60	–	≥10~15	紧砂土	–	–
50	≥6~15	–	–	深位石质接触	可灌
40	–	<10	–	–	–
30	–	–	–	浅位石质接触	无灌
25	≥15~25	–	–	–	–
0	≥25	–	–	–	–

（三）评价指标权重确定

对指标权重的测算，选取多元统计分析中的因子分析法（Method of Factor Analysis）。1904 年 Charles Spearman 开始使用该方法，其是一种分析相关矩阵或协方差矩阵内部关系，将多个变量归纳为少量因子，用以重现原始变量与归纳因子之间关系的研究方法。

选取标准化后五项指标的 3893 个样本数据，在 SPSS 软件中对因子相关性进行检验，结果如表 3-14 所示。KMO 为 0.579，说明样本数目基本足够，其 Sig. 结果小于 0.01，说明达到了显著性水平，拒绝零假设而接受备择假设。

表 3-14　KMO 和 Bartlett 检验表

<table>
<tr><td>取样足够度的 Kaiser-Meyer-Olkin 度量</td><td colspan="2">0.579</td></tr>
<tr><td rowspan="3">Bartlett 的球形度检验</td><td>近似卡方</td><td>2198.917</td></tr>
<tr><td>Df</td><td>10</td></tr>
<tr><td>Sig.</td><td>0.000</td></tr>
</table>

运用 SPSS 软件可以得到初始特征根、方差贡献率以及成分得分系数矩阵结果。将因子的初始特征值与对应因子得分的绝对值相乘，并将结果标准化后即可得到五个指标各自的权重。结果如表 3-15 所示。

表 3-15　评价指标权重表

评价指标	坡度	有机质	耕层质地	土体构型	灌溉能力
指标权重	0.134	0.299	0.157	0.186	0.224

鹤壁市耕地自然质量评价指标权重由大到小的排列顺序为：有机质>灌溉能力>土体构型>耕层质地>坡度，这种重要程度排序符合鹤壁市耕地自然质量评价影响因素的实地情况。

二、耕地自然质量评价分析

（一）自然质量评价方法

依据《农用地质量分等规程》（GBT 28407-2012）：耕地自然质量反

映一定自然条件与土地条件下的耕地质量综合水平。[①] 在 ArcGIS 软件中，耕地自然质量可利用空间分析工具进行指标图层的加权求和计算取得，公式如式（3.4）。

$$Q = \sum_{i=1}^{m} F_i \times W_i \tag{3.4}$$

式中：Q 为耕地自然质量，Fi 为评价指标 i 的标准量化结果，Wi 为评价指标 i 的权重，m 为评价指标总数。

（二）评价指标插值处理

所选五项指标的 3893 个样本数据均来源于农业部测土配方施肥项目形成的河南省耕地地力评价数据库，其是以县级为基础，采集并最终形成基本覆盖县、市、区的数据成果，数据库中存在指标缺省地块。要得到鹤壁市整个区域耕地自然质量评价指标情况，必须首先对样本数据进行空间插值估测。

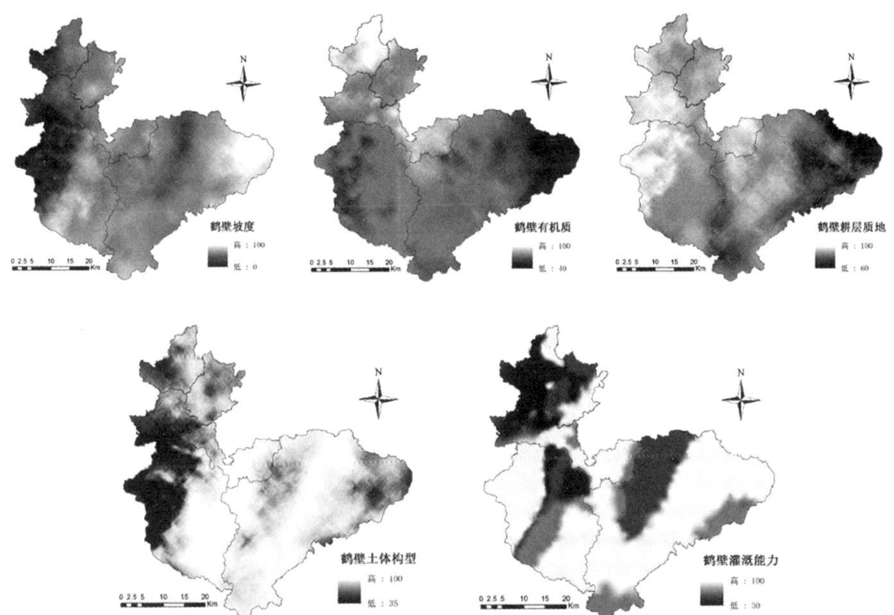

图 3-9 鹤壁市耕地自然质量评价指标图

由于鹤壁市已知样本数据在空间上并非完全均匀分布且并未布满整个

① 国土资源部土地整治中心：《农用地质量分等规程 GBT28407-2012》，2012。

区域，因此不适宜采用反距离加权插值之类的确定性插值方法，而以克里格插值为代表的地统计插值方法则较为适合。克里格插值（Kriging）即为空间局部插值法，1951 年由工程师 D. R. Krige 首先使用，随后由法国学者 G. Matheron 理论系统化，其是利用已知样本的统计特性，对未知样本点进行的一种线性无偏最优估计。研究选择普通克里格法，通过 ArcGIS 软件插值得到图 3-9。

（三）耕地自然质量评价

以鹤壁市耕地自然质量评价指标图作为基础底图，提取上文因子分析法得到的指标权重值，在 ArcGIS 软件中依据耕地自然质量评价公式进行叠加计算，可得出图 3-10。

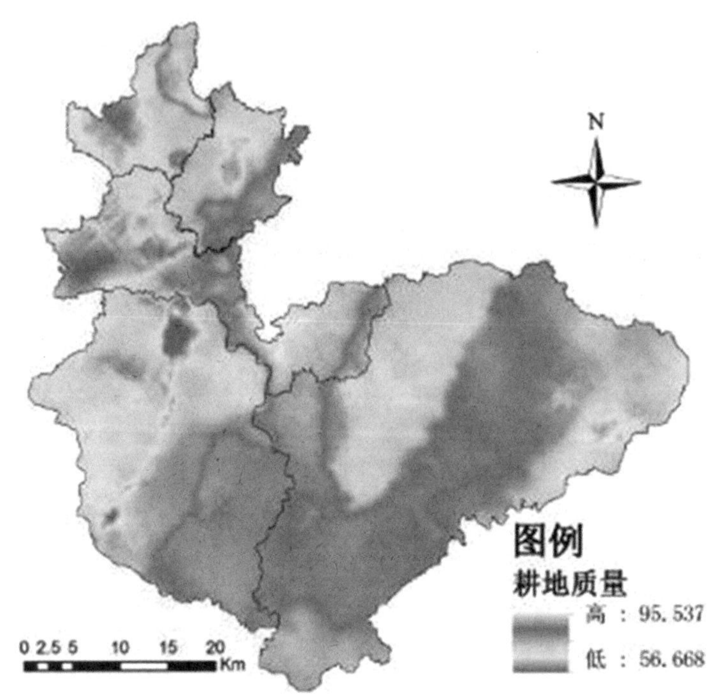

图 3-10　鹤壁市耕地自然质量评价图

暂不考虑指标在实地客观存在的其他限制性条件，综合分析图 3-9 与图 3-10 可知：鹤壁市的耕地自然质量处在 56.668-95.537 之间，说明耕地质量综合水平整体优良；耕地自然质量最优区位主要集中在中部区域；

较差的土地大部分位于西部山区，主要受坡度、土体构型以及灌溉能力较差的影响；其余小部分位于东部，主要受有机质与耕层质地较差的影响。

（四）耕地自然质量分析

在对鹤壁市耕地自然质量评价结果进行图件分析的基础上，可以从内部区域层面加以考量。利用 ArcGIS 软件的空间分析工具，按鹤壁市下辖不同区县名称进行分区统计，结果显示如表 3-16。

表 3-16 鹤壁市各区域耕地自然质量情况表

区域＼指标	最小值	最大值	区间值	平均值	标准差	总值
淇县	56.668	91.003	34.336	79.524	7.283	596750
浚县	65.661	92.431	26.770	82.082	5.641	1093820
淇滨区	60.972	95.537	34.564	79.765	10.824	285079
山城区	66.192	91.699	25.507	79.779	6.677	141768
鹤山区	62.027	94.810	32.783	76.704	9.336	129476

分析表 3-16 可知：淇滨区耕地自然质量最大值、区间值与标准差均最大，说明淇滨区内部耕地质量差异较大，因此并不适宜进行高标准粮田布局；浚县的耕地自然质量平均值最大而标准差最小，同时区间值较小而总值最大，说明浚县的耕地自然质量是鹤壁市各区域中最高的，其最具备高标准粮田建设基础。

三、耕地质量变化特征分析

耕地自然质量通常在固定区域的很长时间内不会有剧烈变动，然而随着“三化”协调发展进程推进，鹤壁市的各种土地利用类型变化会影响耕地质量变化，因此需要对不同阶段变化特征进行分析。

（一）评价模型测算方法

鹤壁市可用于耕地质量变化分析的资料十分有限：20 世纪 80 年代中期全国第二次土壤普查期间获取了土壤基础数据；2005 年开始的农业部测土配方施肥项目获取了最新的耕地地力评价数据。然而数据间存在研究时段、采样方法、样点密度、分析项目、技术手段的不统一，使得传统比较方法的应用将不利于耕地质量变化研究。基于两项基本假设：其一，假定研究区空间任一点的耕地自然质量在研究时段内不发生变化；其二，假定在同一时间内空间上不同位置点的耕地自然质量存在变异。可知面积变化会影响区域内耕地平均自然质量水平高低，因此研究主要采用耕地平均自然质量模型分析耕地质量变化特征。

耕地平均自然质量旨在反映特定时期与特定区域内的耕地质量平均水平，该指标能够凸显不同区域间的整体差异性。根据李建春博士提出的耕地平均自然质量模型，可以实现耕地自然质量从栅格尺度向区域尺度的转换，在 ArcGIS 软件中利用空间分析工具进行叠加处理，并使用计算值栅格中与输出像元同属于一个区域的所有像元平均值表示，测算方法如下公式（3.5）。

$$AQ = \frac{\sum_{i=1}^{n} Q_i}{n} \tag{3.5}$$

式中：AQ 为某区域耕地平均自然质量，Qi 为栅格 i 的耕地自然质量，n 为某区域栅格总数。

（二）区域耕地质量分析

将鹤壁市三期耕地利用类型图与鹤壁市耕地自然质量评价图在 ArcGIS 软件中依据耕地平均自然质量评价模型进行处理，结果如表 3-17，并可绘制图 3-11。

分析表 3-17 可知：鹤壁市 20 年间耕地平均自然质量下降最多的是淇县，考虑存在淇县土地整理过程中对补充耕地质量未做过高要求的原因，未来需要加强质量水平提升以促进耕地保护；淇滨区虽然耕地平均自然质量也有所下降，但其水平仍在五个区域中最高，但淇滨区本身耕地数量较少，因此并不适宜作为今后高标准粮田建设的主导区域；山城区与鹤山区本身并不具备质量水平优势；浚县 2013 年耕地平均自然质量水平大幅上升，同时浚县作为五个区域中耕地面积最大的区域，其成为高标准粮田建设示范区当之无愧。

表 3-17　鹤壁市各区域三期耕地平均自然质量统计表

年份＼区域	淇县	浚县	淇滨区	山城区	鹤山区
1993 年	83. 796	82. 481	85. 091	79. 884	81. 657
2003 年	83. 644	82. 264	84. 647	79. 816	81. 639
2013 年	82. 060	83. 246	83. 910	79. 545	81. 601

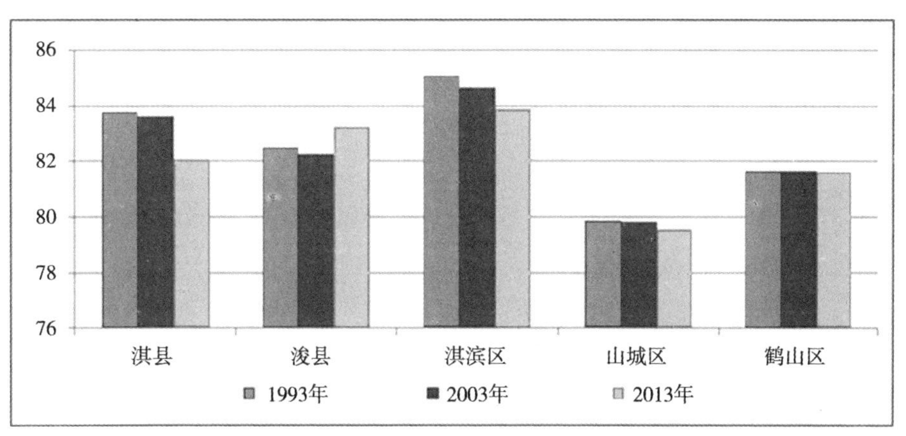

图 3-11　鹤壁市各区域三期耕地平均自然质量变化图

综合分析以图表可知：鹤壁市在 1993—2003 年的“三化”协调发展形成阶段，五个区域耕地平均自然质量水平均下降，其中淇滨区下降幅度最大，该阶段由于城市规划建设重心偏移造成大量耕地占用，不可避免的引发了耕地质量的下降；2003—2013 年的“三化”协调发展提升阶段，除了浚县耕地平均自然质量上升以外，鹤壁市其余四个区域均呈下降态势，可见作为高标准粮田建设示范区，浚县的耕地质量优势不断凸显。

（三）变化类型质量分析

对鹤壁市进行变化类型质量分析，可以深入探讨各区域在“三化”协调发展两个阶段中不变、增加和减少的各是什么质量水平的耕地，从而有助于探究耕地质量变化缘由。运用 ArcGIS 软件得到三个时段的不变、增加与减少耕地地块分布图，结合鹤壁市耕地自然质量评价图，使用耕地平均自然质量评价模型，可以统计出表 3-18 并可绘制出图 3-12 和图 3-13。

表 3-18 鹤壁市各区域不同变化类型耕地平均自然质量统计表

区域＼年份	1993—2003 年			2003—2013 年		
	不变	增加	减少	不变	增加	减少
淇县	83.821	80.858	83.263	83.504	79.491	84.870
浚县	82.485	78.333	82.291	82.154	78.880	84.688
淇滨区	84.826	80.009	87.113	83.844	90.423	90.929
山城区	79.865	78.564	80.050	79.656	75.069	81.453
鹤山区	81.662	84.504	81.483	81.557	89.389	85.262
全市平均	82.532	82.143	82.265	80.454	82.650	79.963

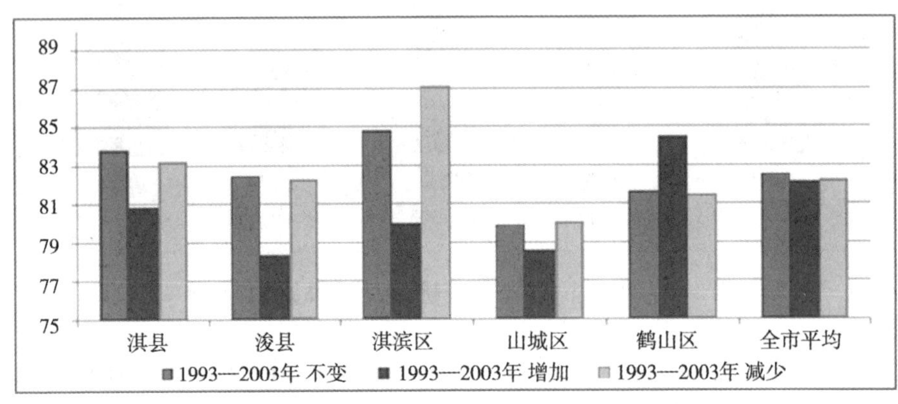

图 3-12 1993—2003 年鹤壁市各区域不同变化类型耕地平均自然质量图

综合分析表 3-18 与图 3-12 可知：1993—2003 年的“三化”协调发展形成阶段中，鹤壁全市耕地平均自然质量从总体上看小幅降低，呈现出“减少>增加”的态势；浚县与淇县的不变耕地平均自然质量水平均较高，且为“不变>减少”，说明两县的耕地质量具有稳定性；淇滨区与山城区的耕地平均自然质量均表现为“减少>不变”且“减少>增加”；鹤山区虽然耕地平均自然质量“增加>减少”，但该区耕地总面积较小，因而整体耕地质量优势不明显。

综合分析表 3-18 与图 3-13 可知：2003—2013 年“三化”协调发展提升阶段中，从全市平均水平来看，耕地平均自然质量呈现“增加>不变”

且“增加>减少”态势，说明该阶段鹤壁市总体实现了耕地质量水平的提升。对比“三化”协调发展两阶段变化类型质量情况可知：提升阶段中鹤壁全市增加耕地平均自然质量提高了0.507，而减少质量则降低了2.302；浚县的增加耕地平均自然质量提高了0.547，明显高于全市平均水平。

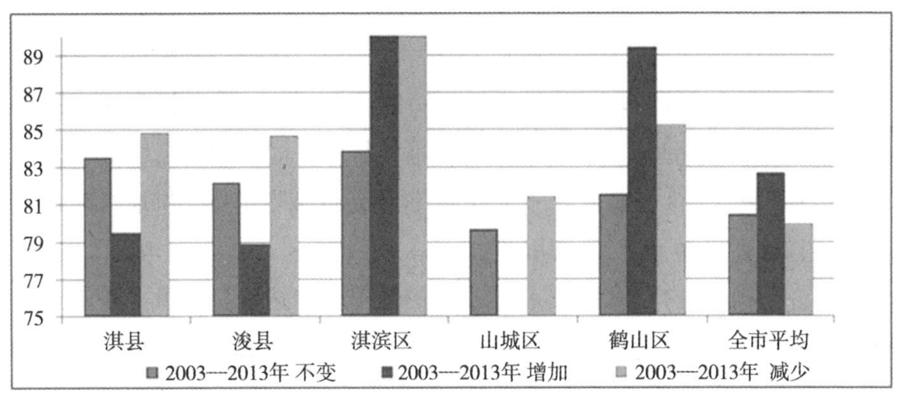

图 3-13　2003—2013 年鹤壁市各区域不同变化类型耕地平均自然质量图

(四) 转移类型质量分析

耕地平均自然质量的增加或者减少必然有其来源与去向，也即是说，耕地与其他地类之间不同的转移类型关系是耕地平均自然质量增加或减少的直接动因。使用 ArcGIS 软件可以得到 9 种不同类型的转移图谱，结合鹤壁市耕地自然质量评价图，并依据耕地平均自然质量评价模型方法，可以统计出表 3-19 并绘制图 3-14。

表 3-19　鹤壁市不同转移类型耕地平均自然质量统计表

编码	转移类型	1993—2003 年	2003—2013 年
11	耕地—耕地	82.700	82.400
12	耕地—林地	—	82.800
13	耕地—建设用地	85.700	82.600
14	耕地—水域	84.100	—
15	耕地—未利用地	78.500	78.300
21	林地—耕地	72.600	77.800

续表

编码	转移类型	1993—2003 年	2003—2013 年
31	建设用地—耕地	87.000	86.700
41	水域—耕地	64.800	78.400
51	未利用地—耕地	78.000	78.900

分析表 3-19 可知：1993—2013 年间鹤壁市共有与耕地相关的 9 种转移类型存在，以耕地未变化（11）为标准分析，耕地平均自然质量总体上看：退耕还林（12）>毁林造田（21），说明鹤壁市除了注重耕地保护同样也注重生态环境建设；建设用地扩张占用（13）<建设用地整理补偿（31），说明耕地占补平衡中对耕地质量的要求基本达成；农田水利设施建设（14）>水域变为耕地（41），农田水利设施临近耕地地块，可以提高农田供水效率并保障粮食高产稳产；未利用地相关变化（15、51）总体不明显。

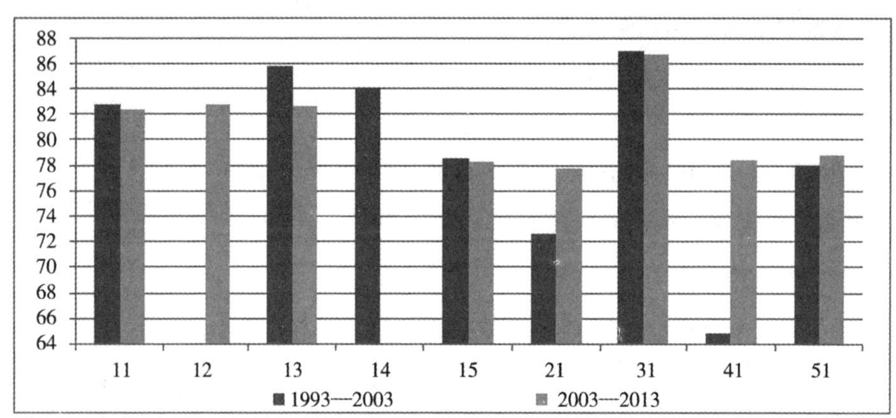

图 3-14　鹤壁市两时段不同转移类型耕地平均自然质量图

分析图 3-14 可见：1993—2003 年“三化”协调发展的形成阶段中，占补平衡补充耕地（31）的质量水平最高；建设用地扩张（13）与农田水利建设（14）占用了较高质量的耕地；其他转移类型均远低于耕地未变化（11）的标准水平，说明该阶段总体补充的耕地质量水平不高；并未出现的退耕还林（12）情况；而拓荒造田（51）<耕地撂荒（15）所造成的耕

地质量退化问题，更加需要引起注意。

分析图 3-14 可见：2003—2013 年“三化”协调发展的提升阶段中，其他类型补充耕地（21、41、51）的质量大幅高于形成阶段，说明鹤壁市着力提高耕地质量促进高标准粮田建设；此阶段的退耕还林（12）行为使得鹤壁市生态环境水平提升，符合“三化”协调发展对生态环境的要求；建设用地扩张占用耕地（13）与耕地撂荒（15）的质量均低于前期，农田水利建设（14）基本完成不再占用耕地；总体来看，“三化”协调发展确实进入了更高阶段。

第四节　基于“三化”协调发展阶段的耕地变化规律总结

1993—2013 年的 20 年间，研究区鹤壁市受到“三化”协调发展的总体影响，其内部耕地动态变化也呈现出一定的阶段规律性。从耕地数量与质量两个层次入手，可以分耕地利用变化与耕地质量变化两个层次对“三化”协调发展两个阶段的耕地变化规律进行总结。

一、“三化”协调发展形成阶段耕地变化规律

（一）耕地利用变化规律

1993—2003 年鹤壁市总体上耕地面积呈现少量增加趋势，而耕地周长则少量减少，可见该阶段耕地集中连片性较强；该阶段的耕地稳定与粮食安全保障性高，仅淇滨区由于工业发展与城市建设造成明显耕地面积减少。

从耕地变化速度、动态度及贡献程度三方面综合考察：该阶段除淇滨区外，鹤壁市其他区域三项指标均为正；浚县耕地变化速度增长最快、动态度第二高、贡献度最强，可见浚县在“三化”协调发展形成阶段的耕地增长态势最佳。

依据耕地类型指数与景观指数分析可知：仅浚县与淇县的 NP 值减少，同时两县的 AI、PLAND 与 LPI 值最高，说明该阶段耕地的规模化优势与斑块优势度均为“两县>三区”；SHDI、SHEI 两项指标均呈递减趋势，

CONTAG 有小幅上升，表现为耕地破碎度低而蔓延度高。

针对耕地转移关系的分析可知："三化"协调发展形成阶段中鹤壁市耕地增加很大程度来自对未利用地的开发，这属于粗放式增长方式，不利于耕地资源的可持续利用。

(二) 耕地质量变化规律

基于区域耕地质量的分析可知："三化"协调发展形成阶段，鹤壁市各区域耕地平均自然质量均下降，这段时间鹤壁市发展较为偏重工业化与城镇化建设，粗放式的开发利用造成了耕地平均自然质量的下降。

对变化类型质量的分析可知：1993—2003 年的阶段特点集中表现为耕地平均自然质量"减少>增加"。"三化"协调发展形成阶段中城市化推进迅速、基础设施投建力度大，耕地占补平衡以强调数量为主，对补充耕地的质量并未明确要求，造成增加耕地平均自然质量较差的情况出现。

从转移类型质量分析可知：建设用地扩张与农田水利建设占用了较高质量的耕地，各类补充耕地的质量均低于耕地未变化水平，耕地撂荒情况造成耕地质量退化，以上原因综合作用造成了该阶段的耕地质量降低。

二、"三化"协调发展提升阶段耕地变化规律

(一) 耕地利用变化规律

1993—2003 年鹤壁市总体上耕地面积呈现减少趋势，两县耕地周长增加而三区减少，可见该阶段两县耕地破碎度有所增加；虽然鹤壁市耕地优势仍为主流，但依托于城区的城镇化建设力度不断加大，对耕地保护的急迫性凸显。

从耕地变化速度、动态度及贡献程度三方面综合考察：该阶段淇县耕地减少速度、动态度与贡献度均小，仍具有耕地稳定性；鹤壁市全市耕地速度、动态度均为负值，浚县耕地减少程度剧烈，有必要加强耕地保护。

依据耕地类型指数与景观指数分析可知：鹤壁市五个区域 NP 均增加而 AI 值均减少，说明该阶段耕地破碎度变大；CONTAG 上升幅度增大，耕地优势度仍明显；耕地可持续利用应注重保持优势度并增加连片性。

针对耕地转移关系的分析可知："三化"协调发展提升阶段中鹤壁市耕地减少主要是由于建设用地的占用，未来应考虑采取规划整理与布局优

化等手段提高耕地利用水平。

（二）耕地质量变化规律

基于区域耕地质量的分析可知：“三化”协调发展提升阶段，仅浚县的耕地平均自然质量上升，说明随着协调发展思想的深入，土地利用分区不断明确，适宜耕种区域的土地质量也有大幅提高。

对变化类型质量的分析可知：2003—2013 年的阶段特点主要为耕地平均自然质量“增加>减少”。可见随着“三化”协调发展进程推进，绿色可持续的发展思路不断深入，相关耕地保护政策不断落实，通过土地整治等手段该阶段耕地质量降低情况得到遏制，对耕地补充的质量要求明显增强。

从转移类型质量分析可知：“三化”协调发展提升阶段，其他地类补充耕地质量水平提高，退耕还林还草工程提升了自然生态环境，其他地类占用的耕地平均自然质量下降，该阶段总体耕地质量水平提升。

三、“三化”协调发展下的耕地变化规律总结

首先，鹤壁市耕地资源总量丰富，且耕地质量水平优良。依据前期分析，鹤壁市三期土地利用类型中耕地占比均达到 60%以上，其耕地自然质量评价结果均高于 50。耕地数量与质量上的优势是鹤壁市作为粮食生产核心区的保障，同时也是高标准粮田建设的基础依托。

其二，“三化”协调发展两个阶段中鹤壁市耕地数量与质量变化并不均衡。“三化”协调发展形成阶段，耕地数量增加，而质量水平下降；“三化”协调发展提升阶段，耕地数量减少，而质量大幅提升。这种耕地变化的不均衡性体现了耕地从粗放利用到集约利用的进程特点。

其三，20 年间鹤壁市耕地变化在区域内部呈现差异性。受到工业化、城镇化与农业现代化各方面影响，鹤壁市耕地数量与质量水平整体上呈现“两县>三区”的特征，这符合我国耕地水平的一般态势。为实现“三化”协调发展目标，在高标准粮田布局优化中应充分利用两县耕地优势。

其四，鹤壁市耕地变化特征与“三化”协调发展阶段特征基本符合。“三化”协调发展从形成阶段到提升阶段经历了一系列完善过程，而鹤壁市耕地变化也从粗放利用向集约利用不断完善。从鹤壁市耕地变化的发展

态势可以看出“三化”协调发展进程的逐步深入与逐步提高。

最后，鹤壁市“三化”协调发展下的耕地变化规律对未来高标准粮田布局优化有重要指导意义。从1993—2013年鹤壁市的耕地变化可以看出，耕地利用不断向着更加节约集约的方向发展，在耕地数量增多受阻与耕地质量提升受限的前提下，需要通过高标准粮田布局优化进行耕地资源优化配置，从而推进耕地保护与耕地可持续利用。

第四章　基于“三化”协调发展的耕地变化驱动机理分析

鹤壁市耕地利用变化与耕地质量变化分析是基于“三化”协调发展两个阶段对研究区20年间耕地历史特征与变化规律的分析。出现这些耕地数量与质量变化必然有其深层次的驱动机理，因此对耕地变化驱动机理的分析可以更好地揭示耕地变化规律。在对耕地变化驱动变量与模型提取的基础上，基于“三化”协调发展背景进行驱动模型分析并归纳出驱动因素，最终总结驱动机理并对耕地保护提出相关思考，对高标准粮田布局优化研究具有指导意义。

第一节　变量提取及标准化处理

一、耕地变化的因变量提取

根据第三章的研究结果，鹤壁市过去20年间耕地数量与质量均存在明显变化，然而两者变化是否受到相同影响因素作用及受到影响的程度大小均不得而知，因此对于耕地驱动因变量的提取可分为对耕地数量信息的提取与对耕地质量信息的提取两个层面进行，这样在后续的驱动模型分析中更有助于对耕地数量与质量影响因素的比较与总结，同时更有助于耕地保护相关思考的展开。

由第三章对耕地利用变化的研究可以得到鹤壁市各区域三期耕地面积数据，将其作为耕地变化驱动分析的因变量 Y_1：耕地数量；由第三章对耕地质量变化的分析中可以得到鹤壁市各区域三期耕地平均自然质量数据，

可将其作为因变量 Y_2：耕地质量。为了实现研究对象指标口径的统一性，必须考虑数据的可获得性与可整合性。由于1993年的鹤壁市社会经济驱动因子数据存在市区划分较为混乱且年代较远的问题，资料取得受限，仅可获取浚县与淇县的准确信息，因此对1993年提取两县数据而对2003年与2013年提取鹤壁市两县三区数据进行研究，共可取得12组数据。

在SPSS软件中对 Y_1 与 Y_2 进行相关性统计分析，可以得出相关关系图如图4-1所示。Y_1 均值为310.200 km²、标准差为308.987 km²，Y_2 均值为82.387、标准差为1.588，说明两组因变量具有明显差异性；R^2 仅为0.046，$P > 0.050$，说明两组因变量之间不存在显著相关性，可以独立研究。由此可见，后续分别进行耕地数量与耕地质量的驱动模型分析能取得较好的比较效果。

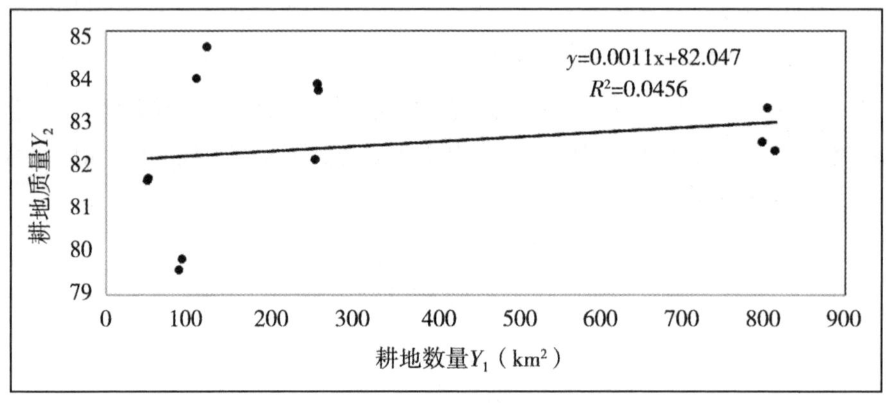

图4-1　鹤壁市耕地数量与质量相关关系图

二、耕地变化的自变量提取

耕地数量与质量在变化过程中会受到多方面的影响，总体上驱动自变量可分为社会经济、自然禀赋、区位条件、政策制度四个层面。目前相关研究指出，社会经济较之自然禀赋对于耕地变化具有更直接的影响，而区位条件及政策制度作为不可或缺的变量也会间接影响耕地各项变化。

（一）社会经济变量

社会经济变量研究中比较有代表性的是Ehrlich等学者在1977年提出的一个高度概括性公式模型：$I = P \times A \times T$。结合“三化”协调发展背景下鹤壁市高标准粮田布局优化研究分析，公式中：I 代表耕地变化；P 代表人口规模；A 代表富裕程度；T 代表技术水平。① 研究选取了主题为“耕地利用变化驱动”的 20 篇文献资料，对其中驱动因子的选择进行次数筛选，最终可得出与“三化”协调发展密切相关且次数 10 次以上的驱动因子 11 项，具体因子名称及选择次数如表 4-1 所示。其中：X_1 与 X_4 因子可看作是公式中的人口情况 P；X_2、X_3、X_5、X_6、X_8、X_{10}、X_{11} 这 9 项因子看作公式中的经济状况 A；而 X_7 与 X_9 因子则是公式中的技术水平 T。由此可见，11 项自变量因子能够完整而有效的反映出对耕地变化产生影响的社会经济变量。

社会经济驱动因子（$X_1 - X_{11}$）数据主要来源于相关年份的鹤壁市年鉴及鹤壁市统计年鉴，另有鹤壁市土地利用变更年报予以补充。主要选取分县统计数据，其中，化肥施用量数据使用折纯法计算；工业总产值数据按现行价格计算；固定资产投资额数据按全社会固定资产投资完成额计算。

表 4-1 社会经济驱动力因子表

因子序号	驱动因子	选择次数
X_1	总人口数量（万人）	20
X_2	粮食总产量（吨）	19
X_3	固定资产投资额（万元）	17
X_4	非农业人口（人）	14
X_5	农业总产值（万元）	13
X_6	工业总产值（万元）	12
X_7	农用机械总动力（万千瓦）	12
X_8	农民人均纯收入（元）	11
X_9	农业化肥施用量（吨）	10
X_{10}	粮食作物播种面积（千公顷）	10
X_{11}	经济作物播种面积（千公顷）	10

① Espenshade T J, Ehrlich P R, Ehrlich A H. The Population Explosion [M] New York: Simon and Schuster, 1990.

（二）自然禀赋变量

自然禀赋变量数据主要源自第三章 1993—2013 年鹤壁市两县三区的耕地平均自然质量结果，也即是 Y_2。由于结果中已经包括了坡度、有机质、耕层质地、土体构型、灌溉能力五个方面的评价指标，且选用的耕地平均自然质量数值是各区域平均的耕地自然质量水平，具备很强的代表性。因此，可提取自然禀赋变量 X_{12}：耕地质量水平。

（三）区位条件变量

区位条件变量主要体现的是耕地所处的位置以及其与其他地物的空间联系，一般认为耕地变化与其区位条件之间具有偏好性，受中原经济区建设的区位影响，城市周边耕地更易发生变化。依据第三章中基于 ArcGIS 空间数据库的五种地类土地利用分类系统，可以分别提取 1993 年、2003 年与 2013 年鹤壁市五个区域耕地与建设用地、耕地与水域的距离数据作为区位条件变量 X_{13}：到水域重心距离、X_{14}：到建设用地重心距离。

提取数据的具体方式步骤如下：首先使用 ArcGIS 软件取得含有县界信息的鹤壁市三期五个区域耕地图、建设用地图及水域图；其次按照县界名不同分别进行融合，对融合后的图件使用 ArcGIS 扩展工具 Hawths Tools 按不同区域提取各自重心；最后使用分析工具可得出鹤壁市三期各区域耕地重心到建设用地重心以及到水域重心的最短距离。

（四）政策制度变量

政策制度变量主要被看作耕地变化的决策性因素，国家于 1994 年颁布基本农田保护条例、1996 年推行耕地总量动态平衡、1998 年通过新《土地管理法》实施耕地占补平衡与土地用途管制，并于 2003 年提出粮食主产区建设、2008 年中央一号文件提出粮食生产区建设、2012 年规划出高标准粮田建设，这些有关耕地的政策制度都旨在遏制耕地减少，保证粮食安全。

将政策制度看作虚拟变量 X_{15}：耕地保护政策制度。对此项虚拟变量的考核以耕地保有数量（W_1）与耕地保有质量（W_2）作为依据，分别对应耕地数量（Y_1）与耕地质量（Y_2）展开：当 X_{15} 赋值为 1 时，说明此时耕地保护政策制度发挥强制性作用，则 $Y_1 \geqslant W_1$，$Y_2 \geqslant W_2$；当 X_{15} 赋值为 0 时，说明此时耕地保护政策制度没有发挥作用，则 Y_1 与 Y_2 由各项驱动因子综合作用的方程式表示。

三、变量数据的标准化处理

以上所有耕地变化的自变量数据以及各因变量数据均应进行数据的标准化处理，以解决数据间不同量纲的差异性问题。主要在 SPSS 软件中运行处理，变量数据的标准化结果具体见附录中附表 3 部分。

第二节　耕地变化驱动模型分析

一、耕地变化驱动模型选择

（一）主成分分析方法

主成分分析方法（Principal Component Analysis，简称 PCA）是由 Karl Pearson 于 1993 年提出的以降维计算为核心的方法。PCA 方法是分析各种驱动因子之间关系的数学变换方法①，可以变换出若干组新的综合指标来代替原始变量，这些新的综合指标即为主成分。其优点在于对数据指标的简化，同时又能减少数据交叉，使若干主成分能够充分反映原始指标内容并增强结果的客观合理性。

主成分分析方法的分析步骤主要有以下几项：首先，提取原始指标数据并进行标准化；其次，求取指标的相关系数矩阵；第三，求取相关系数矩阵中的特征值与其特征向量；第四，求取累计贡献率并提取主成分；第五，求取因子载荷矩阵；最后，求取主成分因子得分以及驱动综合得分。

（二）逐步多元线性回归模型

统计分析中回归分析的主要研究对象是客观事物变量间的统计关系，通过回归分析可以揭示自变量对因变量的影响大小。基于“三化”协调发展的耕地变化驱动机理研究正是为了揭示各项驱动因子对鹤壁市耕地数量与质量变化的影响大小，由于耕地驱动因子不是单一的，且一个因变量与多个自变量间可能存在相关性，因此对驱动力的分析可以选择多元线性回归模型（Multiple Linear Regression Model）方法。具体步骤包括：建立线

① Khadka Basnet. Centering of Data in Principal Component Analysis in Ecological Ordination [J]. Tribhuvan University Journal, 1993, 16.

性回归模型、求解回归模型中的参数、对回归模型进行检验。[1] 其中多元线性回归方程如下公式（4.1）所示：

$$Y = m_0 + m_1X_1 + m_2X_2 + \cdots + m_nX_n \tag{4.1}$$

式中：Y为因变量，X为自变量，m_0为常数项，m_i（$i=1, 2, \cdots, n$）为偏回归系数。

运用 SPSS 软件进行数值处理后，会出现两组系数：非标准化系数与标准化系数。标准化系数是经标准化处理后的结果，具有单位更加统一与结果更加精确的优势，减少了因为单位不同而造成的误差，更重要的是标准化系数可以反映各个自变量对因变量的驱动影响，因此后续分析中选择使用标准化系数，公式（4.1）中 m_0 常数项可忽略，将多元线性回归模型优化为公式（4.2），指标同公式（4.1）。

$$Y = m_1X_1 + m_2X_2 + \cdots + m_nX_n \tag{4.2}$$

通常多元线性回归模型最终会列出包含所有因子的计算公式，但是这样不利于观察出对因变量影响程度最深的某几个自变量，因此选择使用 SPSS 软件采用逐步线性回归方法筛选自变量。

取得逐步多元线性回归方程参数后，仍需要对多个方面进行检验：首先，使用 R^2 系数（$0 < R^2 < 1$）判定方程拟合优势度。其中，系数越高则方程代表性越强；其次，使用 F 值进行回归方程显著性检验，指数越大说明统计量越显著；第三，使用 t 值进行回归系数显著性检验，可根据 sig 值判断；第四，使用 d 值进行自相关检验，若 d 越接近于 2 则说明变量自相关关系越弱；最后，使用 VIF 因子值进行多重共线性诊断，值越小则说明多重共线性越弱。[2]

二、耕地数量变化驱动分析

对鹤壁市耕地数量变化的驱动分析使用的因变量为 Y_1：耕地数量，使用的自变量包含 $X_1 - X_{14}$，X_{15} 作为虚拟变量。

（一）主成分法分析

首先对 14 项自变量进行主成分分析，通常选取累计贡献率为 83%—

---

① 余建英，何旭宏．数据统计分析与 spss 应用［M］．北京：人民邮电出版社，2003.

② 赵卫亚，彭寿康，朱晋．计量经济学［M］．北京：机械工业出版社，2008.

95%之间、特征根大于 1 的成分作为主成分。由表 4-2 与图 4-2 可见：表中前四项成分特征值为 1.328，累计贡献率为 96.22%；图中前四项表现突出，后几项趋于平缓，这说明前四项主成分可以显著的表现原始变量。

表 4-2 特征值和因子贡献率表

成分数	初始特征值			平方和提取		
	合计	方差的（%）	累积（%）	合计	方差的（%）	累积（%）
1	6.493	46.38	46.38	6.493	46.38	46.38
2	3.439	24.57	70.95	3.439	24.57	70.95
3	2.210	15.78	86.73	2.210	15.78	86.73
4	1.328	9.48	96.22	1.328	9.48	96.22
5	0.308	2.20	98.42			
6	0.107	0.77	99.18			
7	0.050	0.36	99.54			
8	0.036	0.26	99.79			
9	0.020	0.14	99.94			
10	0.007	0.05	99.98			
11	0.002	0.02	100.00			
12	2.609E-16	1.864E-15	100.00			
13	-5.959E-17	-4.256E-16	100.00			
14	-3.238E-16	-2.313E-15	100.00			

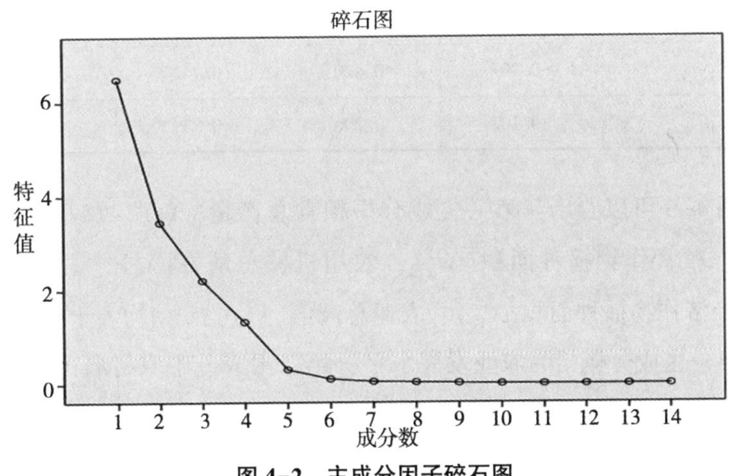

图 4-2 主成分因子碎石图

SPSS 软件处理后可得出未旋转的因子载荷矩阵，如表 4-3 所示，其数值越大则表明主成分与原始变量的关联性越强。用未旋转的因子载荷矩阵表中的数值除以对应特征值平方根，即可得到旋转后的因子载荷矩阵，根据其数值可绘制图 4-3。

表 4-3　因子载荷矩阵表

变量	成份			
	1	2	3	4
X_1	0. 965	-0. 026	0. 013	0. 232
X_2	0. 987	0. 031	0. 061	-0. 046
X_3	0. 156	0. 954	-0. 133	-0. 150
X_4	-0. 332	0. 561	0. 252	0. 703
X_5	0. 812	0. 430	0. 065	-0. 089
X_6	0. 088	0. 846	-0. 337	-0. 336
X_7	0. 969	0. 135	0. 064	0. 070
X_8	0. 035	0. 963	-0. 132	-0. 117
X_9	0. 975	0. 028	0. 091	0. 152
X_{10}	0. 975	-0. 126	0. 053	-0. 004
X_{11}	0. 892	-0. 299	-0. 028	0. 226
X_{12}	0. 217	-0. 204	0. 736	-0. 602
X_{13}	-0. 307	0. 420	0. 742	0. 382
X_{14}	-0. 102	0. 206	0. 939	-0. 184

由图 4-3 可以看出：第一主成分中粮食总产量（X_2）、农业化肥施用量(X_9)、粮食作物播种面积(X_{10})、农用机械总动力(X_7)、总人口数量(X_1)、经济作物播种面积(X_{11})、农业总产值(X_5) 这 7 项均大于0. 3，因此可以将第一主成分概括为农业发展水平；第二主成分中农村居民人均纯收入(X_8)、固定资产投资额(X_3)、工业总产值(X_6) 这 3 项均大于 0. 4，由此可将第二主成分概括为经济发展水平；第三主成分中耕地质量水平

(X_{12})、到水域重心距离(X_{13})、到建设用地重心距离(X_{14}) 这 3 项均大于 0.4，因此第三主成分可以概括为耕地条件水平；第四主成分中非农人口(X_4) 最大值 0.6，因此第四主成分可以概括为非农人口水平。以上分析可将与鹤壁市耕地数量变化相关的 14 项因素分解为四项主成分，以下主要依据各个主成分进行分析。

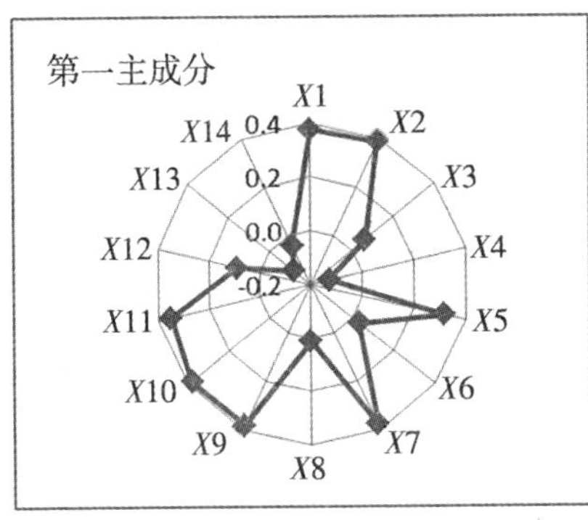

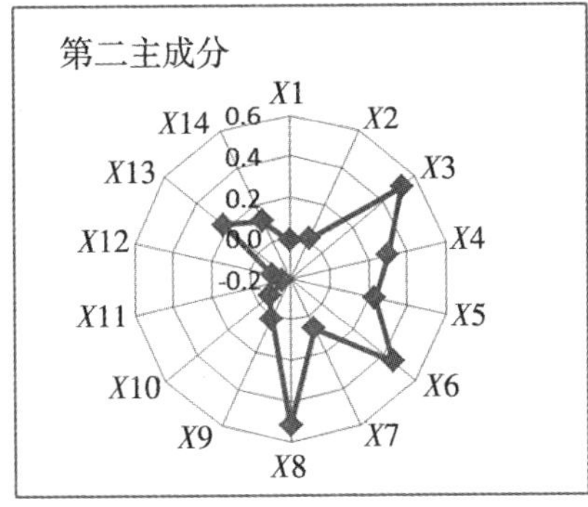

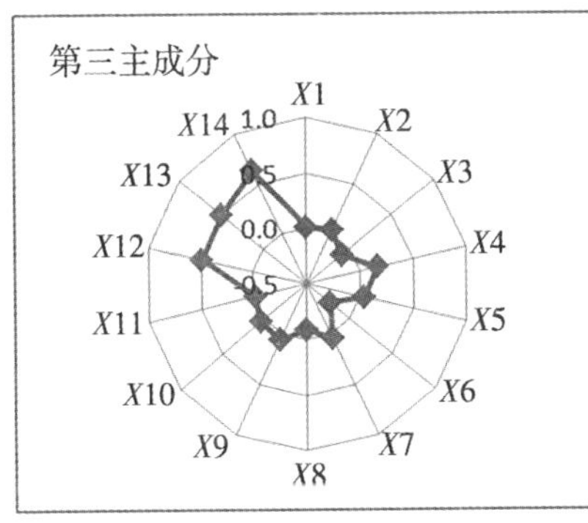

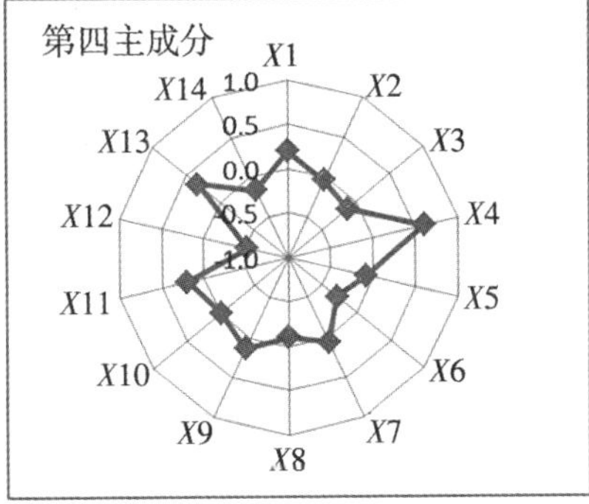

图 4–3 各主成分旋转因子载荷雷达图

使用旋转后的因子载荷矩阵数值作为系数，与经过标准化的原始变量对应相乘求和，可以得到 4 个主成分得分，如公式（4.3）。以 4 个特征值与其总和相除的数值作为主成分得分系数，与得出的 4 个主成分得分相乘求和，即可得到驱动力综合得分，如公式（4.4）所示。

$$F_i = M_{i1} \times X_1 + M_{i2} \times X_2 + \cdots + M_{i12} \times X_{12} \ (i = 1, 2, 3, 4) \quad (4.3)$$

$$F = P_1 \times F_1 + P_2 \times F_2 + P_3 \times F_3 + P_4 \times F_4 \quad (4.4)$$

式中：F_i 为第 i 项主成分得分，M 为旋转因子载荷数值，X 为经标准化的原始变量数值，F 为驱动力综合得分，P 为主成分得分系数。

表 4-4　各指标主成分得分表

指标名	F_1	F_2	F_3	F_4	F
2013 鹤山区	-1.735	0.590	-1.528	-0.846	-1.020
2013 山城区	-1.680	2.197	-1.775	1.053	-0.436
2013 淇滨区	-1.370	2.426	3.452	0.587	0.584
2013 浚县	5.276	2.168	0.215	-0.175	3.115
2013 淇县	0.107	2.469	-1.220	-1.503	0.334
2003 鹤山区	-1.946	-1.460	-0.875	-0.046	-1.459
2003 山城区	-2.229	-0.476	-0.481	2.478	-1.031
2003 淇滨区	-1.856	-1.153	2.052	-0.754	-0.927
2003 浚县	3.699	-1.312	0.035	0.792	1.532
2003 淇县	-0.734	-1.167	0.075	-1.074	-0.746
1993 浚县	3.028	-2.262	-0.254	0.618	0.901
1993 淇县	-0.559	-2.021	0.303	-1.130	-0.847

由表 4-4 可绘制出三个年份鹤壁市各区域的耕地数量变化驱动力综合得分图，如图 4-4 所示。

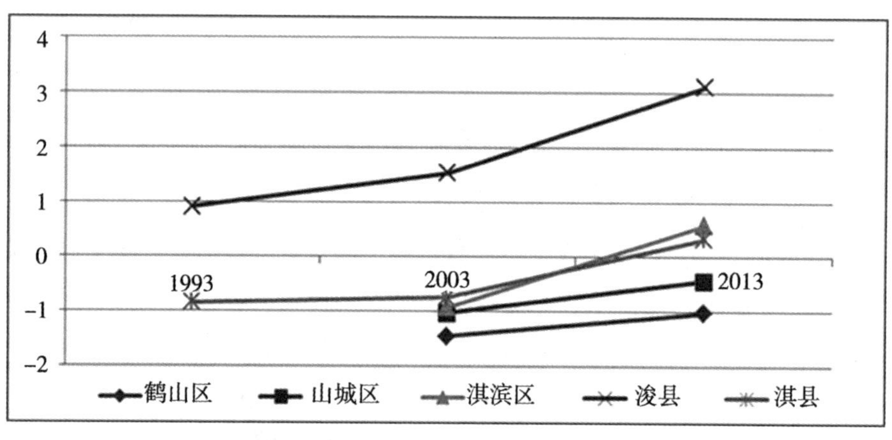

图 4-4　鹤壁市三期各区域耕地数量变化驱动力综合得分图

由图 4-4 可见：两县三区的驱动力综合得分均呈逐年增长态势，这说明 14 项驱动因子对鹤壁市耕地数量变化的影响也在逐年加强；2003—2013 年的斜率大于 1993—2003 年的斜率，说明“三化”协调发展提升阶段耕地数量变化所受到的驱动作用比形成阶段更强；各区域受到的驱动影响总体上表现为“两县>三区”，但作为鹤壁市政府所在地的淇滨区，在“三化”协调发展提升阶段的 10 年间，耕地数量变化受到了颠覆性影响，各项建设大幅展开从而促使耕地被大量占用。

（二）回归模型分析

使用取得的 4 项主成分得分作为自变量，以对应的耕地数量为因变量，在 SPSS 软件中采用“逐步”方法进行多元线性回归模型分析。可以得出主成分对耕地数量的宏观驱动影响，各项检验以及最终方程参数结果如表 4-5 至表 4-7。

表 4-5　拟合优度检验表

R	R 方	调整 R 方	标准估计的误差	Durbin-Watson
0.990[b]	0.979	0.975	0.159	2.580

表 4-5 中 R^2 为 0.979，说明耕地数量变化受到各项主成分的显著影响。Durbin-Watson 值为 2.580 接近 2，说明参数间没有自相关性。

表 4-6　显著性检验表

模型	平方和	df	均方	F	Sig.
回归	10.773	2	5.387	213.669	0.000
残差	0.227	9	0.025		
总计	11.000	11			

表 4-6 中 F 值为 213.669，Sig 为 0.000，可以看出模型具有显著性。表 4-7 中 VIF 为 1.000<10，说明不存在多重共线性。

表 4-7　多元线性回归参数结果表

方程	非标准化系数		标准化系数	t	Sig.	共线性统计量	
	B	标准误差	试用版			容差	VIF
(常量)	8.506E-7	0.046		0.000	1.000		
F_1	0.382	0.019	0.974	20.353	0.000	1.000	1.000
F_2	-0.093	0.026	-0.173	-3.615	0.006	1.000	1.000

由表 4-7 可知，排除主成分 F_3 与 F_4 后可得到逐步多元线性回归方程：$Y_1 = 0.974 \times F_1 - 0.173 \times F_2$，其中第一主成分为正相关且对鹤壁耕地数量变化的影响最大，第二主成分与耕地数量的变化呈负相关关系。也即是说，鹤壁市耕地数量变化受到农业发展水平正向的影响驱动，受到经济发展水平负向的驱动。

在此基础上考虑耕地政策制度（X_{15}）因素，以耕地保护政策制度是否发挥作用为依据，分为 $X_{15} = 0$ 与 $X_{15} = 1$ 两种情况，将方程优化为公式（4.5）：

$$Y_1 = \begin{cases} 0.974 \times F_1 - 0.173 \times F_2, & XF_{1S} = 0 \\ \geq W_1, & X_{1S} = 1 \end{cases} \tag{4.5}$$

三、耕地质量变化驱动分析

对鹤壁市耕地质量变化的驱动分析所使用的因变量为 Y_2：耕地质量，使用的自变量仅包含 $X_1 - X_{11}$ 以及 $X_{13} - X_{14}$，X_{15} 作为虚拟变量。

（一）主成分法分析

鹤壁市耕地质量变化的驱动研究可以采用与耕地数量变化相同的方法，仅在自变量的选取上不再重复考虑 X_{12}：耕地质量水平。

首先通过 SPSS 软件运算特征值可得出表 4-8，其中前三项成分的特征值为 1.877>1，且累计贡献率达到 90.35%，前三项表现突出，从第四项往后则趋于平缓。因此可以选择前三项为主成分。

表 4-8 特征值和因子贡献率表

成分数	初始特征值			平方和提取		
	合计	方差的（%）	累积（%）	合计	方差的（%）	累积（%）
1	6.455	49.65	49.65	6.455	49.65	49.65
2	3.413	26.26	75.91	3.413	26.26	75.91
3	1.877	14.44	90.35	1.877	14.44	90.35
4	0.743	5.71	96.06			
5	0.303	2.33	98.39			
6	0.107	0.82	99.21			
7	0.050	0.38	99.60			
8	0.036	0.28	99.87			
9	0.012	0.09	99.96			
10	0.002	0.02	99.98			
11	0.002	0.02	100.00			
12	2.372E-16	1.824E-15	100.00			
13	-2.020E-16	-1.554E-15	100.00			

在 SPSS 软件中可处理得出未旋转的因子载荷矩阵，为了对各个变量含义进行更清晰的表述，也为了矩阵内部更加简单且可对比性更强，通过进一步处理，得出旋转因子载荷矩阵，并绘制出三个主成分的旋转因子载荷雷达，如图 4-5 所示。

分析图 4-5 可知：第一主成分中的 7 项因子与耕地数量变化第一主成分一致，且数值均大于 0.3，因此也将其概括为农业发展水平；第二主成分中非农人口（X_4）为 0.3，而农村居民人均纯收入（X_8）、固定资产投资额（X_3）、工业总产值（X_6）这 3 项均大于 0.4 且与耕地数量变化第二主成分相同，因此同样将其概括为经济发展水平；第三主成分中到水域重心距离（X_{13}）、到建设用地重心距离（X_{14}）这 2 项均大于 0.5，因此可将第三主成分概括为耕地区位水平。以上分析可将与鹤壁市耕地质量变化相关的 13 项因素分解为三项主成分，以下可依据各个主成分进行分析。

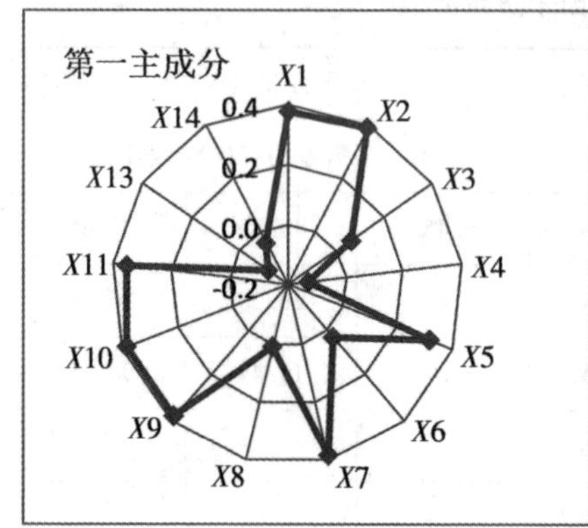

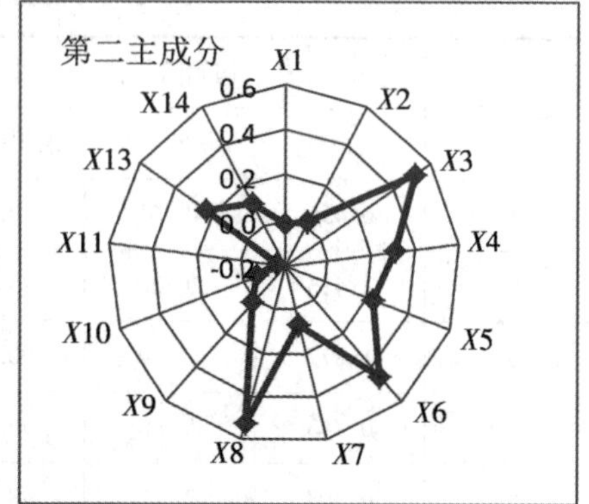

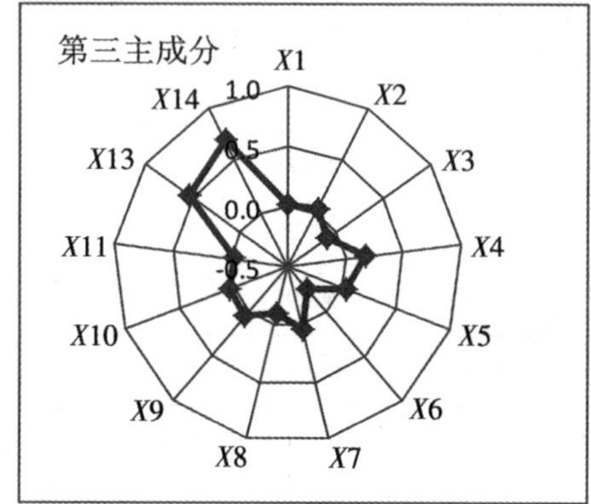

图 4-5　各主成分旋转因子载荷雷达图

使用与数量变化驱动分析相同的方法，运用公式（4.3）与（4.4）可以得到 3 个主成分得分以及驱动力综合得分如表 4-9 所示。

表 4-9　各指标主成分得分系数表

指标名	F1	F2	F3	F
2013 鹤山区	-1. 698	0. 536	-1. 391	-0. 999
2013 山城区	-1. 532	2. 013	-0. 967	-0. 412
2013 淇滨区	-1. 456	2. 543	3. 231	0. 455
2013 浚县	5. 246	2. 232	-0. 054	3. 523
2013 淇县	0. 126	2. 448	-1. 208	0. 587
2003 鹤山区	-1. 912	-1. 517	-0. 697	-1. 603

续表

指标名	F1	F2	F3	F
2003 山城区	-2.099	-0.650	0.345	-1.287
2003 淇滨区	-1.984	-1.004	1.464	-1.148
2003 浚县	3.717	-1.320	0.076	1.671
2003 淇县	-0.804	-1.086	-0.343	-0.812
1993 浚县	3.031	-2.260	-0.309	0.960
1993 淇县	-0.636	-1.934	-0.146	-0.935

由表 4-9 可绘制出三期鹤壁市各区域耕地质量变化的驱动力综合得分图 4-6。图中鹤壁市两县三区的驱动力综合得分均呈逐年增长趋势，这说明 13 项驱动因子对耕地质量变化的影响也在逐步加强，且在“三化”协调发展提升阶段受到的影响更剧烈，整体上看，鹤壁市耕地数量与质量变化的驱动情况具有相同特征。

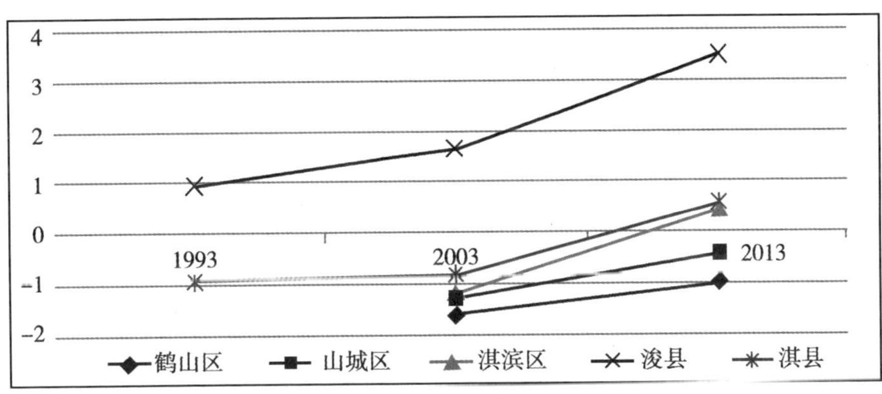

图 4-6 鹤壁市三期各区域耕地质量变化驱动力综合得分图

（二）回归模型分析

分析可知，鹤壁市耕地质量变化主成分的驱动影响与数量变化基本一致，因此可进一步从具体驱动因子的影响层面加以分析。以选取的 13 项驱动因子作为自变量，对应的耕地质量为因变量，在 SPSS 软件中进行逐步多元线性回归分析。各项检验以及最终方程参数结果如表 4-10 至表 4-12 所示。

表 4-10 拟合优度检验表

R	R 方	调整 R 方	标准估计的误差	Durbin-Watson
0.958[b]	0.918	0.900	0.316	2.629

表 4-10 中 R^2 为 0.918，说明鹤壁市耕地质量变化受各项驱动因子的显著影响。Durbin-Watson 值为 2.629 接近 2，说明参数间没有自相关性。

表 4-11 显著性检验表

模型	平方和	df	均方	F	Sig.
回归	10.102	2	5.051	50.611	0.000
残差	0.898	9	0.100		
总计	11.000	11			

表 4-11 中 F 值为 50.611，Sig 为 0.000，可以看出模型具有一定显著性。表 4-12 中 VIF 为 1.070<10，说明不存在多重共线性。

表 4-12 多元线性回归参数结果表

方程	非标准化系数		标准化系数	t	Sig.	共线性统计量	
	B	标准误差	试用版			容差	VIF
（常量）	-1.372E-6	0.091		0.000	1.000		
X14	0.892	0.099	0.892	9.051	0.000	1.000	1.070
X4	-0.647	0.099	-0.647	-6.562	0.000	1.000	1.070

由表 4-12 可得出经过两次逐步回归取得的多元线性回归方程：$Y_2 = 0.892 \times X_{14} - 0.647 \times X_4$，其中到建设用地重心距离（$X_{14}$）为正相关且对鹤壁耕地质量变化的影响最大，非农人口（X_4）与耕地质量的变化呈负相关关系。

在此基础上考虑耕地政策制度（X_{15}），以耕地保护政策制度是否发挥作用为依据，分为 $X_{15} = 0$ 与 $X_{15} = 1$ 两种情况，将方程优化为公式(4.6)：

$$Y_2 = \begin{cases} 0.892 \times X_{14} - 0.647 \times X_4, & X_{15} = 0 \\ \geq W_2, & X_{15} = 1 \end{cases} \tag{4.6}$$

第三节　基于“三化”协调发展的耕地变化驱动因素分析

鹤壁市的耕地变化无论从其数量或是其质量上看，均受到相同的两项主成分驱动作用影响。因此，基于“三化”协调发展背景从农业现代化与工业化城镇化两个层面，可以对以农业发展性指标为主的第一主成分、以经济发展性指标为主的第二主成分进行具体的驱动因素分析。由于鹤壁市耕地数量、质量变化均与第一主成分呈现正相关关系，而与第二主成分呈现负相关关系，在分析驱动因素时可分别以耕地正向变化剧烈的浚县以及耕地负向变化剧烈的淇滨区为例。具体方法是使用此前经过标准化处理的相关数据，绘制出相应驱动因素指标与耕地数量及质量变化的关系图。

一、基于农业现代化的农业发展因素分析

（一）农业生产水平

农业生产水平会对耕地变化产生直观影响，将其细分为总人口数量（X_1）、粮食总产量（X_2）以及农业总产值（X_5）三项指标。人口是财富的创造者也是农业生产劳动的主体，一方面 X_1 的增加为促进开发性农业生产奠定基础从而推动耕地数量增加，另一方面 X_1 的增长会带动对粮食产量的需求从而刺激耕地数量变化。粮食总产量与农业总产值是集中体现耕地所产生农业效益水平的两大方面，也是“三化”协调发展中体现农业现代化实施效果的重要指标，X_2 与 X_5 的增加有助于增强农业劳作积极性，从而对耕地数量的增多与单位面积耕地质量的提升产生影响作用。从图 4-7 中可见，X_1 与耕地数量变化几乎相同，而 X_2 与 X_5 则和耕地质量变化趋于同步。

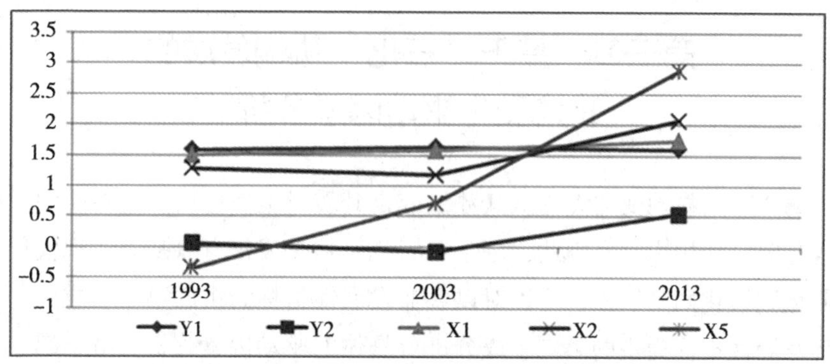

图 4-7 浚县三期耕地与农业生产水平关系图

（二）农业技术进步

农业技术进步对耕地变化具有间接影响作用，讨论中将其细分为农用机械总动力（X_7）与农业化肥施用量（X_9）两项指标，从农业现代化的机械化与集约化经营角度予以分析。相关文献研究指出，农业现代化强调的是规模经营与机械化操作，因此在“三化”协调发展背景下，随着农业科技水平的进步，通过合理加大化肥施用量与不断提高机械总动力，鹤壁市耕地的数量与质量也将呈现增长趋势，且这种技术上的进步将有效减少人工费用，提高耕地规模收益，使农业生产产出更高的经济效益。图 4-8 中可看出，整体上耕地数量及质量的变化与 X_7 及 X_9 变化情况呈正相关关系，也即是随着农业技术进步的影响逐步加深，耕地数量与质量在“三化”协调发展两阶段中逐步提升。

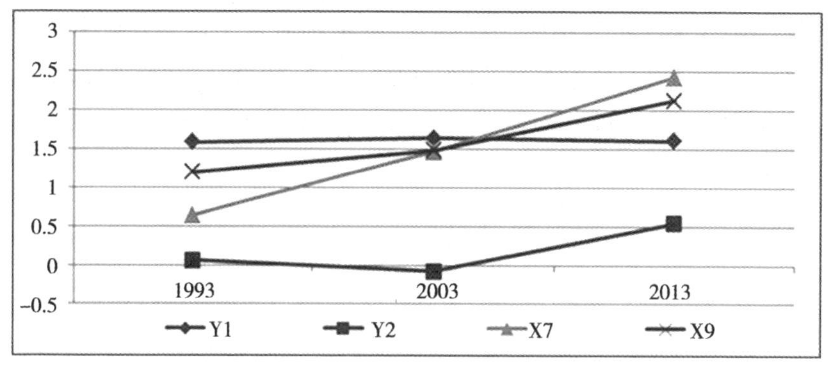

图 4-8 浚县三期耕地与农业技术进步关系图

(三) 农业种植结构

农业种植结构对耕地变化具有较有复杂的影响，因此可分为粮食作物播种面积 (X_{10}) 与经济作物播种面积(X_{11}) 两项指标展开分析。X_{10} 与 X_{11} 的总和即为农业播种面积，两指标之间呈现此消彼长的关系。由图4-9可见，浚县耕地数量及质量变化与 X_{10} 趋势相同而与 X_{11} 趋势相反。鹤壁市是重要的粮食生产核心区，作为高标准粮田建设示范区的浚县通过增加粮食播种面积能够更有效地保证粮食安全并实现耕地保护，且播种面积的增加可以产生一定集聚效应，使浚县地区耕地数量与质量得到同步提升。在过去 20 年中，浚县的粮食播种面积整体增加，而经济作物播种面积大幅减少，这也是“三化” 协调发展中基于粮食安全对农业种植结构调整的趋势选择。

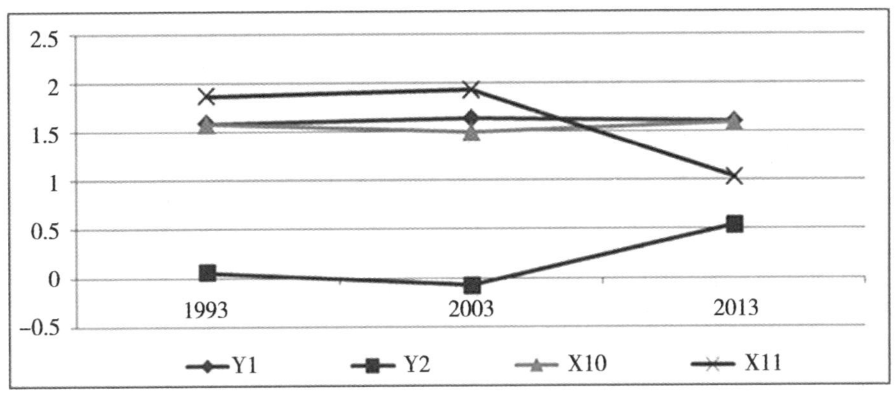

图 4-9 浚县三期耕地与农业种植结构关系图

(四) 耕地区位水平

耕地区位水平对耕地变化具有偏好性影响，其包含到水域重心距离 (X_{13}) 与到建设用地重心距离(X_{14}) 两项指标。从图 4-10 中可见，耕地数量与质量在 “三化” 协调发展过程中整体呈现增长趋势，而 X_{13} 与 X_{14} 的变化则与之趋于同步，这说明虽然距离建设用地或水域较近的耕地通常自然禀赋良好，但恰是由于其优越的区位偏好性，反而更容易随着工业扩建或城镇扩张而被占用，从而使耕地数量及质量水平有所降低。也即是说，耕地数量及质量水平会随着其与建设用地或水域距离的减少而降低。这种情况虽然符合一般规律，但基于耕地保护的立场应对建设用地加强内部挖潜，有效控制建设扩建以及城市扩张，同时可对耕地进行高标准粮田布局优化来合理配置资源。

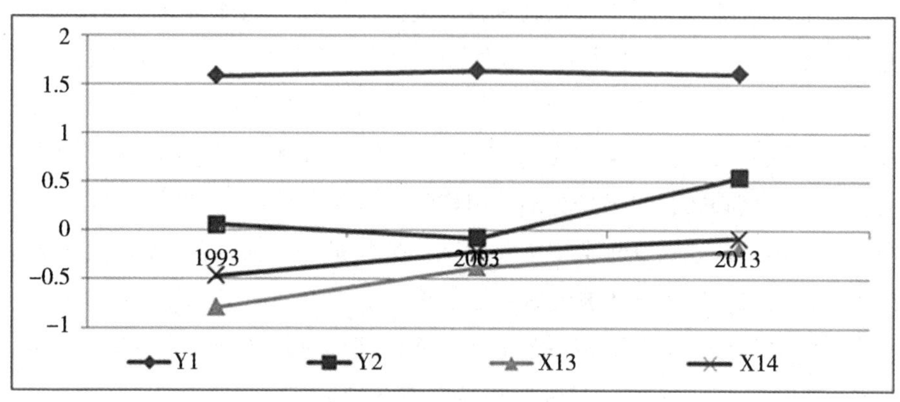

图 4-10　浚县三期耕地与耕地区位水平关系图

二、基于工业化城镇化的经济发展因素分析

（一）社会经济水平

社会经济水平会对耕地变化产生正反两方面的影响作用，可将其细化为固定资产投资额(X_3)与工业总产值(X_6)两项指标进行分析。不可否认的是 X_3 的增加会一定程度为农业生产提供带动作用，且有助于农业现代化发展，从而促进耕地数量与质量的提升；但鹤壁市固定资产投资中超过 90% 的资金被用于二、三产业，这说明 X_3 与 X_6 更多反映的是工业化与城镇化建设水平，而这一过程中的各项基础设施建设会不可避免地以耕地减少或对质量减损为代价，例如淇滨区的高新产业园区建设就占用了大量耕地。从图 4-11 中可以看出 X_3 及 X_6 指标与耕地数量及质量的负相关关系。由此可见，在未来的布局优化中应充分考虑“三化”协调发展要求，积极推进耕地保护的目标实现。

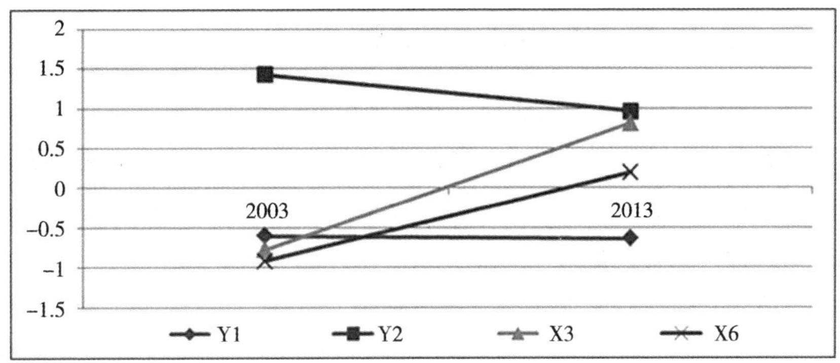

图 4-11 淇滨区两期耕地与社会经济水平关系图

（二）农民自身情况

非农业人口（X_4）与农村居民人均纯收入（X_8）可以概括为农民自身情况。目前的工业化与城镇化发展使得二、三产业的经济效益明显高于农业生产，受到经济效益驱动农民会离开农村进入城市变成市民，因此 X_4 在“三化”协调发展两阶段得以大幅增加。然而农业生产毕竟离不开农业人口，因此 X_4 的增加会对耕地变化产生负向影响，甚至会引发撂荒行为，对耕地质量造成破坏。X_8 的提高会促使农业投入加大，但是 X_8 中必然存在非农收入，且非农收入所占比率较高，而非农建设或非农行为的增加会导致耕地数量与质量的降低，图 4-12 反映的正是这种负相关关系。为了推进“三化”协调发展，需要加强农业人口培育及农业技能培养，并通过增加农民收入中的农业收入比重予以解决。

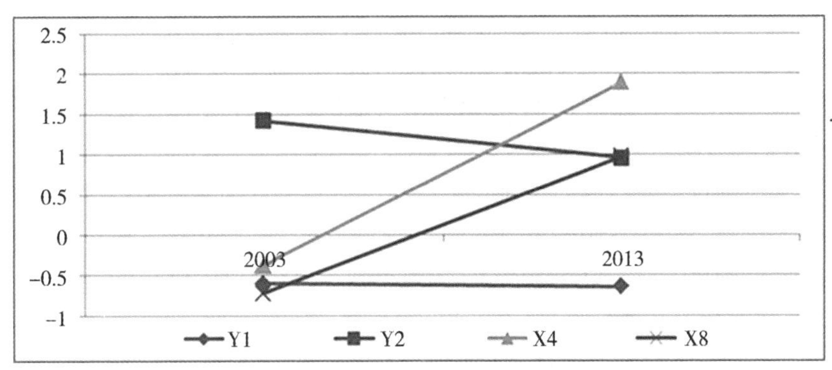

图 4-12 淇滨区两期耕地与农民自身情况关系图

三、基于“三化”协调发展的驱动因素总结

“三化”协调发展是工业化、城镇化与农业现代化的协调发展，研究区耕地变化驱动因素分析中，分别从基于农业现代化的农业发展因素、基于工业化城镇化的经济发展因素两个层面展开研究，能够充分满足研究分析的整体性与完整性要求。

从农业现代化对农业发展因素产生的影响来看：以机械动力与化肥施用为主的农业技术进步因素应在今后继续加强投入、农业种植结构调整应以粮食安全为主旨而控制经济作物播种面积、农业生产水平中应强调耕地产量与产值两方面的增加、耕地区位水平中应规范和控制建设用地扩张对优质耕地的占用。

从工业化城镇化对经济发展因素产生的影响来看：社会经济水平中应在稳步推动工业化与城镇化发展的基础上，注重增加固定资产投资向农业领域的倾斜；农民自身情况中发现需对农民加以引导，并在非农人口迁移的过程中加强对农业从业人口的基本保障与加大对撂荒行为的约束。

考虑到河南省“三化”协调发展的根本目标是维护工业化与城镇化的稳定发展，同时保证农业现代化中耕地面积不减少与耕地质量水平不断提升的要求，这与高标准粮田布局优化的目标一致。因此，驱动因素的相关研究结果可为高标准粮田布局优化研究奠定基础，并对未来高标准粮田布局优化的指标选取与优化方向产生指导意义。

第四节　基于耕地变化驱动机理的耕地保护问题思考

基于前章定量研究的耕地变化驱动模型与驱动因素分析，以下主要从定性角度对耕地变化驱动机理进行归纳总结，并在此基础上提出研究区耕地保护的相关思考，从而引出高标准粮田布局优化的研究意义。

一、耕地变化驱动机理总结

中科院牛文元教授于 2001 年基于社会物理学研究提出“社会燃烧理

论”，参考自然界的燃烧现象，社会发展过程中也会有燃烧现象出现，这种“社会燃烧”需要“燃烧物、助燃剂、着火点”的共同作用，并会产生一定“燃烧排放”。① 其中，“燃烧物”是引起变化的缘由，“助燃剂”是变化扩大的因素，“着火点”是发生变化的推动力量，“燃烧排放”是变化结果的各类影响。就耕地变化而言，其过程也属于社会燃烧研究范畴，因此可借助“社会燃烧理论”对耕地变化驱动机理加以总结。根据该理论可构建出相应模型体系，如图 4-13 所示。

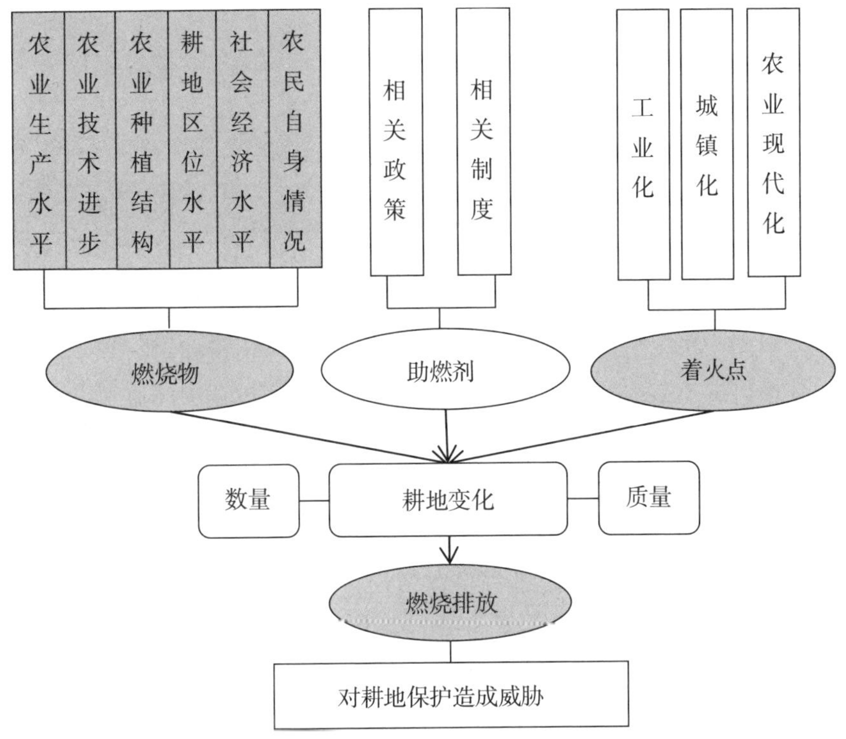

图 4-13　基于“社会燃烧理论”的耕地变化驱动机理图

分析图 4-13 可知，研究区耕地变化驱动的整体运作机理如下：引起耕地数量与质量变化的“燃烧物”即是此前基于“三化”协调发展背景分析得到的 6 项驱动因素指标，各项驱动因素从正反两个方面对耕地变化产

① 牛文元：《社会物理学与中国社会稳定预警系统》，《中国科学院院刊》2001 年第 1 期，第 15—20 页。

生影响；当受到耕地保护或社会经济建设相关政策与制度的“助燃剂”效果附加之后，耕地变化会产生更剧烈的变化；而随着各项驱动因素指标不断累积，各种政策制度影响不断加强，必然会在“三化”的推动下达到耕地变化的“着火点”；而耕地变化最终会产生出关乎耕地保护的影响结果，也即形成“燃烧排放”。

二、耕地保护相关问题思考

耕地自身具有生产力与承载力，其是粮食生产的物质基础，也是关键性的农业生产资料。耕地变化会对农业生产、社会生活、经济建设等产生一系列影响，根据“社会燃烧理论”对耕地变化驱动机理的分析可知，耕地变化能产生的最直接影响即是对耕地保护的影响。

耕地变化涉及耕地数量变化与质量变化两个层面，依据此前基于“三化”协调发展对研究区耕地变化驱动模型的分析可知，无论耕地数量变化或是质量变化均受到两大主成分影响，即是关乎农业现代化的农业发展水平与关乎工业化城镇化的经济发展水平。由此可见，耕地保护也必须兼顾耕地数量保护与质量保护，同时耕地保护必须在其过程中注重工业化、城镇化与农业现代化的“三化”协调发展。

耕地保护的手段措施多种多样，其中高标准粮田属于基本农田范畴，其本质上是依靠规划手段划定受到保护的特定耕地，高标准粮田布局优化属于通过资源优化配置手段进行的耕地保护。根据 2012 年颁布的《河南省人民政府关于建设高标准粮田的指导意见》：截止到 2020 年需要建设出 6000 万亩高标准粮田，并且这些高标准粮田的平均亩产要求高于 1000 公斤，可见高标准粮田建设要求符合耕地保护对耕地数量与质量的双重要求；同时，意见中明确指出要以“三化”协调发展为指导思想，可见高标准粮田建设符合耕地保护的“三化”协调发展要求。总体来看，高标准粮田布局优化是为了实现高标准粮田建设目标而进行的，其本质上是为了更好地满足耕地保护要求，因此相关研究具有理论及实践意义。

第五章　基于“三化”协调发展的耕地布局稳定性分析

耕地布局稳定性分析对高标准粮田布局优化研究有着至关重要的作用，若未来耕地布局稳定性无法得到保障，则布局优化结果将成为一纸空谈。鹤壁市在“三化”协调发展两个阶段中呈现出不同变化特征，可由此设定两种不同发展情景，模拟预测2023年研究区的土地利用情况。通过对比最终对符合“三化”协调发展要求的预测结果从数量、空间与质量三个层面进行耕地布局稳定性分析，并通过对耕地稳定性面临问题的思考，探究出研究区未来的耕地资源可持续利用对策，为高标准粮田布局优化研究提供参考和依据。

第一节　模拟预测方法及精度检验

一、模型方法选择

第一章对土地利用变化模拟的国内外研究中已经列举出三种常见预测模型：CLUE模型、ABM模型以及CA模型。其中，CLUE模型对社会经济统计数据要求较多，且主要采用经验模型进行局部分配使得细节上较为粗糙，对于微观尺度的土地利用变化难以充分反映；ABM模型对于模拟决策有很强的优势，然而其欠缺对于地理空间的表达优势，因此在土地利用变化预测中较难发挥作用；CA模型也有其缺陷：关注元胞而忽略全局、与实际情况的联系表达较少、转换规则以及参数的制定困难。① 但 CA 模型具有广泛的应用范围，其在空间上可与 3S 形成集成优势，能够实现模拟、预测与分析等多种功能，且通过与其他模型的结合改进可以克服固有缺陷，能够达成模拟预测土地利用空间趋势的目标。

为了完善 CA 模型，可考虑加入诸如“回归模型、人工神经网络模型、马尔科夫模型（Markov）”之类的土地利用变化数量模拟模型。其中，回归模型较为简单，不适宜地类复杂或外界影响较大的区域；人工神经网络模型可以模拟复杂情况，但是操作效率不高，且与 CA 的融合性不强；Markov 模型可以模拟不同地类之间的变化情况，不需要大量数据且与 CA 模型已经有很好的模块组合，应用性和实用性均突出。因此，“三化”协调发展背景下鹤壁市高标准粮田布局优化研究最终选择运用 CA-Markov 模型进行模拟预测分析。

二、模型方法原理

（一）CA 原理

CA 即为元胞自动机，在土地利用变化预测的研究中，通常将最基本的地块定义为元胞（Cell）、以各种地类的状态集合为元胞状态（State）、以方形排列的元胞网格为元胞空间（Lattice）、采用 Von Neumann 型为元胞邻域（Neighbor）、以传统的 Moore 型转换函数为规则（Rule）、通过设定初始时刻以及时间间隔和循环次数来定义时间（Time），按照 Amoroso S 提出的数学式②，可得出标准 CA 模型如式（5.1）：

$$CA = (L, S, N, R) \tag{5.1}$$

式中：CA 即为元胞自动机系统、L 为元胞空间、S 为元胞状态、N 为元胞邻域、R 为转换函数规则。

（二）Markov 原理

Markov 即为马尔科夫，是以俄国学者命名的预测方法，主要使用概率

① Verburg P H, Koning G H J D, Kok K, et al. a spatial explicit allocation procedure for modelling the pattern of land use change based upon actual land use [J]. Ecological Modelling, 1999, 116 (1): 45-61.

② Amoroso S, Patt Y N. Decision procedures for surjectivity and injectivity of parallel maps for tessellation structures [M]. Academic Press, Inc. 1972.

方法预测随机事件未来的变化状态。在对土地利用变化进行预测的研究中，常以各种地类之间的转移概率矩阵或转移面积矩阵为依据，以研究区初始时刻地类的面积为基础，预测未来时刻各种地类的面积变化。Markov原理可用公式（5.2）说明：

$$S_{n+1} = Q \times S_n \tag{5.2}$$

式中：S_{n+1} 表示 $n+1$ 时刻的转移状态、Q 表示转移概率矩阵、S_n 表示时刻为 n 的转移状态。

（三）CA-Markov 原理

将 CA 模型依据元胞空间关系模拟空间变化的特性与 Markov 模型在时间范围内预测数量变化的能力相互结合。① 在 CA-Markov 模型中，Markov 模型运行得出的土地利用转移概率矩阵可以作为约束 CA 模型模拟预测的准绳，同时 CA-Markov 模型的转变适宜性图集能够充分考虑影响因素，并且有效提高模型整体的模拟精度。

三、模型实现与模拟精度

（一）模型实现过程

基于 CA-Markov 模型的研究区土地利用模拟预测主要是在 ArcGIS 以及 IDRISI 软件中实现的。IDRISI TerrSet 软件是 2014 年 12 月发布的一款 IDRISI 软件，是由克拉克实验室与国际环境保护组织联合开发的一个集成的用于监测和模拟地球系统的可持续发展地理空间软件系统，其与 ArcGIS 软件有很好的兼容性，在运行 IDRISI GIS Analysis 中的 CA-Markov 模块时具有多种可调参数，较之于 Matlab 等其他软件具有明显的优势性。

具体实现过程如下：首先，元胞大小：综合考虑模拟图像大小以及软件运算速度，通过 ArcGIS 软件对栅格数据进行重分类，可以形成 100×100 的元胞大小；其次，利用类型：将栅格转为 ASCII 格式的三期影像数据导入 IDRISI 软件，并去除-9999 的重分类，最终形成与此前相同的五种土地利用类型；第三，转移规则：使用 IDRISI 软件中的 Markov 模块计算

① Zhou D, Lin Z, Liu L. Regional land salinization assessment and simulation through cellular automaton-Markov modeling and spatial pattern analysis [J]. Science of the Total Environment, 2012, 439 (22): 260-274.

1993—2003 年以及 2003—2013 年的转移面积和与转移概率矩阵，并将其作为转移规则进行模拟；第四，转变适宜性图集：由于运用 MCE 或 Logistic 法均存在较大主观性，因此研究选择使用 Markov 模块自动生成的 . rgf 文件作为转变适宜性图像集，取值范围 0—255；第五，CA 滤波器：在运算中采用 5×5 的 CA 滤波器；最后，起始时间及迭代次数：分别以 2003 年和 2013 年为起始期，循环迭代次数则以 10 为基数。

（二）模型模拟精度

对 CA-Markov 模型模拟预测的效果通常使用数量精度以及 Kappa 指数进行检验，精度检验可在 IDRISI 软件中完成。数量精度的计算以预测图与解译图的相交栅格数为被除数，以预测图的模拟结果栅格数为除数，其数量精度值越大则表示模拟精度越高；Kappa 指数在 0—1 之间，其数值大小与模拟效果的好坏成正比：当该系数在 0. 81—1. 00 之间时，则模拟效果最佳；当该系数在 0. 61—0. 80 之间时，则模拟效果显著；在 0. 41—0. 60 之间表示效果适中；在 0. 40 以下则表示效果弱或很差。

四、历史情况与精度验证

在使用 IDRISI 软件对鹤壁市未来土地利用情况进行 CA-Markov 模型模拟预测之前，首先可对已经具有遥感解译图像的鹤壁市 2013 年土地利用情况进行预测，通过检验模拟结果精度来验证该方法的可行性与有效性。

（一）2013 年土地利用情况模拟

以 2003 年为预测起始年，以 Markov 模块中生成的 1993-2003 年土地利用类型的转变适宜性图像集为依据，使用 1993—2003 年的 Markov 转移面积矩阵，CA 滤波器为标准 5×5，间隔迭代设为 10 年。经过 CA-Markov 模型处理可以得到鹤壁市 2013 年土地利用模拟预测图件，结果如图 5-1 所示。

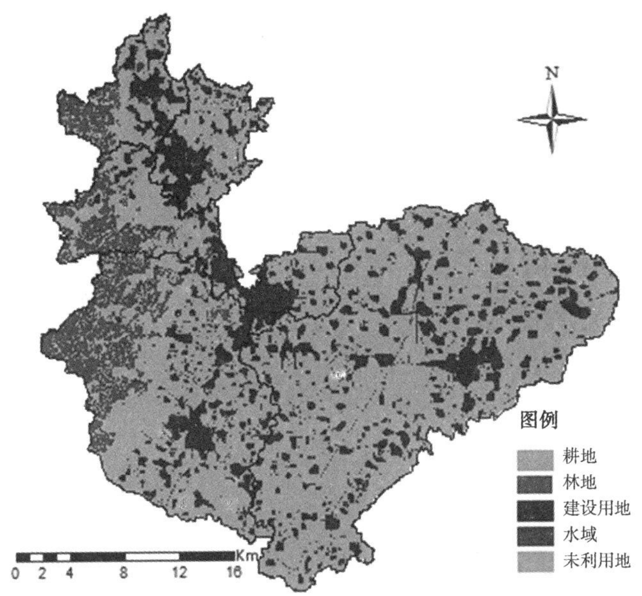

图 5-1 2013 年鹤壁市土地利用模拟预测图

（二）2013 年模拟结果精度验证

通过 IDRISI 软件中的 CROSSTAB 模块能够得到鹤壁市 2013 年土地利用模拟预测结果与 2013 年遥感解译结果之间的总体模拟 Kappa 精度以及各地类对应模拟 Kappa 精度；同时在软件中可将预测结果与解译结果进行栅格差值运算，最终得出检验交叉表并计算出数量精度。模拟精度的汇总情况如表 5-1 所示。

表 5-1 鹤壁市 2013 年土地利用类型模拟精度表

土地利用类型	相交栅格数	模拟结果栅格数	数量精度（%）	Kappa 指数
耕地	118235	135404	87.32	0.826
林地	19314	23595	81.09	0.810
建设用地	29432	34851	84.45	0.829
水域	3414	4868	70.13	0.699
未利用地	14947	15931	93.82	0.935
总计	457610	457610	100.00	0.898

分析表 5-1 可知：除水域的数量精度为 70.13%，Kappa 指数相对较低之外（0.699>0.61，其模拟效果仍处于显著状态），其他各地类及总体的数量精度均较高且 Kappa 指数均高于 0.81。由精度检验结果可知，使用 CA-Markov 模型可以得到鹤壁市未来土地利用情况的预测图件与数据，且模拟精度符合要求。

第二节 基于"三化"协调发展阶段的情景模拟预测

CA-Markov 模型在运行中需要考虑各种地类的转移关系，因此其预测结果通常是包括耕地情况在内的研究区整体土地利用图件与数据。要分析鹤壁市未来的耕地布局稳定性，就需要首先基于"三化"协调发展阶段区分两种不同情景进行未来土地利用模拟预测，并通过综合比较确定出最优情景模拟预测结果。

一、基于"三化"协调发展阶段的情景设定

由第三章的研究可知，参考河南省社会科学院课题组以及中原经济区"三化"协调发展河南省协同创新中心对"三化"协调发展历程的划分总结，结合研究区的行政区划变迁实际与时段选择情况，最终可以确定出两个研究阶段：1993—2003 年为"三化"协调发展形成阶段；2003—2013 年为"三化"协调发展提升阶段。基于"三化"协调发展两个阶段的社会经济概况分析、两阶段的耕地利用变化与耕地质量变化分析可知，鹤壁市"三化"协调发展不同阶段的社会经济情况与耕地动态变化情况均呈现出不同的特征与规律。

针对研究区 20 年间出现的不同变化情况，并不能简单地认定哪种耕地变化更有利于耕地布局稳定性要求的实现，也无法确定哪个阶段的发展模式更有利于"三化"协调发展进程的推进，因此有必要将这两个阶段分别设定为不同的情景模式（情景 I：基于"三化"协调发展形成阶段的预测；情景 II：基于"三化"协调发展提升阶段的预测），运用 CA-Markov 模型对鹤壁市未来的土地利用情况进行模拟预测，以期通过多角度定量分析对

比得出相应结论。

二、情景 I：基于“三化”协调发展形成阶段的预测

对鹤壁市 2023 年土地利用情况基于“三化”协调发展形成阶段的模拟预测，即是以 1993—2003 年的发展模式作为情景 I。使用 2003 年作为起始期，确定 1993—2003 年的 Markov 转移面积矩阵和适宜性图像集，CA 滤波器为标准 5×5，迭代次数为 20 年，在 IDRISI 软件中运行结果如图 5-2。

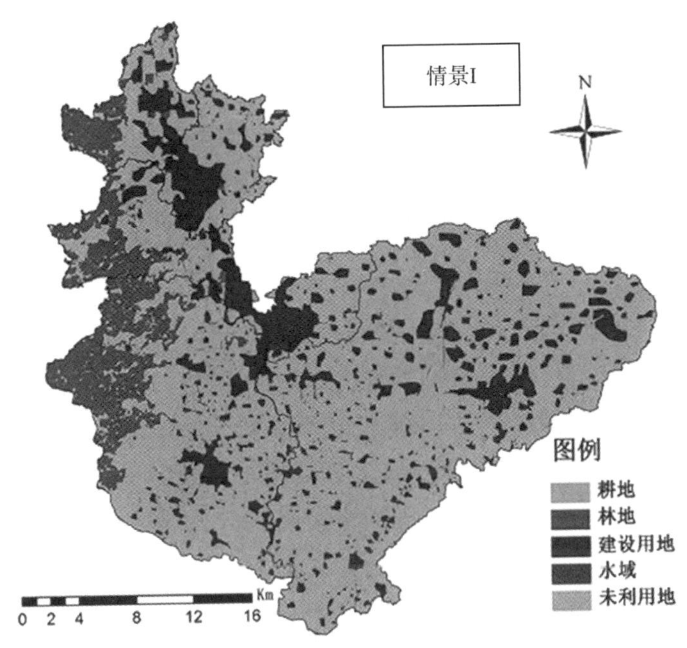

图 5-2 情景 I 下 2023 年鹤壁市土地利用预测图

（一）情景 I 下的面积比例分析

将模拟结果导入 ArcGIS 软件，通过统计计算可以得出情景 I 下的鹤壁市 2023 年土地利用类型面积及比例汇总表，如表 5-2 所示。

表 5-2 情景 I 下 2023 年鹤壁市土地利用类型面积及比例汇总表

土地利用类型	2023 年（情景 I）	
	面积（km^2）	比例（%）
耕地	1247.181	58.27
林地	204.821	9.57
建设用地	417.619	19.51
水域	30.873	1.44
未利用地	239.937	11.21
总计	2140.431	100.00

分析表 5-2 可知：情景 I 下 2023 年鹤壁市的主导地类仍为耕地，说明情景 I 的发展演变以耕地保护为主，符合高标准粮田建设的设定要求；与未利用地相比，建设用地的比例偏小，说明该模式下建设用地的开发力度不足，将不利于“三化”协调发展；林地与水域所占比例较小，会阻碍“绿色化”发展进程。

（二）情景 I 下的景观格局分析

在 ArcGIS 软件中加载 Patch Grid 扩展模块，对情景 I 下的 2023 年鹤壁市土地利用图使用 Spatial Statistics 进行处理，选择不同的指标分析情景 I 模式下的 2023 年鹤壁市土地利用景观格局情况，如表 5-3 所示。

表 5-3 情景 I 下 2023 年鹤壁市土地利用景观格局指数表

景观格局指数	2023 年（情景 I）
AWMSI	7.780
SHDI	1.240
SHEI	0.690
MPS	150.230
NUMP	3046

表中，AWMSI 为面积加权平均形状指数，可以反映景观中各斑块的变异性，其数值随着斑块形状不规则程度的增加而增大；SHDI 为香农多样性

指数，反映景观复杂性和变异性，其值越小破碎度越低；SHEI 为香农均匀度指数，在 0—1 之间，反映分布均匀程度，趋于 0 时说明景观优势性明显；MPS 为平均斑块尺寸，NUMP 为斑块个数，两项组合可以进行空间格局概括。[①]

分析表 5-3 可知：AWMSI 指标数值较大，说明情景 I 的斑块形状规则性一般；SHDI 与 SHEI 两项指标数值均很小，说明情景 I 下 2023 年鹤壁市的土地利用景观破碎度较低，景观分布均匀并且优势性明显；MPS 与 NUMP 两项指标组合来看出，情景 I 下的斑块尺寸略小而斑块个数偏大，说明连片性程度受限。

（三）情景 I 下的空间发展分析

在 IDRISI 软件中使用 Image Calculator 模块，处理情景 I 预测的 2023 年土地利用图与初始的 2003 年土地利用图，可以得出鹤壁市 20 年间的空间发展情况，如图 5-3 所示。图中以预测图像为被减数、以初始图像为减数，因此图例中数字符号的正负可以反映出预测图像在初始图像基础上的空间增减趋势。

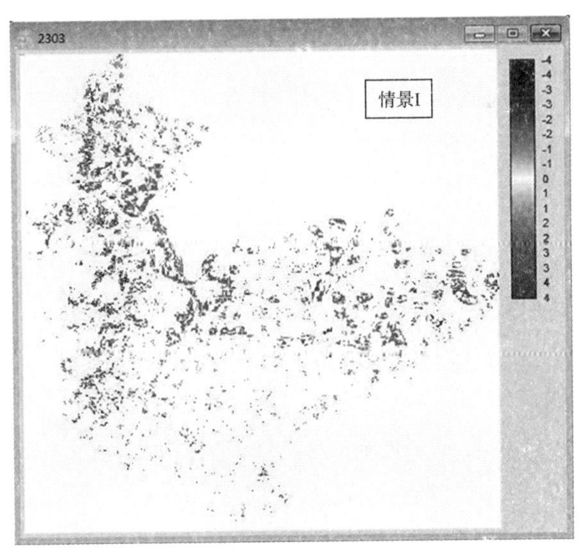

图 5-3 情景 I 下 20 年间鹤壁市土地利用空间发展示意图

① Geri F, Amici V, Rocchini D. Human activity impact on the heterogeneity of a mediterranean landscape [J]. Applied Geography, 2010, 30 (3): 370-379.

分析上图 5-3 可见：情景 I 下 2023 年土地利用增加主要集中在鹤壁市北部且以西北部为主，围绕着淇滨区、山城区以及浚县的主城区位置也有局部土地增加，主要考虑由建设用地扩张引起，鹤壁市的西部山区土地增加则主要由于未利用地西扩；20 年间鹤壁市土地利用的减少分布较为零散，整体布局上不具有连续性也较缺乏连贯性，主要沿着山地与丘陵的分割界限减少，考虑实地存在林地遭受破坏的可能性。

情景 I 预测出的空间发展模式，可能会对鹤壁市南部地区的土地利用形成桎梏，不利于社会经济发展与“三化”进程的推进。同时西部山区耕地质量水平较低，对该区域用地的过度开发并不能提高农业生产水平，也不利于高标准粮田建设，并会一定程度上造成对鹤壁市西部山区的生态环境破坏。

三、情景 II：基于“三化”协调发展提升阶段的预测

对鹤壁市 2023 年土地利用情况基于“三化”协调发展提升阶段的模拟预测，即是以 2003—2013 年的发展模式作为情景 II。使用 2013 年作为起始期，确定 2003—2013 年的 Markov 转移面积矩阵和适宜性图像集，CA 滤波器为标准 5×5，迭代次数为 10 年，在 IDRISI 软件中运行结果如图 5-4 所示。

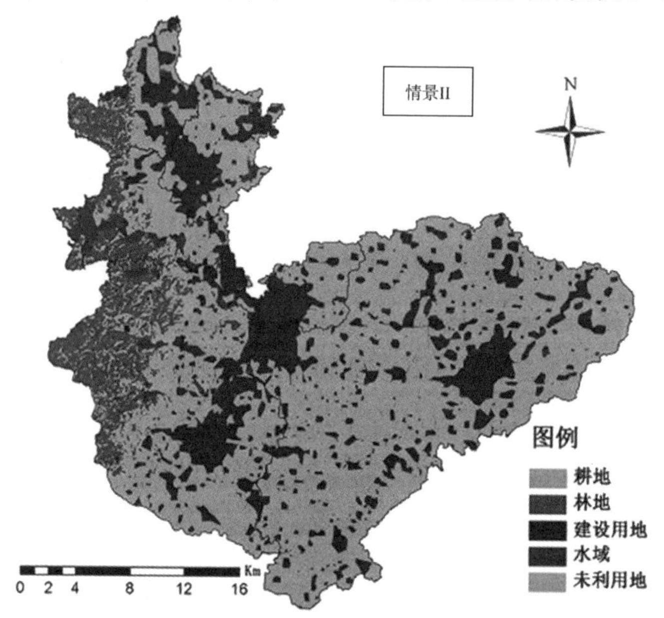

图 5-4　情景 II 下 2023 年鹤壁市土地利用预测图

（一）情景 II 下的面积比例分析

将模拟结果导入 ArcGIS 软件并统计计算得出情景 II 下的鹤壁市 2023 年土地利用类型面积及比例汇总表，结果如表 5-4 所示。

表 5-4　情景 II 下 2023 年鹤壁市土地利用类型面积及比例汇总表

土地利用类型	2023 年（情景 II）	
	面积（km^2）	比例（%）
耕地	1193.000	55.74
林地	218.854	10.23
建设用地	526.308	24.59
水域	76.917	3.59
未利用地	125.332	5.86
总计	2140.411	100.00

分析表 5-4 可知：情景 II 下 2023 年耕地比例均超过 55%，说明鹤壁市未来耕地优势明显，在各地类剧烈变动的情况下仍具有高标准粮田建设的物质基础；建设用地占比位居第二，说明在保证粮食生产的前提下，工业化与城镇化进程有力推进；林地、水域比例与历史情况相比基本持平，“绿色化”发展得以保障；未利用地比例缩减，说明未来将以节约集约方式实行可持续发展。

（二）情景 II 下的景观格局分析

使用与情景 I 相同的景观格局方法与指标，对情景 II 下的 2023 年鹤壁市土地利用图进行分析，结果如表 5-5 所示。

表 5-5　情景 II 下 2023 年鹤壁市土地利用景观格局指数表

景观格局指数	2023 年（情景 II）
AWMSI	6.680
SHDI	1.250
SHEI	0.700
MPS	155.280
NUMP	2947

分析表 5-5 可知：AWMSI 指标数值较小，说明情景 II 的斑块形状规则性较好；SHDI 与 SHEI 两项指标数值均很小，其土地利用景观破碎度低且景观优势度高；MPS 与 NUMP 两项指标组合来看出，情景 II 下的斑块尺寸增大而斑块个数变小，说明斑块的连片性提高。

（三）情景 II 下的空间发展分析

使用与情景 I 相同的空间发展分析方法，可以得到情景 II 模式下的 2023 年鹤壁市土地利用空间发展示意图，如图 5-5 所示。

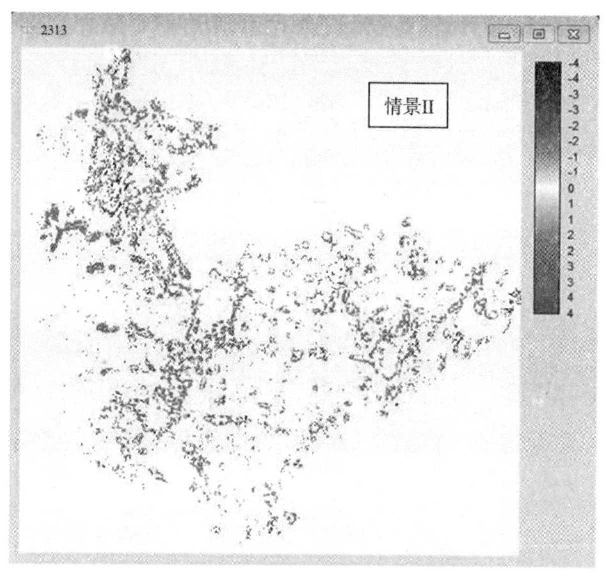

图 5-5　情景 II 下 20 年间鹤壁市土地利用空间发展示意图

分析图 5-5 可见：情景 II 的土地利用增加分布较为全面，以鹤壁市西部与北部为主，兼顾东部与南部，主要围绕着淇滨区（鹤壁市新市区）与淇县连成一片中央核心区，西北部的山城区与鹤山区也逐步形成一体，与东部浚县城区照相呼应，且明显可见交通干线的布局脉络；土地减少主要集中在西北部和东部，西北部地区退耕还林还草工程使得未利用地变为林地，东部区域对未利用地的开发使其变为耕地，土地功能分区更加明确。

依据情景 II 的空间发展模式，鹤壁市在 2023 年会形成三大组团，有利于中原经济区的城市群建设，有助于鹤壁市从分散多节点与弱中心城市结构变为有机结合的单元组合型大城市结构。同时东部平原的耕地逐渐集中连片，西部山区的林地与水域逐步增加，更有利于通过土地利用分区促进“三化”协调发展。

四、基于两种情景模式的模拟预测结果比较

综合比较两种情景下土地利用类型面积比例情况可知：情景 I 中耕地面积比情景 II 多 54.180 km^2，然而情景 II 的建设用地却比情景 I 多 108.689 km^2。这说明情景 II 在少量占用耕地的情况下，建设用地发展迅猛，且以对未利用地的开发为主（情景 I 的未利用地持有面积是情景 II 的两倍），情景 II 更符合“三化”协调发展要求；对于林地和水域而言，情景 II 的各项占比均高于情景 I，说明情景 II 的发展模式下鹤壁市未来林地及水域用地持续增加，这也符合目前政府提倡“绿色化”发展的生态与环境保护立场。

综合比较两种情景下土地利用景观格局情况可知：就 AWMSI 指标数值来看，情景 II<情景 I，说明情景 II 中的斑块形状更加规则；SHDI 与 SHEI 两项指标数值均很小，说明研究区景观破碎度程度较低，景观分布均匀且优势性明显；从 MPS 与 NUMP 两项指标数值可见，与情景 I 相比情景 II 下 2023 年的斑块尺寸大而斑块个数少，说明情景 II 的斑块集聚度更高且内部连续性更强，其更有利于高标准粮田的布局优化。

根据《鹤壁市土地利用总体规划（2006—2020）》，鹤壁市未来城市发展空间结构以淇滨区为中心，以山城区与鹤山区、淇县与浚县为次级中心，依托于地域内主要公路，形成“一轴、三区、四级”的城镇空间结构，并逐渐从“一心（淇滨区）三星（山城区、淇县、浚县）”向“一核（鹤淇一体化）双星（山城鹤山一体化、浚县）”过渡。① 综合对比两种情景下土地利用空间发展情况可知，情景 II 的空间发展态势更加符合鹤壁市的规划要求。

综上可知，基于情景 II“三化”协调发展提升阶段的鹤壁市 2023 年土地利用模拟预测，从面积比例、景观格局以及空间发展上均优于情景 I，更有利于实现“三化”协调发展与高标准粮田布局优化，同时符合未来规

① 鹤壁市人民政府：《鹤壁市土地利用总体规划（2006—2020 年）》，2006 年。

划方向。因此后续主要依据情景 II 的土地利用预测结果进行鹤壁市耕地布局稳定性分析。

第三节　基于情景模拟预测结果的耕地布局稳定性分析

使用 ArcGIS 软件从情景 II 的土地利用预测图中提取出 2023 年耕地图，将其中各区域耕地指标与《鹤壁市土地利用总体规划 2006—2020》中 2020 年耕地保有量情况进行比较，如表 5-6 所示。

表 5-6　鹤壁市各区域 2023 年与 2020 年耕地面积及比例对比表

指标 区域	2023 年情景 II 预测耕地		2020 年规划保有耕地	
	面积（km^2）	比例（%）	面积（km^2）	比例（%）
淇县	226. 902	19. 02	229. 49	21. 80
浚县	752. 958	63. 11	620. 05	58. 90
淇滨区	100. 247	8. 40	117. 34	11. 15
山城区	72. 676	6. 09	59. 65	5. 67
鹤山区	40. 218	3. 37	26. 26	2. 49
鹤壁全市	1193. 000	100. 00	1052. 79	100. 00

表 5-6 中可见：如果按照情景 II 的模拟状况发展，则耕地预测结果与鹤壁市实际规划基本一致，总体上可以满足研究区耕地布局稳定性需求。因此，以下主要从耕地面积、空间特征、质量状况三个层面对耕地动态变化趋势进行分析，并对耕地布局稳定性结果予以提炼总结。

一、耕地布局稳定性数量分析

（一）耕地区域总量分析

对情景 II 模拟出的 2023 年耕地图使用 ArcGIS 软件统计汇总后，与 2013 年鹤壁市各区域耕地数量情况对比可以得出表 5-7。表中可见各区域及鹤壁全市的耕地面积在未来均呈现减少趋势，且减少的动态度以数倍的程度远高于1993—2003年与2003—2013年这两个阶段。说明未来十年鹤壁市耕地整体受到工业化与城镇化建设更加强烈的影响，这是区域社会经济发展的必然趋势，但为了耕地的可持续利用应将其影响控制在合理范围内。

表5-7　鹤壁市各区域2013—2023年耕地面积变化表

区域＼指标	2013—2023年	
	减少量（km^2）	减少动态度（%）
淇县	30.860	1.20
浚县	52.419	0.65
淇滨区	11.733	1.05
山城区	16.804	1.88
鹤山区	10.970	2.14
鹤壁全市	122.787	0.93

分析表5-7可知：鹤壁全市的平均减少动态度为0.93%，各区域内仅浚县的耕地减少动态度小于平均值，与此同时，浚县的耕地减少量却最大，高于其他区域达1.699—4.778倍之多，说明浚县在受到社会经济建设重大影响的情况下，依然具备耕地布局稳定性的较高面积优势；淇县与淇滨区动态度相近且水平较低（平均值为1.13%），说明两者在一体化进程中呈现出发展的协调一致性；山城区与鹤山区则呈现出鹤壁市西部山地丘陵区不利于耕种的发展形势，为了生态环境的优化，退耕还林还草工程未来在该区域将继续大力推行。

（二）耕地转移数量分析

对研究区2013年解译图与2023年预测图基于ArcGIS软件叠加分析，可以得到2013—2023年的转移面积矩阵，见表5-8，表中行与列的数值分别表示2013年与2023年鹤壁市各地类的面积情况，从中可了解耕地数量的变化情况。

分析表5-8可知：2023年鹤壁市耕地面积中保留了超过80%的2013年原有耕地，说明耕地布局的数量稳定性较强；耕地数量增加有2.41%来自建设用地，2.33%来自未利用地，可见鹤壁市未来将通过增减挂钩与占补平衡手段促成土地整理与复垦①；耕地数量减少有超过13%被建设用地占用，其主要将被用于实现鹤壁市工业区建成与城市群集聚，耕地变为未利用地仅2.071 km^2，说明未来耕地抛荒情况明显好转。

表5-8　鹤壁市2013—2023年土地利用转移面积矩阵表

2013—2023年（km^2）	耕地	林地	建设用地	水域	未利用地
耕地	1113.926	4.892	175.863	17.488	2.071
林地	6.921	184.760	5.083	15.836	12.389
建设用地	28.780	1.126	336.891	1.664	0.315
水域	15.028	0.234	4.502	35.853	0.236
未利用地	27.844	27.682	3.923	6.042	110.250

从耕地与林地、水域的关系可见：林地占用耕地的面积比2003—2013年增加了4倍，说明鹤壁市未来数年将继续加大丘陵山区退耕还林还草力度；水域未来仍将占用部分耕地，主要用于建设高标准粮田的农田水利及水库。

二、耕地布局稳定性空间分析

（一）耕地重心位置分析

重心通常用于表示物体的几何中心，其同时能够反映事物的中心部位，对耕地重心的研究有助于分辨特定时段的耕地空间变化情况以及空间集中特征。在ArcGIS软件中对使用Dissolve工具可以得到的四期鹤壁市耕地图，使用Calculate Geometry功能统计重心点坐标，结果如下表5-9所示；运用Feature to Point模块可将重心点标识在鹤壁区域图内，如图5-6所示。

① 卢新海，谷晓坤，李睿璞．土地整理［M］．复旦大学出版社，2011.

表 5-9 鹤壁市四期耕地重心坐标表

耕地重心	X 坐标	Y 坐标
1993 年	114°21′28″	35°42′13″
2003 年	114°21′41″	35°42′18″
2013 年	114°21′47″	35°42′13″
2023 年	114°21′59″	35°41′57″

综合分析表 5-9 与图 5-6 可知：1993—2003 年，耕地重心向东北迁移，平面距离 357. 050m；2003—2013 年，耕地重心向东南迁移，平面距离 227. 253m；2013—2023 年，耕地重心继续向东南迁移，平面距离 559. 937m；1993—2023 年间鹤壁市的耕地重心点均处在浚县县界之内，说明浚县长期以来承担着鹤壁市耕地主导区域之职，同时可以看出耕地布局在空间上具有其稳定性。

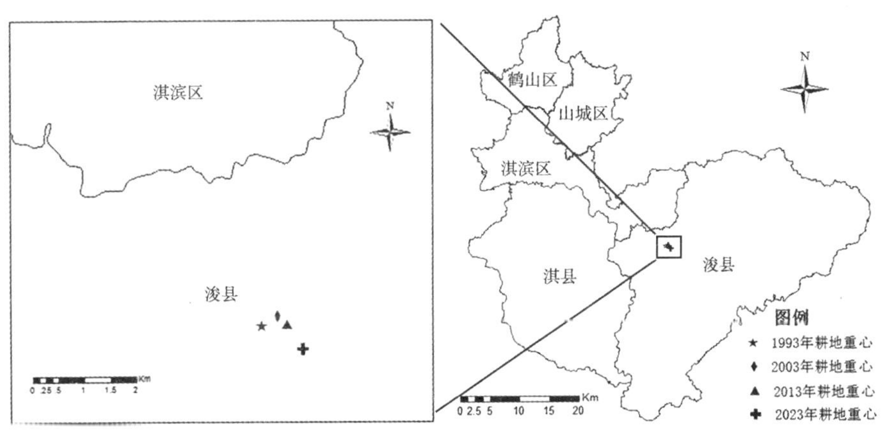

图 5-6 1993—2023 年鹤壁市耕地重心变化示意图

从平面距离变化上看：1993—2023 年间鹤壁市受到“三化”协调发展的影响，耕地重心迁移经历了“剧烈—缓慢—剧烈”三个阶段，其中 2013—2023 年迁移平面距离远大于前两阶段，表明未来浚县高标准粮田建设将不断加强，鹤壁市耕地重心将进一步向浚县内部深入。从总体趋势上看：30 年间鹤壁市耕地重心点不断向东迁移，说明耕地空间上对浚县的依赖性不断加强；先向北后向南的发展趋势，反映了北部城市扩张中对耕地发展的制约作用，以及在鹤壁市南部广大区域中建立高标准粮田的可能性。

（二）耕地转移图谱分析

通过 Spatial Analyst 工具中的重分类将 2013 年的 5 种解译地类定义为 10 的倍数，将 2023 年的 5 种预测地类定义为个位数，再将两幅图像运用地图代数方法进行加法计算，可以得到与耕地相关的 9 种不同的类型转移图谱。其中：有 1 类属于耕地不变类型，11：耕地——耕地；有 4 类属于耕地减少类型，即耕地转移为其他地类，12：耕地——林地、13：耕地——建设用地、14：耕地——水域、15：耕地——未利用地；还有 4 类属于耕地增加类型，即其他地类变为耕地，21：林地——耕地、31：建设用地——耕地、41：水域——耕地、51：未利用地——耕地。

据此方法可绘制出鹤壁市耕地变化转移图谱，如图 5-7 所示，图中可以看出 2013—2023 年间鹤壁市耕地增减变化的空间趋势情况。

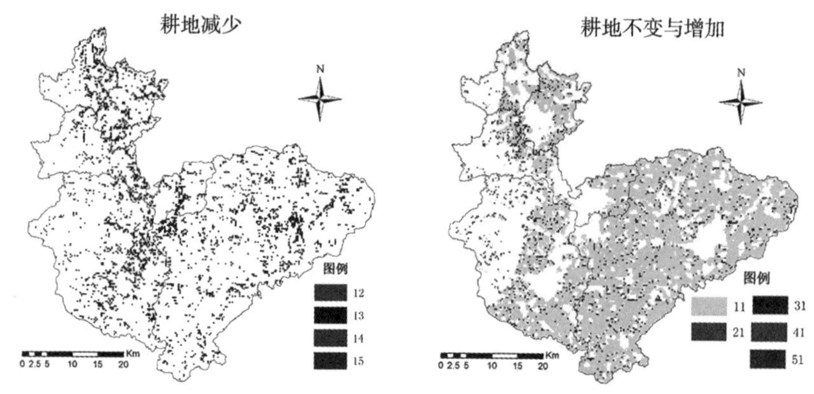

图 5-7　2013—2023 年鹤壁市耕地变化转移图谱

分析上图可知：耕地不变在空间上呈现出较强稳定性，耕地减少趋于集中而耕地增加则趋于分散；耕地减少图件中，减少主要源自建设用地的占用，且主要以围绕原基点向外围扩张以及成片连接多个基点的方式进行，变化最明显的是“鹤淇一体化”区域；耕地不变与增加图件中，明显可见耕地不变区域占据鹤壁市的绝大部分地区，说明鹤壁市的耕地面积优势在未来发展中依然突出；耕地增加遍布于整个鹤壁市界之内，且主要以填补方式存在，高标准粮田建设对基础设施的配套改善将有益于实现耕地的集中连片。

三、耕地布局稳定性质量分析

（一）耕地质量情况分析

依据第三章研究取得的鹤壁市耕地自然质量评价图与情景Ⅱ下的2023年耕地图，运用耕地平均自然质量评价模型方法，可以统计汇总出下表5-10，同时可绘制出图5-8。

分析表5-10可知：与历史情况相比，鹤壁市各区域耕地质量水平在未来十年均呈现下降趋势；除山城区以外的鹤壁市其他区域，耕地平均自然质量均高于80，说明鹤壁市未来仍具备粮食生产核心区竞争力；淇县未来耕地质量水平最高且增减变化最稳定，淇滨区虽然耕地质量水平高但其减少的耕地平均自然质量也过高，使得整体优势下降；耕地质量情况总体上呈现“两县>三区”态势，可见未来鹤壁市高标准粮田布局优化的重点仍在两县。

表5-10 鹤壁市各区域耕地平均自然质量统计表

年份/区域	2023年	2013—2023年		
		不变	增加	减少
淇县	82.702	83.076	83.274	83.485
浚县	81.895	81.960	81.524	82.901
淇滨区	82.769	83.697	80.240	85.205
山城区	79.071	79.168	78.332	80.907
鹤山区	80.665	81.135	78.827	82.619

分析图5-8可知：2013—2023年耕地平均自然质量总体上为“减少>增加”，这也是鹤壁市未来十年耕地质量退化的主要原因；而五个区域耕地平均自然质量“减少>不变”的情况则反映出优质耕地的流失与转移，这种情况不利于耕地可持续利用。

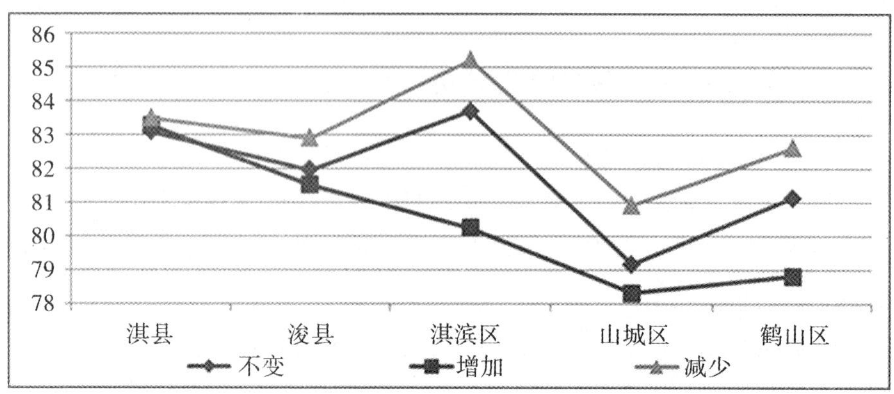

图 5-8　2013—2023 年鹤壁市各区域不同变化类型耕地平均自然质量图

(二) 耕地质量转移分析

将 2013—2023 年鹤壁市耕地转移图谱结合耕地自然质量评价图，可以统计得出耕地质量转移情况，结果如表 5-11。总体上看，转入耕地类型（21、31、41、51）与转出耕地类型（12、13、14、15）趋势相似，说明未来鹤壁市各种地类与耕地的质量交换趋于稳定，耕地占补平衡趋于均衡。

分析表 5-11 可知：耕地与林地以及未利用地之间的转移质量相对较低，且耕地转入（21 与 51）>耕地转出（12 与 15），说明这两种地类对耕地的占用并未造成耕地质量退化；就建设用地来说，转出质量（13）>转入质量（31），说明未来建设用地的扩张占用了优质的耕地，然而两者相差 0.497，表明通过土地整理与复垦可以一定程度补偿耕地损失；水域与耕地之间，农田水利设施占用耕地质量（14）>水域变为耕地质量（41），短期看来耕地质量下降，但通过水利设施建设可以提高灌溉保证率，对未来的农业生产具有长远利益。

表 5-11　鹤壁市 2013—2023 年耕地平均自然质量转移情况表

编码	转移类型	2013—2023 年
11	耕地—耕地	82.170
12	耕地—林地	73.265
13	耕地—建设用地	83.400

续表

编码	转移类型	2013—2023 年
14	耕地—水域	82.221
15	耕地—未利用地	73.806
21	林地—耕地	74.218
31	建设用地—耕地	82.903
41	水域—耕地	81.153
51	未利用地—耕地	74.492

四、耕地布局稳定性分析总结

选择情景 II 下的鹤壁市 2023 年土地利用模拟预测结果，基于数量、空间与质量三个层面进行耕地布局稳定性分析，可以总结出以下结论：

首先，耕地布局稳定性分析结果与鹤壁市未来规划方向相符。将取得的 2023 年鹤壁市耕地面积比例数值与《鹤壁市土地利用总体规划 2006—2020》中 2020 年耕地保有量数值进行对比，可以看出从总量到区域分配上，模拟预测的耕地情况均与未来规划大致相符。同时分析结果中浚县耕地面积占比超过 60%，这与《鹤壁市优化国土空间开发格局规划纲要（2015—2030 年）》中对其农业功能区的定位相一致。

其次，耕地布局稳定性分析结果符合“三化”协调发展趋势。鹤壁市全市特别是浚县在未来 10 年中耕地面积呈现较高稳定性，耕地类型占据区域主导地位，为农业现代化持续发展提供了物质基础；建设用地在未来发展中仍会占用部分耕地，但其主要集中在“一核双星”区域，有助于推动鹤壁市城镇集群及工业区片的建成；位于西部山区的山城区与鹤山区将继续推行退耕还林还草工程与水利设施建设，可有效促进区域生态环境的绿色可持续发展。

最后，耕地布局稳定性分析结果能满足高标准粮田建设要求。耕地重心不断向作为高标准粮田示范区的浚县内部深入，2013—2023 年间耕地增加遍布鹤壁市整个区域，且以填补原有耕地空缺形式存在，有利于实现高标准粮田的耕地集中连片性与田块规模化要求；未来鹤壁市耕地整体质量水平基本达到80以上，且增加的耕地平均自然质量“两县>三区”，这也符合高标准粮田建设的质量水平要求。

总体上看，研究取得的2023年耕地布局稳定性结果符合鹤壁市未来规划、“三化”协调发展与高标准粮田建设要求，能为此后的“三化”协调发展背景下高标准粮田布局优化研究提供参考与依据。

第四节 基于布局稳定性分析的耕地可持续利用探究

通过研究区耕地布局稳定性的相关分析，可以看出鹤壁市未来在耕地稳定发展方面可能存在的一些问题隐患，针对这些问题探讨鹤壁市耕地资源的可持续利用与可持续发展对策，将有助于理清高标准粮田布局优化研究的重要作用。

一、耕地稳定性面临风险挑战

（一）耕地后备资源紧张

由鹤壁市1993—2023年耕地利用变化的研究结果可知，30年间鹤壁市耕地面积总体将持续呈现减少趋势，耕地减少总面积预计达到140.548 km^2。

通过对土地利用转移面积矩阵的考察可得出结论，长期以来耕地增加均主要来源于对未利用地的开发，预测得到的2023年鹤壁全市未利用地总量仅为1993年的43.817%，共减少了160.704 km^2，且其中61.623%贡献于耕地增加。在此基础上考虑鹤壁市地形特征，不利于开发整理的未利用地占总体较大比例，由此可见，未利用地的大幅减少已经使得耕地后备资源基本消耗殆尽。

寻找其他途径缓解耕地数量减少成为亟待解决的问题，通过占补平衡与增减挂钩手段进行的土地复垦整理成为新的出路。然而研究中发现1993—2023年通过这一手段增加的耕地面积仅为44.038 km^2，其与工业化城镇化进程中建设用地占用耕地的284.827 km^2相比显得微不足道。

虽然研究区耕地资源总量丰富，作为全国重要的粮食作物生产基地并不存在威胁耕地红线的境况。但若出现诸如耕地严重灾毁、重大基建工程、军事或国防占用等情况，则补充耕地将面临挑战。严峻的耕地后备资源不足将对未来耕地资源可持续利用产生不利后果，需要敲响警钟。

（二）耕地质量退化堪忧

由鹤壁市 1993—2023 年耕地质量变化的研究结果可知，30 年间鹤壁市耕地质量整体上与数量变化趋势相同，也将持续降低。

基于不同变化类型的耕地质量分析结果可知，虽然 1993—2023 年间，鹤壁全市耕地平均自然质量由“减少>增加”变为“增加>减少”，但未来发展中又将重新变回“减少>增加”且“减少>不变”，可见优质耕地的流失与转移在未来的土地利用与社会经济建设中不可避免，这正是鹤壁市耕地质量退化的主要原因。

耕地质量退化一方面表现为侵占质量优良耕地，另一方面表现为补充质量不高耕地。30 年中林地变为耕地的平均自然质量数值较低，说明以植树造林为主的生态性用地转变为耕地后，不利于区域整体土地质量的提升；同时建设用地占用耕地的质量最高，说明工业化与城镇化发展中占用了大量优质耕地，各种情况综合造成堪忧的耕地质量退化趋势。

鹤壁市的耕地自然质量水平总体上较高，但长期高投高产的高强度利用方式将增大耕地基础地力退化、土壤养分不均衡等质量问题出现的风险。耕地质量退化问题从长期上看会对区域整体可持续发展产生压力，如何保护优质耕地成为解决耕地资源可持续发展的关键性问题。

二、耕地可持续利用对策探究

根据联合国粮农组织在 1993 年发布的《土地可持续利用评价大纲》：当预测出的某类土地利用在未来发展中不会引起土地退化，则说明该土地利用具有可持续性。① 耕地是一种特殊的土地利用类型，耕地资源的可持续利用关乎耕地保护与粮食安全，更关乎国计民生。根据前期分析，研究区未来耕地利用存在诸多隐患：耕地面积减少、耕地质量降低、后备资源

① Smyth A J，Dumanski J，Spendjian G， et al. FESLM：An International Framework for Evaluating Sustainable Land Management. A discussion paper ［J］. World Soil Resources Reports，1993.

不足、耕地质量退化，这些隐患会严重影响研究区未来的耕地可持续利用发展。

实现耕地资源可持续利用的对策包括：从政策法规上保障耕地资源开发利用、从资源配置上提高耕地资源生产效率、从体制机制上协调自然生态效益与社会经济效益。落实到实地层面，保障耕地资源可持续利用就要切实保证耕地数量可持续性与耕地质量可持续性。

对研究区鹤壁市进行高标准粮田布局优化能够从保障耕地数量与质量可持续发展的角度实现耕地资源的可持续利用。一方面，从土地用途管制层面上看，高标准粮田布局优化所划定的区域受到政府保护，因此不存在被其他地类侵占而面积减少的可能性，从而能在未来利用中维持耕地数量可持续性；另一方面，高标准粮田布局优化的实现过程即是资源优化配置过程，必然选择保留耕地质量最优地块并且在未来利用中会继续增强耕地地力水平，从而满足耕地质量可持续性要求。同时，对研究区进行高标准粮田布局优化后，在具体实施过程中通过各项机制体制手段，进一步提升区域的基础设施配套水平、社会化服务水平与自然生态保护水平，最终将有助于社会经济效益与自然生态效益的实现，并能为耕地资源可持续利用提供保障。

第六章　“三化”协调发展下高标准粮田布局优化分析

“三化”协调发展背景下的高标准粮田布局优化分析是在耕地动态变化特征与趋势研究基础上进行的，其核心目标是为“三化”协调发展过程中区域粮食安全战略实施、耕地资源科学规划及可持续利用与管理提供依据。明确高标准粮田布局优化的目标要求与过程方法，构建出相应指标体系，在测算地块平均水平的基础上实现研究区空间、时序与百千万方的布局优化安排，并最终基于各项布局优化结果选择研究区“三化”协调发展的未来战略方向，有助于从土地资源管理层面推动“三化”协调发展进程。

第一节　高标准粮田布局优化目标要求及过程方法介绍

河南省高标准粮田建设具有较为规范的实施目标与达标要求，高标准粮田布局优化正是基于此开展分析的，通过对高标准粮田布局优化的实现路径与计算方法介绍可以为此后具体分析奠定基础。

一、高标准粮田布局优化具体目标

依据《河南省人民政府关于建设高标准粮田的指导意见》，河南省高标准粮田建设的内核要求是“三化”协调发展，因此在高标准粮田布局优化分析中必须充分考虑“三化”协调发展的目标导向。

在指导意见的总体要求中有关于高标准粮田规划目标任务的论述：到

2020 年底，政府将在河南省内打造一批百千万亩方，集中建成 6000 万亩吨粮田。这其中包含了三个层面的高标准粮田布局优化具体目标：（1）“集中建成 6000 万亩吨粮田”，也即是说高标准粮田建设必须在考虑耕地集中连片与粮食亩产的基础上满足具体区域的数量要求，这就要求在高标准粮田“空间布局优化”时依据特定标准筛选出最优耕地进行空间安排；（2）“到 2020 年底”，也即是说高标准粮田建设存在完成的时间限制，因此在高标准粮田布局优化中必须考虑“时序布局优化”，回答怎么在时间上合理有序安排的问题；（3）“打造一批百千万亩方”，也即是说高标准粮田布局优化需要将最终结果细化出百亩方、千亩方与万亩方，这样的“百千万方布局优化”结果才能对实际工作产生指导意义。

依据《鹤壁市人民政府关于建设高标准粮田的实施意见》（鹤政〔2012〕19 号），研究区鹤壁市在河南省建设高标准粮田的整体目标下：“空间布局优化”集中布局在浚县与淇县，需要达到 90.59 万亩（603.934 km^2）的数量要求；“时序布局优化”需要分为近期（2012 年）、中期（2013—2015 年）、远期（2016—2017 年）三个阶段进行建设，并在 2018—2020 年间进行后期配套完善工作；“百千万方布局优化”需要完成 39 个万亩方、79 个千亩方与 46 个百亩方。

二、高标准粮田布局优化达标要求

依据河南省质量技术监督局 2013 年发布的《河南省高标准粮田建设标准》（DB41/T885-2013）以及河南省人民政府制定的《河南省高标准粮田验收认定办法》与《高标准粮田考核办法》的相关规定可以总结出高标准粮田布局优化需要满足的达标要求。

（1）耕地质量要求。高标准粮田布局优化的达标标准离不开对耕地质量的要求，主要体现为耕地质量需要满足土壤有机质肥力较高、耕层质地有利耕作、土体构型障碍较小等要求。

（2）技术服务要求。农业技术服务是实现农业现代化的重要组成要素，在高标准粮田布局优化中需要满足以下三项技术服务要求：农业机械化程度良好、农业化肥施用量合理、农业科技人员配备齐全。

（3）粮食生产要求。高标准粮田不同于其他基本农田最主要体现在

"粮"字，因此其布局优化对粮食生产具有以下三项要求：粮食产量稳定高效，耕种面积能够保障，粮食生产环境符合生态保护要求。

（4）基础设施要求。按照基础设施配套需求，高标准粮田布局优化需要达到以下五项基础设施要求：耕地平整集中连片，灌溉用水具有保障、农业用电满足要求、林地覆盖程度合理、道路通达性能良好。

三、高标准粮田布局优化实现过程

首先，综合考虑"三化"协调发展中工业化、城镇化、农业现代化的发展要求与符合政府规定的高标准粮田布局优化达标要求，构建出"三化"协调发展下的高标准粮田布局优化指标体系，并通过优化权重与熵权值相结合方法求取指标权重，以此实现"三化"协调发展与高标准粮田布局优化的指标对接。

其次，参考土地适宜性评价方法，对各项指标值与权重值通过 ArcGIS 软件进行图层权重叠加处理，逐步测算出高标准粮田布局优化综合水平分值，通过研究区耕地过去与未来变化情况剔除布局优化不稳定区域，并基于地块尺度取得研究区高标准粮田布局优化地块平均水平情况。

最后，基于鹤壁市当地高标准粮田布局优化的三项具体目标，运用综合排序优选方法取得高标准粮田空间布局优化结果，运用逼近理想点方法得出高标准粮田时序布局优化结果，运用 ArcGIS 软件工具得到高标准粮田百千万方布局优化结果，并完成各项结果的乡镇安排。

四、高标准粮田布局优化方法原理

（一）熵权值方法原理

目前研究中比较常用的确权方法包括特尔菲法、层次分析法等方法，然而这些较为主观性的赋值方法存在缺少客观性与针对性的问题，因此对高标准粮田布局优化指标权重的确定，主要采用能够最大限度避免主观因素干扰所产生偏差的熵权值方法。

Claus R 在 1850 年从物理学角度提出熵值概念，其后，Shannon C E 等学者将熵值应用于其他学科领域。[①] 熵权值法的优点在于其主要反映与数据直接相关的结构性与相关性问题，能够减少人为因素扰动。熵权值法最基本的原理是：信息熵与信息量成反比关系，从而信息熵也与熵权值负相关，简而言之就是信息熵的大小决定了指标权重的低高。

该方法的具体公式及步骤如下：首先，构建出包含所有指标的矩阵，其中的每项取值 Z 均使用公式（6.1）处理；其次，使用 Z 值计算信息熵 E，如公式（6.2）；最后，基于信息熵 E 计算各项指标的权重 W，算法参照公式（6.3）。

$$Z_{i,j} = \frac{p_{ij}}{\sum_{i=1}^{m} p_{i,j}} \tag{6.1}$$

$$E_j = -K\sum_{i=1}^{m} Z_{i,j} \ln Z_{i,j} \tag{6.2}$$

式中：$K = 1/\ln m$ 且 K 为常数。

$$W_j = \frac{(1 - E_j)}{\sum_{j=1}^{n}(1 - E_j)} \tag{6.3}$$

（二）图层权重叠加方法原理

现阶段对土地适宜性评价的研究方法主要包括专家逻辑规则方法与图层权重叠加方法。其中，前者主要依赖于专家学者主观上的逻辑分析及规则制定；后者则利用客观数据以及客观方法，将各个指标图层使用 GIS 手段基于相应权重予以叠加实现。图层权重叠加方法具有较高的客观性与可信度，因此研究选用该方法处理分析。

对鹤壁市高标准粮田布局优化综合水平分值的计算，主要来源于指标体系不同层次的指标数值（F）与指标权重（W），在 ArcGIS 软件中使用如下加权求和公式（6.4）进行空间叠加处理。

$$G = \sum_{i=1}^{m} F \times W_i \tag{6.4}$$

对计算结果可以依据数值的范围进行分级，由于高标准粮田布局优化指标经过标准化处理，其结果在 0 到 1 之间，各层权重值总和也为 1，因

① Leeuw K, Moore E F, Shannon C E, et al. Computation by Probabilistic Machines [M]. Automata Studies. 1956: 183-212.

此 G 分值范围仍在 0—1 之间，需要将其数值扩大 100 倍变为百分制。最终可划分 5 个等级，各等级取值范围为：优等（80—100）、良等（60—80）、中等（40—60），低等（20—40），劣等（0—20）。

（三）综合排序优选方法原理

对基于“三化”协调发展的鹤壁市高标准粮田进行空间布局优化，一方面需要满足政府规划的数量要求，另一方面为了达到粮田生产力要求必须尽量选择耕地条件优良的地块。综合排序优选方法可以满足以上两方面要求，其实质是基于高标准粮田布局优化地块平均水平（H）的综合排序优选，目标是在保证地块完整性及地块平均水平 H 值降序排列的前提下，实现相应地块耕地面积（I）累加不小于政府规定的某常量（C）。满足以下公式（6.5）并进行排序累加时，即可实现高标准粮田空间布局优化。

$$\begin{cases} H_i < H_{i+1} \\ \sum_{i=1}^{m} I_i \geq C \end{cases} (i = 1,\ 2,\ 3 \ldots\ldots\ k-1) \tag{6.5}$$

式中：H_i 与 H_{i+1} 分别表示第 i 与 $i+1$ 块高标准粮田布局优化地块平均水平；C 为常数项；k 表示地块总数。

（四）逼近理想点法基本原理

Hwang C L 和 Yoon K 在 1981 年提出的逼近理想点法（Technique Order Preference Similarity Ideal Solution，简称 TOPSIS）是一种重要的多目标决策方法，其将有限个经过标准化处理的评价对象，按照逼近于理想化目标的程度进行排序，从而帮助选择①，其可用于高标准粮田时序布局优化分析。

具体步骤如下：首先，依据统一的标准从所有评价对象目标中确定出最优目标（x^+，y^+）与最劣目标（x^-，y^-）；其次，按如下公式 6.6 和 6.7 分别判定评价对象与最优目标的距离（L^+）与最劣目标的距离（L^-），采用的是二维欧氏距离；再次，使用如下公式 6.8 确定评价对象的逼近度（J）；最后，依据逼近度数值大小按照综合排序优选方法实现时序布局优化目标。

$$L^- = \sqrt{(x - x^-)^2 + (y - y^-)^2} \tag{6.6}$$

① Hwang C L，Yoon K. Methods for Multiple Attribute Decision Making [M]. Springer Berlin Heidelberg，1981.

$$L^{+} = \sqrt{(x - x^{+})^{2} + (y - y^{+})^{2}} \tag{6.7}$$

$$I = \frac{L^{-}}{L^{-} + L^{+}} \tag{6.8}$$

第二节 “三化”协调发展下高标准粮田布局优化指标体系

基于“三化”协调发展的高标准粮田布局优化指标体系，即是由若干反映“三化”协调发展要求与高标准粮田布局优化目标的指标所组成的体系，其是进行研究区高标准粮田布局优化的基础。目前常见的基本农田布局优化研究多是基于自然条件的静态指标方法，考虑到研究区特殊背景，有必要将高标准粮田布局优化与“三化”协调发展进行指标对接，在指标体系中加入除耕地自身条件以外的社会经济与自然生态指标，且在指标选取中加入体现耕地动态趋势变化的布局稳定性指标。在指标权重确定方面，主要从“三化”协调发展角度入手，通过优化方法与熵权值法相结合取得各项指标权重，并最终实现“三化”协调发展下的高标准粮田布局优化指标体系构建。

一、基于双重目标对接的指标选择

根据 Saaty T L 在 1977 年提出的层次分析法（Analytic Hierarchy Process，简称 AHP）理论框架①，可以构建出“三化”协调发展的层次体系。其中：以“三化”协调发展为目标层、“三化”协调发展的内涵要求为准则层、各要求的分项指标为方案层。“准则层”的前两项反映出构成要素，第三项体现内在要求；“方案层”的指标选取主要参考此前对研究区耕地动态变化及驱动机理的分析结论，具体如表 6-1 所示。

---

① Saaty T L. A scaling method for priorities in hierarchical structures [J]. Journal of Mathematical Psychology, 1977, 15 (3): 234-281.

表 6-1 基于 AHP 法的“三化”协调发展层次体系表

<table>
<tr><th>目标层</th><th>准则层</th><th>方案层</th></tr>
<tr><td rowspan="6">“三化”协调发展</td><td rowspan="2">农业现代化</td><td>耕地综合条件</td></tr>
<tr><td>现代化水平</td></tr>
<tr><td rowspan="2">工业化与城镇化</td><td>社会经济条件</td></tr>
<tr><td>基础设施水平</td></tr>
<tr><td rowspan="2">绿色化与可持续化</td><td>生态环境条件</td></tr>
<tr><td>可持续水平</td></tr>
</table>

根据《河南省人民政府关于建设高标准粮田的指导意见》《河南省高标准粮田建设标准》《河南省高标准粮田验收认定办法》以及《高标准粮田考核办法》等相关内容，按照前期总结出的高标准粮田布局优化达标要求，遵循“三化”协调发展的理念内涵，基于现有基础数据和资料信息，可以遴选细化出图 6-1 中的 15 项指标。

由图 6-1 可见：“三化”协调发展不仅是高标准粮田布局优化的指导思想与内核要求，两者在目标定位与指标选择上也具有一致性。从“三化”协调发展角度看，高标准粮田布局优化分析选择的 15 项指标不但包括工业化、城镇化与农业现代化的常规指标，更创新性的增加了“绿色化与可持续化”的 4 项指标，这既符合“三化”协调发展的内在要求，又满足 2015 年后国家大力提倡的“绿色化”发展目标；从高标准粮田布局优化角度看，其中 12 项指标能够充分满足达标要求的具体论述，3 项社会经济条件指标虽然不直接与达标要求对应，但会对高标准粮田布局优化各个方面产生影响作用，而加入“布局稳定性”指标有助于最终的布局优化结果满足未来规划要求。总之，筛选出的 15 项指标既符合“三化”协调发展层次体系的各项要求，又与前期确定的高标准粮田布局优化达标要求相互照应，由此能够实现将“三化”协调发展与高标准粮田布局优化对接的目标，各项指标共同组成了“三化”协调发展下高标准粮田布局优化的有机体系。

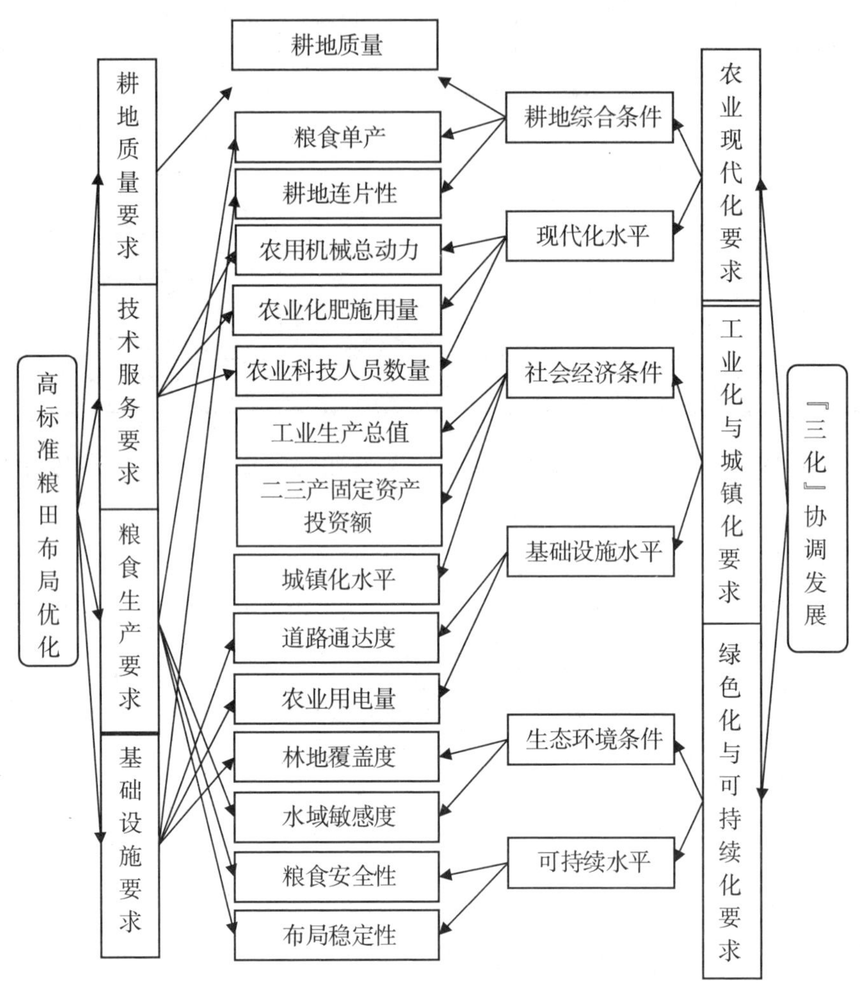

图 6-1 基于“三化”协调发展的高标准粮田布局优化指标图

二、高标准粮田布局优化指标处理

（一）指标说明

耕地质量，使用研究区的耕地自然质量来表征，指标数据来源于第三章研究结论，其包含了坡度、有机质、耕层质地、土体构型与灌溉能力五项指标内涵，是耕地质量要求的主要指标。该指标越高，则说明高标准粮田的质量越高。

粮食单产，使用研究区的粮食作物总产量与粮食作物播种面积的比值来表征，指标数据来源于统计年鉴资料，其是粮食生产要求的主要指标。该指标越高，则说明高标准粮田的产量越稳定高效。

耕地连片性，使用研究区的耕地聚集度指数（AI）来表征，指标数据来源于第三章研究结论，其是基础设施要求的主要指标。该指标越高，则说明高标准粮田的耕地集中连片程度越高。

农用机械总动力，使用研究区的农用机械总动力来表征，指标数据来源于统计年鉴资料，其是技术服务要求的主要指标。该指标越高，则说明高标准粮田的机械化程度越好。

农业化肥施用量，使用研究区的化肥折纯施用量来表征，指标数据来源于统计年鉴资料，其是技术服务要求的主要指标。在合理范围内，该指标越高，则说明高标准粮田的耕地水平越优良。

农业科技人员数量，使用研究区的农业技术服务机构从业人员数量来表征，指标数据来源于统计年鉴资料，其是技术服务要求的主要指标。该指标越高，则说明高标准粮田的农业科技劳动力的投入越多。

工业生产总值，使用研究区的工业生产总值来表征，指标数据来源于统计年鉴资料，其是鹤壁市工业化水平的主要指标。该指标越高，则说明高标准粮田布局受到工业化的影响越大。该指标与高标准粮田布局呈负相关关系。

二三产固定资产投资额，使用研究区的第二产业与第三产业固定资产投资额的总和来表征，指标数据来源于统计年鉴资料，其是体现社会经济发展情况的主要指标。该指标与高标准粮田布局呈负相关关系。

城镇化水平，使用研究区的城镇化率（城镇人口与常住人口的百分比值）来表征，指标数据来源于统计年鉴资料，其是城镇化发展的主要指标。该指标越高，则说明受到城镇化的影响越大。该指标与高标准粮田布局呈负相关关系。

道路通达度，使用研究区农村基础设施统计资料中的道路通达度来表征，指标数据来源于统计年鉴资料，其是基础设施要求的主要指标。该指标越高，则说明高标准粮田布局的道路通达性水平越高。

农业用电量，使用研究区的农业用电量来表征，指标数据来源于统计年鉴资料，其是基础设施齐全的主要指标。该指标越高，则说明高标准粮田布局的农业用电满足程度越高。

林地覆盖度，使用研究区的林地面积进行表征，指标数据来源于统计年鉴资料，其是基础设施要求的主要指标。该指标越高，则说明林地覆盖程度越大，但也一定程度上会对高标准粮田布局起负向影响作用。

水域敏感度，使用研究区到水域重心距离来表征，指标数据来源于第四章研究，其是粮食生产环境的重要指标。该指标数值越小，则说明越接近水域生态区，则越会对高标准粮田布局产生限制影响。

粮食安全性，使用研究区的人均粮食占有量（粮食作物总产量/区域总人口）进行表征，指标数据来源于统计年鉴资料，其是粮食生产要求的重要指标。该指标值越高，则说明高标准粮田的粮食生产安全性能越强。

布局稳定性，使用研究区的布局稳定性来表征，指标数据来源于第五章研究，其是粮食生产要求的重要指标。将基于情景 II 的土地利用预测结果进行指标设定，耕地设为 1、林地设为 0.4、建设用地设为 0.6、水域设为 0、未利用地设为 0.8，以此确定高标准粮田布局的可持续发展稳定性。

（二）指标处理

由于上述高标准粮田布局优化 15 项指标有正、负两种相关性，因此可使用极差变换方法对指标进行标准化处理，正、负相关性标准化公式如下所示。经过处理后，所有指标的取值范围均在 0—1 之间，实现了不同量纲指标间的可对比性，最终的鹤壁市高标准粮田布局优化指标标准化结果见附表 4。

正相关标准化公式：$$P_{i,j}=\frac{Q_{i,j}-\min(Q_j)}{\max(Q_j)-\min(Q_j)} \tag{6.9}$$

负相关标准化公式：$$P_{i,j}=\frac{\max(Q_j)-Q_{i,j}}{\max(Q_j)-\min(Q_j)} \tag{6.10}$$

受到数据可获得性与可整合性限制，研究中以鹤壁市统计年鉴资料为来源的指标仅能细分到 5 个县区，这一局限可望在未来相关研究中予以完善。最终在 ArcGIS 软件中可以得出经过标准化处理的 15 张鹤壁市高标准粮田布局优化指标图。

三、基于“三化”协调发展的权重确定

从“三化”协调发展层次体系入手，可以逐步确定出 15 项高标准粮

田布局优化的指标权重。为了实现目标层的“协调发展”要求，需要对准则层三项指标进行均衡的权重赋值，考虑到鹤壁市的粮食生产核心区主导地位，相应增加农业现代化指标权重，最终确定准则层的权重优化方案：农业现代化权重占40%，工业化与城镇化权重占30%，绿色化与可持续化权重占30%。方案层下的二级指标权重使用熵权值方法确定，具体结果如表6–2至表6–4所示。综合运用权重优化方法与熵权值方法取得高标准粮田布局优化指标权重，有利于实现主客观方法的结合从而提高研究精度。

（一）农业现代化层面

结合表6–1与图6–1可以看出，方案层的“耕地综合条件”与“现代化水平”共同组成准则层的“农业现代化”指标，因此可对方案层下的6项二级指标统一运用熵权值方法进行权重求取，结果如表6–2所示。

表6–2　熵权值法农业现代化指标权重表

二级指标	信息熵	熵权值（%）
耕地质量	0.835	7.25
粮食单产	0.723	12.16
耕地连片性	0.578	18.51
农用机械总动力	0.476	22.99
农业化肥施用量	0.549	19.81
农业科技人员数量	0.561	19.28

由得出的熵权值可知：“现代化水平”的三项指标所占权重较高。也即是说，对于目前的农业生产而言，耕地的基本综合条件短时间内在自然层面上迅速提升的可能性不高，但是现代化手段与技术及人员配置的升级则能够有效地促进农业现代化建设。

（二）工业化与城镇化层面

方案层的“社会经济条件”与“基础设施水平”共同组成准则层的“工业化与城镇化”指标，对其下的5项二级指标进行权重计算，结果如表6–3所示。

表 6-3 熵权值法工业化与城镇化指标权重表

二级指标	信息熵	熵权值（%）
工业生产总值	0.654	23.22
二三产固定资产投资额	0.844	10.44
城镇化水平	0.645	23.80
道路通达度	0.524	31.93
农业用电量	0.842	10.61

由得出的熵权值可知：道路通达度是“工业化与城镇化”的最重要指标，而工业生产总值与城镇化水平直接反映了“工业化与城镇化”的要求，其权重数值也很高。可见，政府应该在道路等基础设施优先完善的前提下，积极推动区域工业化与城镇化的发展与建设。

（三）绿色化与可持续化层面

方案层的“生态环境条件”与“可持续水平”共同组成准则层的“绿色化与可持续化”指标，对其下的 4 项二级指标求取权重，结果如表 6-4 所示。

表 6-4 熵权值法绿色化与可持续化指标权重表

二级指标	信息熵	熵权值（%）
林地覆盖度	0.785	22.45
水域敏感度	0.857	14.94
粮食安全性	0.663	35.23
布局稳定性	0.738	27.39

由得出的熵权值可知：“可持续水平”的两项指标权重均高于“生态环境条件”的权重。可见，对于“绿色化与可持续化”而言，只有在确保粮食安全与耕地可持续利用的基础上，生态环境保护的发展目标才能真正实现，高标准粮田不牺牲农业、粮食、生态与环境的未来发展模式才得以推进。

第三节　基于“三化”协调发展的高标准粮田布局优化结果

由此前研究构建出的“三化”协调发展下高标准粮田布局优化指标体系可知，15 项指标的选取符合高标准粮田布局优化要求，而指标权重主要基于“三化”协调发展层次体系取得。以下研究将指标与权重通过图层权重叠加方法处理，并进一步在耕地分布范围内得出研究区的高标准粮田布局优化地块平均水平，在此基础上运用综合排序优选方法与逼近理想点法进行高标准粮田的时空与百千万方布局优化，同时分析了各项高标准粮田布局优化的具体乡镇安排。

一、高标准粮田布局优化水平测算

（一）准则层指标导向分级

使用 15 张指标图作为基础，各指标权重由熵权值方法取得，基于三个准则层通过图层权重叠加方法在 ArcGIS 软件中进行空间叠加处理，并依据等级划分原则对处理结果进行分级。最终得到图 6-2。

基于对“三化”协调发展三个准则层指标的横向观察可以看出，高标准粮田布局优化的劣等地主要集中在鹤壁市西北部市区（鹤山区、山城区、淇滨区）部分，而优等地块的范围则包含了两县（淇县、浚县），说明对研究区的高标准粮田布局应主要集中于两县区域。

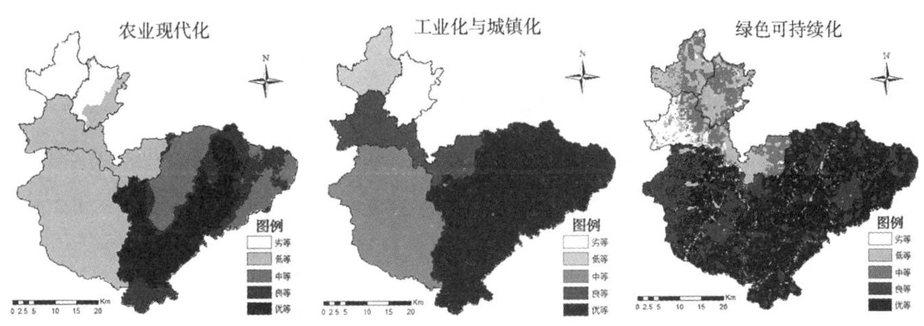

图 6-2　鹤壁市高标准粮田布局优化准则层指标导向分级图

进一步分市县对 15 项指标进行纵向观察，可以揭示高标准粮田布局优化中的限制性因素。鹤山区的主要问题在农业现代化层面表现为粮食单产较低、耕地连片性差、农用机械化不足、化肥施用量偏低以及农业科技人员数量较少；在工业化与城镇化层面则受到道路通达度的制约；绿色化与可持续化层面的粮食安全性与布局稳定性均最低。山城区的耕地质量低是其农业现代化的制约因素；城镇化水平与农业用电量不足是其工业化与城镇化的缺陷。淇滨区的二三产固定资产投资过高，说明该区域的工业化与城镇化建设对耕地的侵害可能性高于其他区域。淇县与淇滨区内在的“一体化”联系，使其存在共同的高标准粮田布局制约，淇县的工业生产总值最高可能成为耕地可持续发展的隐患。浚县的林地覆盖度最高，一方面体现了生态性能的优越，但另一方面需要注意林地保护对高标准粮田布局的制约作用。

（二）目标层综合水平分级

使用与准则层相同的处理方法，按照此前取得的“三化”协调发展权重优化方案对三个准则层进行叠加处理，计算出的分值结果处于 21. 850—88. 814 之间。由于不存在 20 以下的分值，因此仅分为 4 个等级，结果如图 6-3 所示。

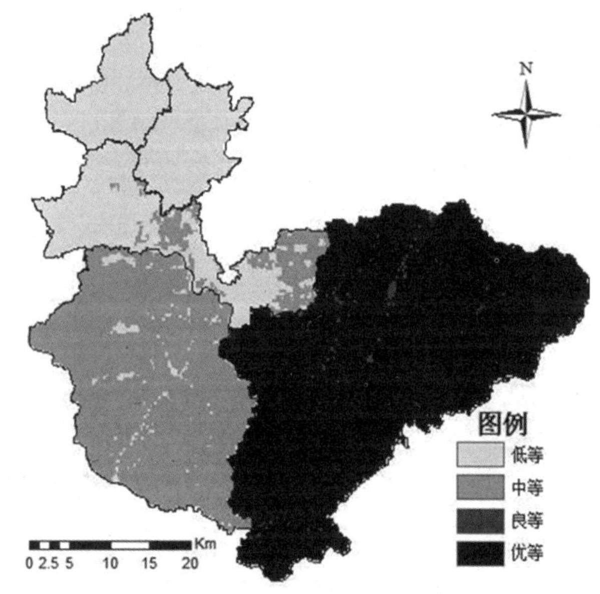

图 6-3　鹤壁市高标准粮田布局优化目标层综合水平分级图

分析图 6-3 可知：鹤壁市的高标准粮田经过“三化”协调发展权重优化后不存在劣等地，这体现了其粮食主产区的优越性。优等及良等地仅存在于浚县县域内，毋庸置疑，浚县是鹤壁市高标准粮田建设的最主要核心区域；中等地主要分布于淇县全域以及淇滨区中东部，在高标准粮田建设中主要应侧重于对耕地现有条件的改良优化与提高；山城区与鹤山区整体处于低等水平，区域本身的多项限制性因素使其不适宜被考虑进入高标准粮田建设体系之内。

（三）耕地稳定性划定分析

考虑到 1993 年以来鹤壁市土地利用类型的时空变化情况，1993、2003、2013 年土地利用类型图中的建设用地、水域、林地、未利用地这四类区域均存在改变耕地利用类型的不稳定性，属于高标准粮田布局优化中的历史限制建设区域范围；相应地考虑鹤壁市 2023 年预测情景 II，其中其他地类也存在对耕地的潜在改变，应划入未来限制建设区域范围。将鹤壁市过去与未来其他地类予以剔除，可以得到耕地稳定性最优区域，该区域的划定有利于高标准粮田布局优化目标的实现。

将三期土地利用类型图以及 2023 年预测土地利用图中的耕地部分进行 Intersect 叠加分析，可以得到鹤壁市的耕地稳定区域。用其在 ArcGIS 软件中裁剪上文高标准粮田布局优化目标层综合水平分级图，即可得到高标准粮田布局优化综合水平图，如图 6-4 所示。

在 ArcGIS 软件中通过重分类对图像进行统计分析，最终分四个等级统计出表 6-5。表中各等级耕地面积总和为 1082. 040 km^2，与《鹤壁市土地利用总体规划 2006-2020》中 2020 年耕地保有面积 1052. 790 km^2相比，仅略大 29. 250 km^2，说明经过耕地稳定性判定所取得的鹤壁市耕地面积符合实际土地利用规划要求。然而需要注意的是低等耕地仍占到 13. 08%，其不适用于高标准粮田建设，需要在后续研究中予以调整剔除。

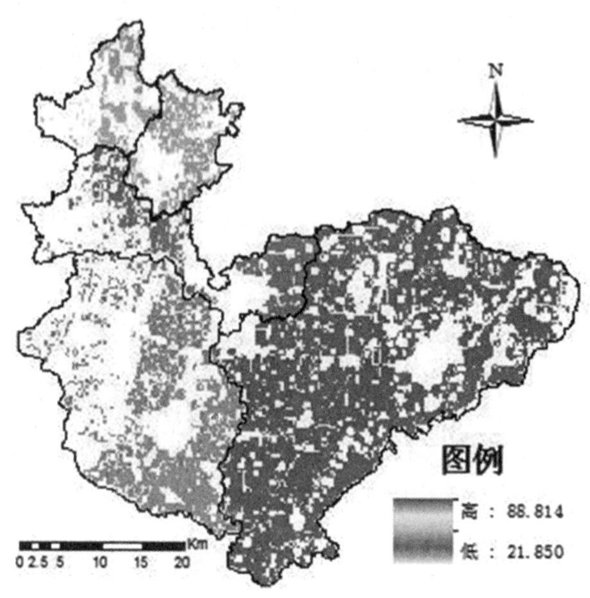

图 6-4 鹤壁市高标准粮田布局优化综合水平图

表 6-5 鹤壁市高标准粮田布局优化综合水平等级汇总表

等级	水平划分	面积（km^2）	比例（%）
优等	100—80	673. 544	62. 25
良等	80—60	4. 384	0. 41
中等	60—40	262. 588	24. 27
低等	40—20	141. 524	13. 08

（四）基于地块的水平测算

鹤壁市高标准粮田布局优化的综合水平结果在规划管理层面并不具有实际应用指导性，需要进一步处理，使其有利于区域信息化管理需求。目前土地利用布局规划的信息化应用广泛，基于行政村或地块的最小评价单元选择是主流趋势，从地块层面进行的平均布局水平测算及高标准粮田划定将有利于各项布局规划与建设实施开展。

基于河南省耕地地力评价数据库可以取得耕地资源评价单元作为基础地块和最小单元，通过 ArcGIS 软件实现高标准粮田布局优化综合水平与地块单元的空间连接，最终可以得到包含 1256 块耕地地块的高标准粮田布局优化地块平均水平图，其中地块面积平均值为 0.712 km^2，反映出鹤壁市较为显著的耕地地块规模连片性，如图 6-5 所示。

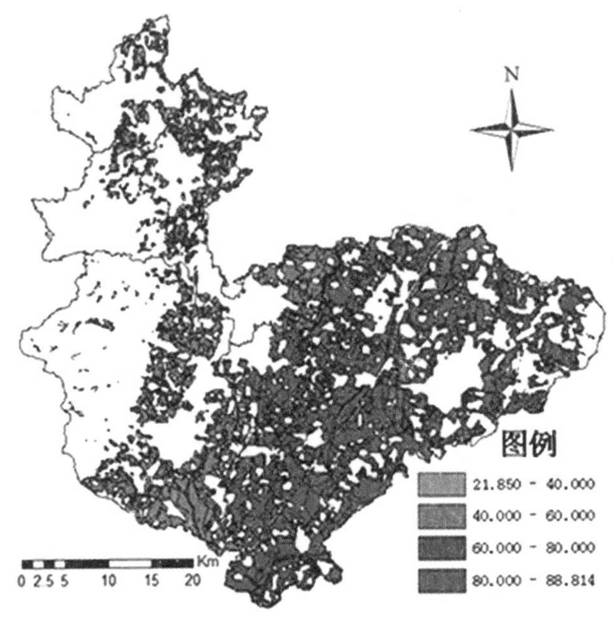

图 6-5　鹤壁市高标准粮田布局优化地块平均水平图

二、高标准粮田空间布局优化结果

对鹤壁市的研究无论从耕地利用变化角度、耕地质量变化角度或者耕地模拟预测角度看，浚县与淇县的多个方面指标均呈现出其他区域无可比拟的优越性。虽然就鹤壁市高标准粮田布局优化综合水平上看，淇滨区的部分区域也属于中等水平，然而，其在鹤壁市城市规划中的主导发展方向并不利于高标准粮田的建设布局。因此，依据研究的各项结论最终确定鹤壁市高标准粮田布局优化的重心应放在浚县与淇县，而 2012 年鹤壁市政府下发的《鹤壁市人民政府关于建设高标准粮田的实施意见》（鹤政〔2012〕19 号）也正印证了这一结论。

表 6-6 鹤壁市两县高标准粮田耕地面积比较表

面积（km^2） 区域	布局优化水平结果	政府规划要求结果
浚县	574.623	494.867
淇县	152.363	109.067

对比表 6-6 中两类结果下浚县与淇县的高标准粮田耕地面积情况可以看出：布局优化水平结果总体符合规划要求，并且两县耕地面积均略高，因此可以进一步择优筛选。

（一）高标准粮田空间布局优化

结合鹤壁市高标准粮田政府规划实际要求，运用综合排序优选方法：H 值使用取得的布局优化地块平均水平数值；浚县 C 值为 494.867、淇县为 109.067；浚县的 k 值为 576、淇县为 233。经过筛选最终得到符合要求的地块数共 581 块，其中浚县 459 块、淇县 122 块；高标准粮田布局优化后的耕地总面积 606.338 km^2，其中浚县 494.943 km^2、淇县 111.395 km^2。在 ArcGIS 软件中，可呈现使用综合排序优选方法得到的高标准粮田空间布局范围，如图 6-6。

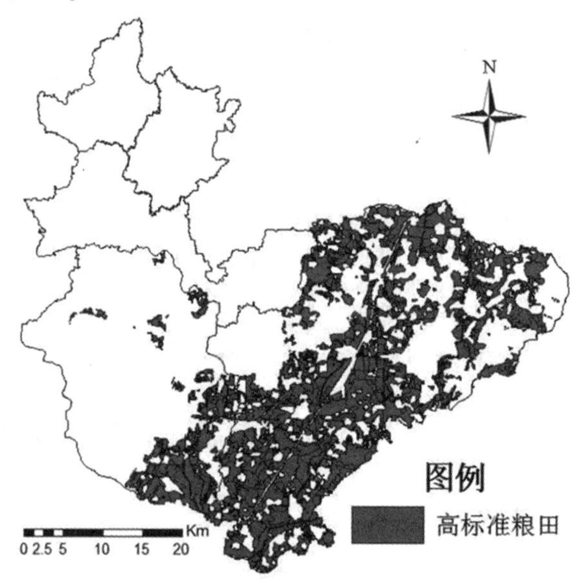

图 6-6 鹤壁市高标准粮田空间布局优化图

分析图 6-6 可知：鹤壁市高标准粮田的空间布局优化结果呈现出集中于东部和南部开阔平原区域的特征；其平均地块面积高达 1.044 km^2，是综合排序优选前的 1.466 倍，表现出更加集中连片的趋势；而未被选入的地块则更加靠近鹤壁市的“一核（鹤淇一体化）双星（山城鹤山一体化、浚县）”周边，其成为未来鹤壁市工业化与城镇化建设的“预留区”，更是农业现代化发展的有效“缓冲区”。

（二）高标准粮田乡镇空间安排

落实到乡镇级别的高标准粮田空间布局安排对政府的土地管理工作具有很大现实意义，通过 ArcGIS 软件可以汇总统计出鹤壁市两县中高标准粮田布局优化涉及的具体乡镇面积，实现乡镇空间安排，结果如表 6-7 所示。

表 6-7　鹤壁市高标准粮田乡镇空间安排表

区域	乡镇名	面积（km^2）	比例（%）
浚县	白寺乡	52.067	10.52
	城关镇	1.965	0.40
	黎阳镇	43.160	8.72
	农场	7.669	1.55
	善堂镇	59.310	11.98
	屯子镇	66.498	13.44
	王庄镇	49.934	10.09
	卫贤镇	54.610	11.03
	小河镇	74.483	15.05
	新镇镇	85.247	17.22
	小计	494.943	100.00
淇县	北阳镇	38.887	34.91
	朝歌镇	5.371	4.82
	高村镇	14.732	13.23
	黄洞乡	1.175	1.05
	庙口镇	6.715	6.03
	桥盟乡	9.403	8.44
	西岗镇	35.111	31.52
	小计	111.395	100.00

表6-7中可见，新镇镇、小河镇、屯子镇、善堂镇、卫贤镇、白寺乡、王庄镇这七个乡镇占浚县高标准粮田面积的89.33%，其将成为高标准粮田建设项目的主要区域；北阳镇、西岗镇、高村镇这三个乡镇占淇县高标准粮田面积的79.66%，也将承担主要建设工程任务。选取主导乡镇建立高标准粮田示范区，有助于高标准粮田的建设与实施，更有利于专项资金的拨放与利用。

三、高标准粮田时序布局优化结果

对基于“三化”协调发展的鹤壁市高标准粮田进行时序布局优化安排，不仅要考虑地块平均水平的高低，更应该考虑特定地块距离最优地块与最劣地块的距离，这样才能在实际项目实施中集中力量、集中区域的进行相关建设。

（一）高标准粮田时序布局优化

对鹤壁市高标准粮田的时序布局优化主要采用逼近理想点法，设定高标准粮田布局优化地块平均水平最高值与最低值的地块分别为理想化的最优目标与最劣目标，在ArcGIS软件中测算所有地块与目标地块的欧几里得距离并测算逼近度数值，最终依据逼近度数值进行时序布局安排。根据自然间断点分级法将时序分为近期、中期与远期三类，具体如图6-7（a）所示。

依据浚县与淇县人民政府出台的高标准粮田建设规划中分“近期、中期、远期”三个阶段建设的面积目标要求，可将自然间断法得到的三期建设区域面积依据逼近度数值降序排列得到高标准粮田时序布局优化面积，具体见表6-8，并按布局优化结果绘制出图6-7（b）。

表6-8 鹤壁市高标准粮田时序布局优化面积调整表

面积（km^2）/时序	浚县			淇县		
	自然间断	政府规划	布局优化	自然间断	政府规划	布局优化
近期	200.377	68.033	68.140	53.526	14.200	15.957
中期	178.630	220.625	222.293	47.329	67.267	68.034
远期	115.936	206.209	204.510	10.540	27.600	27.404
合计	494.943	494.867	494.943	111.395	109.067	111.395

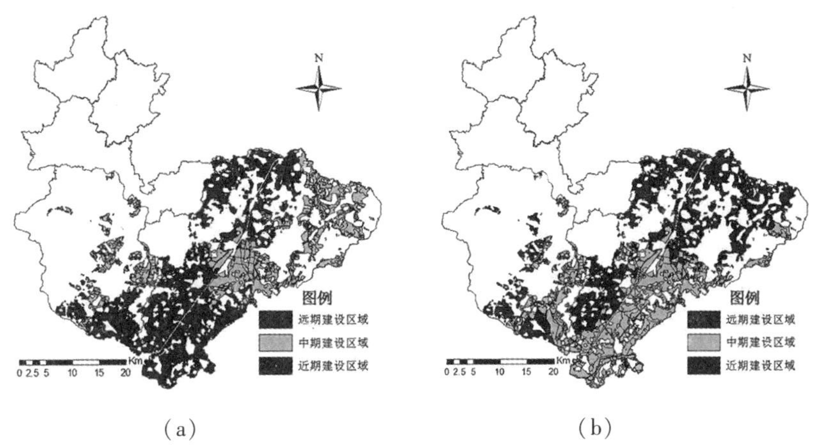

图 6-7 鹤壁市高标准粮田时序布局优化图（左图为 a，右图为 b）

分析图 6-7 可知：鹤壁市高标准粮田时序布局优化以中南部平原腹地为基础，呈现出由圈层式逐步向外推进的趋势；时序布局优化结果的三期面积明显呈现出“近期小—中期大—远期中”的分布特征，能够达到“近期试探摸索—中期大量投建—远期稳固提升”的目的，这样的时序安排有利于高标准粮田建设项目的实施，更有助于人力及物力的节省与集约高效利用，能够切实提高建设效率。

（二）高标准粮田乡镇时序安排

高标准粮田时序布局优化要落实到具体乡镇，才有利于规划项目的安排制定。运用 ArcGIS 软件统计出鹤壁市高标准粮田乡镇时序安排情况，如表 6-9。

表 6-9 鹤壁市高标准粮田乡镇时序安排表

区域	乡镇名	近期面积（km^2）	中期面积（km^2）	远期面积（km^2）	三期总面积（km^2）
浚县	白寺乡	11.375	27.558	13.133	52.067
	城关镇	–	1.826	0.138	1.965
	黎阳镇	–	19.068	24.092	43.160
	农场	–	2.279	5.390	7.669
	善堂镇	–	13.985	45.325	59.310

续表

区域	乡镇名	近期面积（km^2）	中期面积（km^2）	远期面积（km^2）	三期总面积（km^2）
	屯子镇	-	-	66.498	66.498
	王庄乡	-	-	49.934	49.934
	卫贤镇	52.986	1.624	-	54.610
	小河镇	-	74.483	-	74.483
	新镇镇	3.779	81.468	-	85.247
	小计	-	-	-	494.943
淇县	北阳镇	15.941	9.455	13.491	38.887
	朝歌镇	-	5.371	-	5.371
	高村镇	-	12.838	1.894	14.732
	黄洞乡	-	-	1.175	1.175
	庙口镇	-	-	6.715	6.715
	桥盟乡	-	5.274	4.129	9.403
	西岗镇	0.016	35.095	-	35.111
	小计	15.957	68.033	27.404	111.395

分析7-10可知：浚县高标准粮田近期主要建设卫贤镇，中期以新镇镇和小河镇为主、白寺乡为辅，远期则着重于屯子镇和王庄镇、善堂镇；淇县近期主要建设北阳镇，中期以西岗镇和高村镇为主、北阳镇为辅，远期则着重于北阳镇剩余区域。可见，在鹤壁市乡镇高标准粮田时序布局优化安排中，充分体现了主导乡镇集中建设的原则，同时以主导乡镇带动周边区域更符合实际需求。

四、高标准粮田百千万方优化结果

为贯彻执行2012年出台的《中共中央国务院关于加快推进农业科技创新持续增强农产品供给保障能力的若干意见》，全国各省市，特别是农业大省，相继开展“百千万”高标准示范粮田规划。① 因此，对“三化”协调发展下鹤壁市高标准粮田进行百千万方布局优化安排有其必要性。

① 新华社．中共中央国务院关于加快推进农业科技创新持续增强农产品供给保障能力的若干意见［J］．现代农业装备，2012（1）：6-11.

（一）高标准粮田百千万方布局优化

依据《鹤壁市高标准粮田“百千万”工程建设规划（2012—2020）》的划分标准，耕地连片面积：[0.067，0.667）km^2为“百亩方”；[0.667，6.667）km^2为“千亩方”；[6.667，∞）km^2划为“万亩方”。将鹤壁市高标准粮田空间布局优化结果与政府规划要求中两县的百千万方面积进行比较可知：高标准粮田空间布局优化结果中两县的万亩方均小于政府规划要求，而千亩方和百亩方则远大于规划需要。因此，应将其在 ArcGIS 软件中使用 Eliminate 工具进一步处理，通过将小图斑合并到周围临近图斑中，实现耕地地块融合与零碎地块消除，并最终得出两县的百千万方布局优化结果，具体见图 6-8。其中，基于高标准粮田空间布局优化的百千万方划分如图 6-8（a）、最终的百千万方布局优化安排如下图 6-8（b），依据图 6-8 可统计出图 6-10。

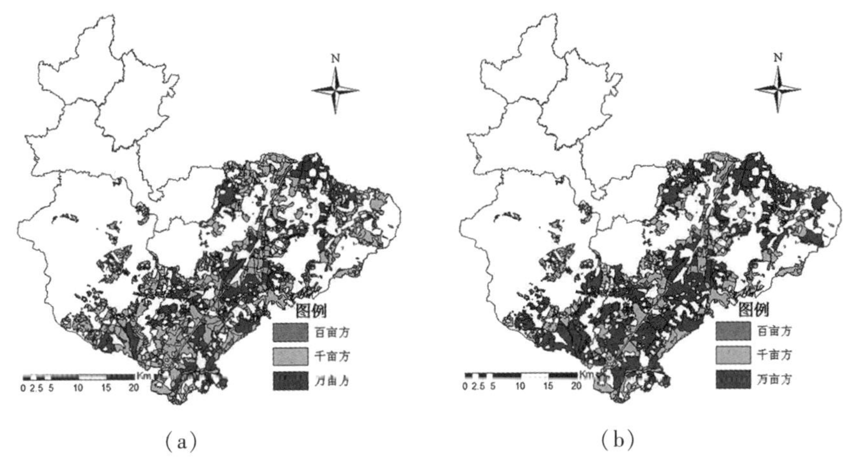

（a）　　　　（b）

图 6-8　鹤壁市高标准粮田百千万方布局优化图（左图为 a，右图为 b）

分析图 6-8 可知：鹤壁市高标准粮田百千万方布局优化后，将呈现出明显的地块集聚效应，百亩方和千亩方所占面积比重显著下降，万亩方的主导地位凸显；ArcGIS 软件方法对临近地块间边界的消除，在实际工作中可以通过田坎平整等土地整理手段进行处理；在“三化”协调发展背景下进行高标准粮田百千万方布局优化，能够促使鹤壁市粮田实现真正意义上的集中连片。

表 6-10　鹤壁市高标准粮田百千万方块数调整表

时序＼数量（块）	浚县			淇县		
	标准划分	政府规划	布局优化	标准划分	政府规划	布局优化
百亩方	243	24	136	59	22	32
千亩方	141	60	86	40	19	21
万亩方	15	27	20	2	12	5

分析表 6-10 可知：经过布局优化后的百亩方与千亩方块数有了大幅缩减，其能够很好地满足政府规划要求；虽然布局优化后万方块数小于政府规划，但从实际面积上看，浚县万亩方达到 269.785 km^2，淇县达到 63.611 km^2，比实际规划面积分别仅小了 36.788 km^2和 24.522 km^2，也即是仅少了 5 个和 3 个万亩方，但调整结果严格按照临近融合规则，减少了规划的盲目性，也更加符合“宜大则大，宜小则小”的布局原则。

（二）高标准粮田乡镇百千万方安排

高标准粮田百千万方是以乡镇为单位进行的，依据前期从时空布局优化角度总结出的主导乡镇，可在 ArcGIS 软件中统计出鹤壁市各主要乡镇所涉及的百亩方、千亩方、万亩方建设数量和面积，如表 6-11。

表 6-11　鹤壁市高标准粮田乡镇百千万方安排表

区域	乡镇名	百亩方		千亩方		万亩方	
		数量（块）	面积（km^2）	数量（块）	面积（km^2）	数量（块）	面积（km^2）
浚县	白寺乡	24	7.673	10	22.990	1	15.498
	善堂镇	11	2.270	12	25.970	4	40.137
	屯子镇	16	5.422	21	40.129	2	22.071
	王庄乡	9	1.804	3	5.266	2	42.166
	卫贤镇	12	3.093	5	14.532	4	46.658
	小河镇	11	2.255	11	24.172	3	52.194
	新镇镇	11	3.236	11	33.032	3	39.128
	小计	94	25.753	73	166.091	19	257.852

续表

区域	乡镇名	百亩方		千亩方		万亩方	
		数量（块）	面积（km^2）	数量（块）	面积（km^2）	数量（块）	面积（km^2）
淇县	北阳镇	1	0.644	12	10.760	2	29.662
	高村镇	-	-	5	10.214	1	9.952
	西岗镇	2	0.736	2	4.483	2	23.998
	小计	3	1.380	19	25.457	5	63.612

分析表6-11可知：鹤壁市高标准粮田的各个主要乡镇中，万亩方建设的主导乡镇为浚县的小河镇、卫贤镇、王庄乡和淇县的北阳镇、西岗镇；千亩方建设的主导乡镇为浚县的屯子镇、新镇镇、善堂镇和淇县的北阳镇、高村镇；百亩方建设的主导乡镇为浚县的白寺乡和淇县的西岗镇。在未来基于“三化”协调发展的鹤壁市高标准粮田百千万方建设中，应充分考虑乡镇的不同优势与特色，建立高标准粮田百千万亩方示范标志促进农业现代化水平提升。

第四节　基于布局优化结果的“三化”协调发展战略选择

基于“三化”协调发展的高标准粮田布局优化结果实现了高标准粮田空间、时序与百千万方三个层面的具体目标要求，对其各项结果的分析也将从工业化与城镇化、农业现代化、绿色化与可持续化三个层面影响研究区“三化”协调发展的未来战略选择。

一、兼顾耕地保护与工业化城镇化发展

基于研究区高标准粮田布局优化各项结果，总体上看鹤壁市耕地资源优势明显；依据高标准粮田布局优化地块平均水平图明显可见，鹤壁市的优质耕地集中分布于浚县与淇县所处的中东部平原区。综合参考《鹤壁市人民政府关于建设高标准粮田的实施意见》可知，鹤壁市两县的高标准粮田耕地面积数量均高于政府实际规划要求，这说明对高标准粮田的布局优

化完全可以按照择优筛选的原则进行。同时实证性的综合排序优选方法也证明了研究区高标准粮田的空间布局优化结果能够满足耕地数量指标、地块完整性以及布局优化水平要求，并且通过高标准粮田主导乡镇示范区建设，能够很好地实现耕地保护的数量与质量要求。

依据《鹤壁市土地利用总体规划 2006—2020》以及《鹤壁市人民政府关于印发鹤壁市优化国土空间开发格局规划纲要（2015—2030 年）的通知》（鹤政〔2016〕1 号），鹤壁市政府对于其全域的土地功能区划及发展方向定位具有较为完善的规划。其中提出鹤壁市作为国家“一带一路”的辐射区域以及河南省城乡一体化试点城市应积极加强基础设施建设及产业发展对接，未来的“三化”协调发展应以“鹤淇一体化”（淇滨区与淇县）的“一核”、老城区（山城区与鹤山区）及浚县县城的“双星”为工业化与城镇化建设重点。结合此前取得的鹤壁市高标准粮田空间布局优化结果可知，未入选区域主要集中于“一核双星”周边，有利于满足未来研究区工业化与城镇化发展外扩进程中对土地的需求。

对耕地保护与工业化城镇化发展的统筹兼顾，需要平衡两者对土地占用的矛盾。在未来工业化与城镇化建设快速发展的进程中，通过高标准粮田布局优化实现土地功能分区，可以有效保障耕地与粮食安全。

二、提升规模连片性与农业现代化水平

鹤壁市耕地地块规模连片性水平总体较高，依据高标准粮田布局优化地块平均水平图可见，地块面积平均值达到 0.712 km^2。然而比对《河南省人民政府关于建设高标准粮田的指导意见》中有关百千万方的划分标准可知，布局优化水平中的两县万亩方小于政府建设要求，而百、千亩则远大于需求，因此在实际工作层面需要通过土地整治与土地流转等手段促进耕地地块连片性的提升，将破碎地块集中连片的建设起来，最终达到政府规划要求。研究通过 ArcGIS 软件进行临近零碎地块的合并融合，实现了研究区高标准粮田百千万方“宜大则大，宜小则小”的布局优化，对各具特点的主导乡镇建立高标准粮田百千万方示范标志更有助于稳固规模连片性成果。

依据《国务院关于印发全国农业现代化规划（2016—2020 年）的通

知》（国发〔2016〕58 号），并参照前期研究基于双重目标对接的指标框架体系，可以看出农业现代化不但要求耕地质量水平与粮食生产能力具有保障，更对农业技术装备与农业规模经营提出更高要求。包括农业机械化与农作物化肥施用在内的各项农业技术装备要求，都需要基于耕地的集中连片才得以实现：通过高标准粮田的中低产田改造工程、土地整理以及各项田间工程，未来农业现代化水平将得以不断提高；农业规模经营则主要是通过农村土地承包经营权流转推动的，高标准粮田区的这种土地流转将从土地产权角度满足耕地的规模化要求，从而实现农业现代化节约、集约、规模、高效的发展。

提高耕地的规模连片性不但是高标准粮田的百千万方布局优化要求，也是“三化”协调发展中实现农业现代化的必由之路，在研究区未来的建设中应注重通过各种政策制度及工程技术手段推动农业现代化发展。

三、理顺资源布局与绿色可持续化关系

基于研究区高标准粮田布局优化的具体目标，有必要通过时序布局优化在一定时限内合理安排高标准粮田建设进度。依据高标准粮田布局优化地块平均水平高低，采用逼近理想点法实证性的对鹤壁市两县进行逼近度测算与排序，参照鹤壁市《高标准粮田“百千万”工程建设规划（2012—2020）》中的“近中远”三期进度规划要求，最终取得具有“近期小—中期大—远期中”特征的高标准粮田时序布局优化结果，并可选定主导乡镇。研究区时序布局优化结果得到的“近期试探摸索—中期大量投建—远期稳固提升”方针，有利于对存量耕地资源的合理开发、谨慎利用与稳固提升，能充分体现出可持续性发展要求。

依据《河南省人民政府关于印发河南省国民经济和社会发展第十二个五年规划纲要的通知》（豫政〔2011〕38 号）中对“三化”协调发展提出的“不以生态平衡与环境保护为代价”要求，以及《全国农业可持续发展规划（2015—2030 年）》（农计发〔2015〕145 号）中强调的在资源布局优化基础上提升生态环境效益与实现绿色发展目标，可以看出绿色可持续化是目前的主流价值导向。高标准粮田布局优化与绿色可持续化存在互相促进又互相制约的关系：一方面，绿色可持续化会提升区域的生态环境效

益，从而增加高标准粮田布局优化附加价值，因此需要在鹤壁市山区继续推进各项生态环境建设工程；另一方面，耕地与生态用地之间的矛盾冲突值得关注，通过高标准粮田布局优化实现耕地节约集约利用、提高耕地生产效益，并能以此降低绿色可持续发展压力。

理顺高标准粮田布局优化各项安排与“三化”协调发展中绿色可持续化要求之间的关系，有助于增加高标准粮田布局优化中的生态环境效益附加值，同时保证“三化”协调发展的持续稳定推进。

第七章　“三化”协调发展下高标准粮田布局优化路径

实现“三化”协调发展背景下研究区高标准粮田布局优化的各项具体安排后，更具有实际意义的工作是总结研究经验与巩固布局优化成果，进而在理论层面推进高标准粮田布局优化的路径完善。在坚持“三化”协调发展指导思想与高标准粮田布局优化原则的基础上，充分考虑鹤壁市浚、淇两县目前存在的发展制约因素与潜力提升基础，进一步基于达标要求从四个层面加强高标准粮田布局优化的措施保障，并最终从多个角度提出综合性保障建议。

第一节　高标准粮田布局优化原则

依据前期相关研究，按照“三化”协调发展要求，紧紧围绕国家粮食生产核心区与中原经济区战略部署，以优化配置耕地资源为主线，以粮食增产、农业增效与农民增收为目标，以各种数据资料为基础，以信息化技术为手段，以绿色化发展为动力，以可持续利用为支撑，不断促进耕地保护的研究区高标准粮田布局优化需要遵守以下指导原则。

一、统筹规划、突出重点

高标准粮田的空间布局优化要求总揽全局与统筹兼顾，全面充分考虑影响布局优化的指标因素，科学合理制定切实可行的布局优化方案，通过统一标准布局与建设高标准粮田，促使高标准粮田布局优化结果更加符合“三化”协调发展目标。同时坚持统分结合与突出重点原则，明确划定高标准粮田布局优化主导乡镇，充分考虑实地具体情况，突出各乡镇特点与优势，因地制宜地建立示范区及示范标志，加强重点乡镇建设，提升高标准粮田地力水平并增强基础设施配套能力。

二、科学布局、协调推进

高标准粮田的时序布局优化要求通过科学的发展观加以看待，坚持全面协调可持续：放眼未来，不拘泥于眼前的利益；协调推进，不贪功冒进造成不均。高标准粮田布局优化结果需要在满足粮食安全生产与社会经济发展的基础上，充分考虑绿色生态效益的保障需求，通过科学的布局优化方法，确保合理的区域时序安排。既有远期和中期的规划，又有近期的当前任务，通过经验的探索与积累促进建设逐步推进，发挥主导乡镇优势带动周边区域协调共进。

三、集中连片、规模开发

合理确定高标准粮田百千万方的规模，坚持集中连片原则进行规模开发。高标准粮田布局优化结果所实现的集中连片：既节约生产成本，又提高土地利用效率；既便于农民耕作，又便于科学技术推广。而通过规模开发形成规模效益，能够提高农产品竞争优势，最终达成农户收入增加与农业绩效提升的目标。在此过程中，依法加快土地流转，促使现代农业发展；适时推动村庄转移，加快工业化与城镇化步伐，有助于实现“三化”协调发展的同步进行。

四、多措并举、综合优化

以高标准粮田布局优化为契机，在具体保障项目的实施中坚持多措并举，按照灌排设施配套、田间道路畅通、粮田连片平整、耕层土壤肥沃、生产方式先进、高产高效低耗的要求，配套粮田基础设施技术装备，积极适应现代农业发展要求。引进与吸收先进的农业科技成果和技术措施，依靠科技进步从根本上提升当地高标准粮田布局优化的综合治理能力，全面配套桥涵闸站渠，全力实现高产稳产的布局优化目标。

第二节　高标准粮田布局优化现状

绪论中对研究区概况已经作出具体论述，通过前期各章节对鹤壁市耕地动态变化驱动分析以及高标准粮田布局优化各项指标的研究结果，综合考虑工业化、城镇化与农业现代化的相关影响，可以从生产力四要素角度总结出研究区高标准粮田布局优化目前存在的主要制约因素，同时结合研究区当地具体实际明确未来发展的潜力基础，为保障措施与对策建议的提出提供依据。

一、主要制约因素

（一）土地资源层面

耕地后备资源紧张与耕地自然质量退化会从土地层面严重制约区域的耕地资源可持续利用与高标准粮田生产能力。随着人口数量增加与耕地面积减少，人均耕地占有量变少会一定程度影响高标准粮田内地块的连片性，同时土地产权与流转层面的问题会影响高标准粮田布局优化的稳定性；耕地质量普遍受到长期使用农药与化肥的影响，存在有机质使用不足从而导致土地生物活性下降与耕地板结的情况，加之农户撂荒等粗放管理方式，最终将制约高标准粮田布局优化的良性发展。

（二）农业劳动力层面

近年来，随着农村居民非农收入的提高，研究区内非农人口数量激增；县域农民人口比例中，存在大量青壮年男性劳动力向非农产业转移的现象，高标准粮田区内从事农业生产活动的劳动力类型大多数为妇女与老人。另一方面，具备专业知识技能与科学管理能力的新型劳动力与年轻农村劳动力普遍缺乏，这一情况将会导致劳动力结构性素质下降和老龄化趋势。总体上看，农业劳动力结构比例失调与新型农业劳动力数量短缺会对未来高标准粮田布局优化的推进造成严重制约。

（三）资本投入层面

目前研究区县乡层面存在的财政困难以及种粮农户个人的资金缺乏均会对农业资本投入产生限制，从而不利于高标准粮田布局优化的发展：县乡财政困难，基础设施无法配套投建，特色农业无法顺利推行；农资价格上涨，种田成本提高而种植收益降低，限制先进农机具购买力。这将造成高标准粮田区的机械化程度低、基础设施水平不高、农业节水灌溉与粮田配套建设力度不足，尤其在淇县的西部丘陵山区，农田水利设施老化将影响粮田的高产高效生产能力与抗御自然灾害能力。

（四）科技管理层面

科技是第一生产力，科技管理层面的限制因素将对高标准粮田布局优化结果产生影响。研究区实地农村科技推广体系仍不尽完善，会制约新品种与新科技的引入；鹤壁市县乡两级农科推广部门受编制影响无法大量引入技术推广人才，两县的农业科技人员数量仍有待增加；而农业科技对农业增长的贡献份额不足会制约高标准粮田布局优化的发展。另一方面，农民对科技信息与市场信息的关注意识不足会使其在生产经营上存在盲目性，从而阻碍区域产业结构调整与高标准粮田建设推进。

二、潜力提升基础

（一）潜力提升的物质基础

浚、淇两县的大部地区目前已达到粮食高产水平要求，但根据县域光、热、水、土资源，粮田基础设施状况以及粮田管理水平来看，仍存在潜力提升的物质基础。两县地处暖温带半湿润性季风气候区，四季分明，光照充足，雨量适中，雨热同期，气候条件优越，有利于作物生长，为优质粮食生产种植提供了得天独厚的优势；两县水土资源丰富，耕地所占比例大，灌溉水源有保障；道路通达性高，用电方便，经济态势良好。总体上看，高标准粮田布局优化所需物资来源广泛，开发潜力巨大。

（二）潜力提升的政策基础

高标准粮田布局优化是“十三五”规划中农业现代化的重要组成部分，各级政府的高度重视与相关政策的大力支持，使得地方财政配套和支农资金整合具备提升潜力。当地农户要求实施高标准粮田的积极性高，高标准粮田布局优化区内的农户具有承担部分项目建设的筹资投劳意愿。虽然地方财政与农户资金有所限制，但各项惠民政策的逐步落实与倾斜，有助于加速土地流转，促进农田基础设施建设，并可通过加强农田综合开发和高标准粮田建设改善生产条件，为现代农业发展提供支持。

（三）潜力提升的科技基础

鹤壁市两县目前已经初步建立农技推广队伍和服务网络，随着发展推进，具备为高标准粮田布局优化提供科技支持的潜力基础。着力改善作物品质与加强良种繁育，促使高标准粮田的粮食产量不断增加；通过中低产田改造工程、小型农田水利重点县工程等措施手段，能够加强区域农业基础设施建设；通过大力培训科技人员，推广高产配套技术，加强科技服务，可以促进科技成果转化并提升农业产业化水平；同时通过深松改土、农机农艺融合、保护性耕作、有机质提升等科技项目运作，能够提高粮田生产能力。

（四）潜力提升的经验基础

通过多年的粮食生产核心区建设以及粮食高产创建工作，研究区积累了较为丰富的经验。在高标准粮田示范区内推行机械深耕、供种、种子包衣、机械播种、浇水、病虫害防治的“六统一”服务，实行精细化管理，加强标准化体系建设与高产创建示范带动作用。浚县王庄镇与新镇镇的高标准粮田万亩方高产创建示范区已经取得全国同面积地块高产新纪录。通过整合区域资源、加强基础设施建设、增强耕地地力水平的相关经验总结，有利于促进高标准粮田布局优化的有序推进。

第三节　高标准粮田布局优化措施

为巩固研究区高标准粮田的时空与百千万方布局优化结果，并同时实现“平整连片、质量优良、设施齐备、技术到位、产能高效、绿色环保”的高标准粮田建设要求，依据《河南省人民政府办公厅关于印发河南省高标准粮田建设专项工作方案和农业产业化集群发展专项工作方案的通知》（豫政办〔2012〕164 号）相关内容，可以从第六章总结出的高标准粮田布局优化 4 项达标要求入手，分别实施一系列具有针对性的高标准粮田布局优化工程与项目保障措施。

一、耕地质量保障措施

（一）推动中低产田改造

针对高标准粮田布局优化中存在的中低产田问题，要按照统一规划与综合治理的思路，遵照先易后难与分期建设的原则实施改造工程。从提高耕地质量水平与加强粮田生产能力两个层面大力推动中低产田改造工程。通过配合测土配方施肥项目、土地有机质提升项目，引导农民合理施肥、科学施肥；减少化学肥料的使用，增加有机肥料的投放，使用土壤改良剂，推广秸秆快速粉碎还田腐熟技术；降低因施用化学肥料而产生的非点源污染，从而有效避免灌溉用水遭受污染并减轻地下水含盐量过高情况，防止土地板结，促进耕地循环与可持续利用。采用配套措施改良中低产田，扫清影响耕地产能提升的各项障碍因子，逐步改善耕地环境并提升耕地地力条件，提高耕地生产水平与耕地生产能力，使高标准粮田更适宜耕作并为高标准粮田区的粮食高产稳产打下基础。

（二）实施土地整理工程

按照国家《土地开发整理标准》与《河南省土地开发整理工程建设标准》，结合高标准粮田布局优化安排，实施高标准粮田土地整理工程。按照“田连片、林成行、路成框、沟连通、旱可浇、涝可排”的总体规划要求，对项目区内的耕地以及道路、沟渠、林带等统一规划，进行土地平整，实现农田园林化。通过平整田块、兴修水利、整修道路、建造林网等工程的实施，改善粮田灌排和交通条件，推动“基础设施配套、旱涝保收”的高标准粮田布局优化。浚县主要针对屯子镇及白寺乡通过翻耕土地、新打配套机井、建设井房与泵房、整修粮田道路、埋设地埋管道、架设高低压输电线路、整修田间道路、建造涵洞与林网植树等措施。实行“田水路林”的专项整治，通过土地整理项目不断完善高标准粮田布局优化的工程要求，切实提升耕地的可持续性生产能力。

二、技术服务保障措施

（一）提升农业机械水平

国务院《关于促进农业机械化和农机工业又好又快发展的意见》中要

求以调整优化农机装备结构布局、提升农机化作业水平为主要任务。高标准粮田布局优化中农业现代化层面的农业机械化总动力权重达到22.99%，因此在操作中需要注重因地制宜，重点发展玉米生产机械化与农作物病虫害专业化防治机械；要注重突出重点，向高标准粮田示范区与关键薄弱环节提供农机专业服务组织；要注重统筹兼顾，协调推进丘陵山区机械化并实施深松整治等补贴试点；要重视对优势强势农机企业予以扶持，加快推进先进、高效、环保、安全的农机批量产出，促进农机制造产业的机构整合与调整；充分发挥补贴政策的调控作用，合理确定补贴范围，综合确定资金控制规模，优化结构布局推动生产，提高薄弱环节总体水平，全面提升农业机械化项目质量。

（二）推进农业科技创新

考虑到农业科技对高标准粮田布局优化的影响作用，应加大农业科研与农业技术的推广力度，实现农业科技创新项目对高标准粮田布局优化的助力作用。加快农业科技创新和科技成果应用，通过农业产学研结合，促进对粮食高产建设中关键问题的攻克能力。实施技术集成工程，开展小麦及玉米新技术的研究与攻关，创新技术模式，推进技术集成，加速示范推广，提高支撑水平，达到规划目标新品种与新技术推广覆盖率100%；实施农业技术培训工程，通过“阳光工程”“雨露计划”和“农村劳动力技能培训计划”向龙头企业和合作社开展实用技术培训，通过科技人员送科技下乡与广泛开展农村实用人才培训，达到每年培训农村实用人才10万人次；实施农业信息化建设工程，健全县、乡、村三级农业信息化服务网络，实现信息共享，为科技转化打造网络通道。

（三）完善农技服务体系

按照国家对农技推广的相关要求，在高标准粮田布局优化中需要着力完善农业技术服务机构管理体制改革，促进农业技术服务全面覆盖的目标达成。加强县乡农业技术服务体系的职能完备，推动技术服务下乡与服务管理下县，充实县乡农业科技力量，保证农业技术推广与农产品监管等管理服务有效施行；加强农业技术服务网络建设，深入开展科技增粮活动，探索建立多元化主体合作推广机制，充分发挥农民专业合作社与产业化龙头企业的内在需求力量；引入公益性组织的农业技术服务经验，增强其他类型组织的参与积极性，完善服务体系构建，提升农业技术的社会化服务能力；乡镇层面要发挥政府职能积极与涉农科技人员交流沟通，推广与高标准粮田布局优化相关性强的农业技术服务，提高科技成果的入户程度。

三、粮食生产保障措施

（一）形成高标准粮田示范

依托高标准粮田布局优化中主导乡镇的优势特点，主要在浚县的小河镇、卫贤镇以及淇县西岗镇、北阳镇实施高标准粮田粮食高产示范工程。坚持以提高粮食产量与增加农民收入为目的，通过政府引导进行资源整合，加强标准生产与规模种植，主攻单产同时改善品质，注重关键技术的普及与应用。按照高标准粮田布局优化原则，重新制定粮田改造方案，集中发改、土地、水利、农业等项目经费，积极推动高标准粮田布局优化，开展更高层次的示范创建工作。依托农民专业合作社，通过开展技术培训、技术咨询、技术指导、会议交流、组织观摩等形式，充分发挥示范带动作用。通过新品种、新技术、新成果的组装配套及其生产应用，提升科技成果的转化能力，由单一技术向集成技术转变，促进传统种植模式向科学种植模式的转变。

（二）创建粮食高产标准化

按照统筹规划与逐步推行的原则，“政府引领、政策调动、整合资源、示范带动、整体推进、创新体制、规范运作”的思路，主要在浚县的王庄镇和淇县的西岗镇推进粮食高产创建标准化示范区试点建设，以提高高标准粮田粮食产量及产品市场竞争力为目的，强力推进高标准粮田布局优化。农业生产标准化建设的目标是使粮食高产创建示范区全部达到包括田间设施、农机作业、良种施用、田间种植、田间灌溉、田间施肥、病虫防治、质量管理在内的“八个标准化”。需要初步建立“八化”标准建设体系，选择条件较好的示范区进行试点；总结示范区的经验并扩大示范；全面推进标准化，设立标准化示范乡镇，并最终使两县的大宗农作物标准化生产率达到90%以上。

四、基础设施保障措施

（一）加强粮食田间工程

基础设施配套是高标准粮田布局优化的要求之一，按照河南省新增千亿斤粮食田间工程项目要求，围绕高标准粮田布局优化的百千万布置安排，不断加强粮食田间工程建设。搞好项目的编制申报工作，通过新打机井、维修机井、地埋管工程道、地埋线工程、整修机耕路、新建桥涵等田间工程建设，改善高标准粮田区农田水利基础设施条件。通过农技与农机水利服务体系建设，进一步加大农业新技术推广力度，提高服务能力，提升技术服务水平，促进粮食生产的可持续发展。与此同时，项目的实施将会带动整个区域高标准粮田生产水平提高，科技服务能力和抵抗自然灾害能力提升，促使农业稳产高产。浚县分阶段重点对小河镇、卫贤镇、新镇镇实施新增千亿斤粮食田间工程项目，预计年实施面积将达 10 km^2。

（二）开展农田水利建设

根据国务院推动水利发展的有关规定，通过加大沟渠防渗漏技术、管道输水技术以及喷滴灌技术的推进应用，积极推进节水农业发展，应在高标准粮田布局优化中加强小型农田水利重点县工程。按照科学布局，连片开发的相关原则，以提灌和铺设地埋管道节水为主，努力解决两县小型农田水利设施工程不配套、老化失修及效益衰减等问题。实现井灌区低压管道灌溉水利用系数达到 0.8，半固定式喷灌灌溉水利用系数达到 0.9。浚县的小型农田水利重点县建设着重在新镇镇及小河镇推行，以渠道防渗和治理低洼易涝为主。高效节水灌溉试点的推行有利于改变淇县小型农田水利设施发展较慢情况，对提升高标准粮田抗灾能力与保障鹤壁市粮食安全有所助益。

（三）配套灌区续建改造

鹤壁市近年来通过发展节水灌溉不断提升农业生产能力，浚县作为全国节水增产重点县，高标准粮田布局优化针对王庄镇和新镇镇实施的 2 个灌区续建配套与节水改造工程，将有利于促进高效节水灌溉。对高标准粮田区灌排设施的有效改造可以促进农业基础设施水平显著提高，灌溉用水效率明显增强。灌溉设计保证率目标达到 80%以上，排灌工程配套率和完好率在90%以上。淇县西部山地丘陵区域需要改善的灌溉面积较多，要抓住国家实施灌区续建配套与节水改造工程的机遇：2013—2015年完成民主渠灌溉末级渠系节水改造，完成沿共产主义渠、淇河的10处提灌站更新；2016—2020年完成夺丰水库、红卫水库灌区骨干工程节水配套改造以及末级渠系配套改造，完成沿淇河、共产主义渠的20处提灌站更新。

第四节　高标准粮田布局优化建议

在充分尊重高标准粮田布局优化指导原则的基础上，综合考虑各项制约因素与潜力基础，结合达标要求提出具有保障功能的工程建设措施，以下从四个方面对研究区“三化”协调发展背景下高标准粮田布局优化提出相应建议。

一、法律产权层面

（一）落实法律保障，厉行耕地保护

法律能够体现国家对社会行为关系的规范与约束作用，高标准粮田布局优化完成后，划入高标准粮田区域的耕地受到国家与地方各项法律法规的保护，对法律的完善与落实是确保高标准粮田布局优化成果得以维持的根本保障。

一方面，由于高标准粮田布局优化是在耕地与基本农田基础上进行的，因此，与耕地及基本农田保护相关的法律法规均对高标准粮田布局优化具有指导作用：1986年《中华人民共和国土地管理法》中首次以法律形式进行耕地保护管理；1992年《中华人民共和国农业法》提出对基本农田依法实施保护；1994年《基本农田保护条例》正式出台，对基本农田的数量及质量保护均提出相应规定；1998年修订的《中华人民共和国土地管理法》中第一次以立法形式明确将耕地保护作为基本国策提出；2001年《中华人民共和国刑法修正案（二）》中对非法占用耕地造成破坏的行为予以量刑。另一方面，河南省于2015年正式出台了针对高标准粮田的国内首部地方性法规《河南省高标准粮田保护条例》，其为高标准粮田的规划、建设、管理、保护等多方面提供了法律保障，并对违反条例的行为制定了相

应处罚依据。

落实法律法规不止要从立法层面加以推进，更要从普法角度加强民众的法律意识，促使耕地保护观念深入人心，使高标准粮田区的农户将日常生产生活行为纳入法律法规轨道进行思考与处理，切实维护高标准粮田的布局优化成果。同时，也要认识到各级政府严格执法的重要性，遵循有法必依原则，依法履行职责，对高标准粮田的规划、建设、管理与保护按照法律程序依法执行，对违法行为按照法律规定依法处罚。

（二）推动农地流转，鼓励规模生产

高标准粮田布局优化的目标之一即是实现耕地集中连片与促进粮食规模生产，这涉及耕地资源优化配置、田间基础设施建设与土地规模经营等多方面内容，但究其根本需要研究土地产权问题。

近年来，农村土地承包经营权流转（简称“农地流转”）作为扩大农业经营规模与提高农业生产效益的手段不断被加以推广，这也正是高标准粮田布局优化实现的产权途径。在实际中需要注意以下几个方面：首先，要坚持依法自愿有偿原则，引导农村土地承包经营权有序流转；其次，要加强流转工作的管理与服务，支持鼓励农户以转包、出租、转让等形式进行农地流转，发展多形式的规模经营；第三，通过农地流转引导有条件的农民进入城镇，促进“三化”协调发展与高标准粮田布局优化的有序推进；第四，积极发展家庭适度规模经营，鼓励农户通过土地承包经营权入股方式开展规模化经营；第五，针对高标准粮田布局优化中农地流转的“非农化”与“非粮化”挑战，要切实降低粮食生产成本，发挥规模经济效益，稳定高标准粮田布局优化的功能作用。

同时，应在粮食主产区积极探索多主体共同参与合作的合理化规模生产创新模式，促进高标准粮田布局优化的健康有序推进。在区域内大力推行“种业企业+示范区”的农业生产运作模式，促进高标准粮田示范区内种子繁育基地的建设力度；支持有能力的龙头企业、专业合作组织及新型集体经济组织适度流转土地，建设规模化与标准化高标准粮田基地。积极探索龙头企业及农民专业合作社参与农地流转的新模式，鼓励通过合理流转，不断促进高标准粮田的规模化生产。

二、政策制度层面

（一）发挥政策作用，加强规划调控

土地政策是处理各种土地矛盾的调节手段，土地规划对高标准粮田布局优化与建设实施具有控制与引导作用，充分发挥政策作用与加强规划调控能力，有助于高标准粮田布局优化的合理配置。

高标准粮田布局优化相关政策包括并不仅限于以下两种：保护政策，严禁擅自或变相将高标准粮田区域内的粮食生产用地转作其他用途，防止“非农化”与“非粮化”；奖补政策，各级财政将从粮食奖励资金与专项资金中对高标准粮田实行以奖代补，突出奖励先进单位与个人。

对高标准粮田的各项规划调控来说，需要注意三方面内容：一方面，要不断加强河南省土地利用总体规划的整体控制，发挥其龙头作用，按照下级规划服从上级规划的原则，在落实省级下达各项指标的基础上，将调整完善的目标和任务落实到具体市县，切实保证耕地保有量与基本农田面积不低于控制指标，建设用地总量、城乡建设规模与非农建设占用耕地规模不超过控制指标；另一方面，在尽快对研究区永久性基本农田合理划定安排的基础上，积极调整完善以县域为主体的，省、市、县三级完备的高标准粮田总体规划体系，充分发挥规划的指导作用，相应建立高标准粮田保护区，切实实现粮田数量、质量与用途保护，并对高标准粮田布局优化的百千万方结果编号建档，明确落实；第三方面，加强规划间的衔接力度，将高标准粮田总体规划纳入当地社会经济发展总体规划中，将其与土地利用总体规划、城乡建设规划、交通建设规划、水利建设规划相互衔接，在高标准粮田建设中充分考虑相关规划内容，全面推进“多规合一”工作进展，实现一条蓝图绘到底。

（二）强化制度保障，完备监管系统

制度是社会成员需要共同遵守的行为准则与办事规则，强化制度建设与完善监督体系对高标准粮田布局优化工作的开展具有保障作用，不但有利于布局优化的整体水平提高与功效提升，同对有助于促进“三化”协调发展。

与高标准粮田布局优化相关的土地制度包括以下几个方面，在实际中

要注意强化制度作用：其一，土地用途管制制度，通过科学方法将区域土地划分为不同用途，并要求严格按照确定出的用途使用土地的制度，据此，任何人不得任意改变高标准粮田区域内的土地用途；其二，耕地占补平衡制度，自然资源部2016年发布的指导意见指出，要以补充耕地数量与提升耕地质量共同实现占补平衡，由此可结合高标准粮田布局优化结果，促进各项保障工程与项目建设；其三，耕地保护目标责任制度，不断完善包括省、市、县、乡、村五个级别的高标准粮田建设与保护的目标责任制，通过责任书的签订，将其明确列入考核体系；其四，土地开发整理复垦制度，国家对于按照规划要求，合理提高耕地质量与增加耕地面积的行为予以鼓励，应积极组织民众对高标准粮田区内的土地进行开发整理与复垦。

在制度保障的基础上，还需要注意完善高标准粮田的监督管理体系：加强基础性工作保护，完善粮田档案管理，对图件资料实行备案管理，设立多部门联动的监督体系，通过信息系统构建，建立公开查询的监管系统；设立巡查制度以及配套的举报系统，建立基本农田保护定期通报制度，在传统监察的基础上综合运用3S技术，构建完备的高标准粮田监督检测体系，切实保护高标准粮田布局优化成果，并及时纠正违法行为。

三、经济机制层面

（一）创新投入机制，整合项目资金

高标准粮田布局优化并不可能一蹴而就，从“远中近”三期的时序安排结果能够看出其需要长期建设，因此项目资金筹备与投入机制改革对高标准粮田布局优化推进将起到至关重要的作用。

围绕高标准粮田布局优化工作，不但要继续扩大各级政府对建设的投入力度，提升国家财政转移支付能力；更要拓宽投入渠道，增加资金来源，不断挖掘潜力，创新投入机制：一方面，发挥财政引导作用，依靠政府搭建投融资平台，通过投资参股、贷款贴息、先建后补、民办工助及以奖代补等形式，吸引金融资本与社会资产向高标准粮田区聚合；另一方面，在健全原有金融体系的基础上，通过金融机构改良信贷政策，可从降低借贷门槛、增大信贷力度等方面加强对高标准粮田区的支持，稳步提高

涉农贷款比重。同时，加强对农民金融合作组织的扶持，鼓励农民自愿参与，多渠道并重筹措资金。

同时，不断规范资金管理与项目整合：首先，高标准粮田布局优化中需要对各种涉及粮田建设的主要工程及重点项目资金进行统筹安排，特别是对浚县粮食高产创建项目与淇县中低产田改造项目要保证资金的高效整合与集中利用；其次，粮食作物生产保险政策要切实落实，促进粮食生产保障稳步推行，不断完善粮食专项基金项目，专门用于粮食科技推广与各项服务；第三，通过将各类建设项目优先安排在经过布局优化的高标准粮田区域内，强化项目资金的利用；第四，对用来推进土地整治的新增建设用地有偿使用费、用来完善耕地开发的土地出让金等相关资金必须遵照相关法律法规要求，集中用于高标准粮田布局优化相应建设。

（二）构建补偿体系，激励保护行为

考虑到高标准粮田布局优化具有外部性，通过经济补偿机制可以对粮田保护产生的成本予以补贴，同时促使经济效益的外部性内部化，一定程度弥补农户进行其他农业生产的机会成本，将长期以来的“约束性”保护转变为“激励性”保护，切实推动高标准粮田布局优化进展。

以县级政府为主体，通过补偿机制对高标准粮田进行保护，其中对农户及集体经济组织的奖励与补贴资金主要有两类来源：其一，来自土地出让收入、新增建设用地土地有偿使用费、土地指标调剂收入以及其他财政资金；其二，来自中央及省级政府下发的农业支持保护补贴资金。从粮食生产的补贴类型考察，可以构建出较为完善的高标准粮田补偿体系：其一，直接补偿，2004 年以来国家粮食风险基金按照四种补贴方式，拨付给种粮农户直接粮食补贴；其二，农资综合补偿，主要用于弥补农户对农药、化肥以及农用机械等生产资料费用上涨而增加的成本；其三，良种补偿，通过支持农户使用优良作物种植，增加粮食产量而进行的补贴；其四，产量大县补偿，从激发地方政府粮食生产积极性入手，对重点粮食高产县进行补贴奖励。

在实践中，通过经济补偿可以实现高标准粮田的地力培育、强化农业基础设施建设力度，进而推动高标准粮田布局优化的发展。以经济驱动力促进粮田保护：从税收角度看，可以通过对生态社会效益的受益者收税，用来补偿高标准粮田区生产者的成本与损失，从而调动粮食种植积极性；从观念角度看，补贴机制的推行能够改变农民对粮田重用轻养的固有思维，从而激发农民对高标准粮田的主动保护意识。

四、管理体制层面

（一）完善政府管理，优化配套服务

高标准粮田布局优化实质上是在“三化”协调发展理念下开展的土地资源优化配置工作，鉴于我国土地资源的社会主义公有制性质，要推进高标准粮田布局优化的时空安排与百千万方建设就必须加强政府的管理与服务功能。

中央及地方各级政府具有法律赋予的职责与权力，同时掌握更多的经济及社会资源，其作为重要的社会管理主体会对高标准粮田布局优化产生极强作用，因此有必要不断完善政府管理体制：首先，有针对性地设置不同级别的高标准粮田建设政府行政管理机构，主要负责建设规划及实施保护过程中的执法监管活动；其次，完善对高标准粮田布局优化的管控手段，提高行政管理效率，加强政府公共管理能力；第三，在建设推进过程中，政府管理要开阔思路，积极转化管理观念，努力创新管理职能，使高标准粮田布局优化工作稳步进行；第四，不断克服重心失衡、手段单一、沟通不足等问题，在实际工作中引入市场机制，加强公众参与，切实提高政府社会管理能效；第五，加强政府的人才队伍建设，吸纳具有不同背景的专业化人才。

按照服务体系综合配套要求，在高标准粮田布局优化涉及区域的乡镇及办事处全面推进农业技术服务中心建设：从工作计划的制定到各项规划的推行、从粮食生产全过程的监测到农业信息技术的推广，逐步优化与完善服务体系；从多主体多层次多角度入手，推行专家指导、技术例会等制度，为高标准粮田布局优化提供全面的技术支持；最终将高标准粮田布局优化的整体配套服务提升到满足“六统一”要求的高度上。

（二）培育专业组织，提高经营水平

专业组织程度与管理经营水平会对高标准粮田布局优化产生影响，通过加大农民专业合作社及龙头企业的培育力度，促进农业生产经营方式转

变，不断完善产业化经营，将有益于高标准粮田布局优化的稳步推动。

一方面，加强培育专业化的农民生产合作社，有助于合作社的发展壮大与规范提升，实现高标准粮田区内具备专业化与社会化水平的组织构建；重点培育与扶持涉及粮食、农机、植保与水利等不同领域的农民专业合作社，发挥各类专业合作社的社会服务功能，不断拓宽农民专业合作社的服务领域与范围；通过专业合作社引领农户步入规模化与产业化轨道，提高农户组织化程度，减少农业经营风险，提高农业生产绩效。另一方面，以创新思维推行龙头企业培育工作，从现有农业产业化龙头企业中选择多种类型创建现代农业示范企业，加大指导和扶持力度；培育标准化生产、产业化经营、以企业投资为主体且具有品牌优势的特色龙头企业集群，鼓励龙头企业建设粮食生产基地；实现生产、加工、流通的一体化经营，推行“万村千乡项目”与“新网项目”，扶助支持配送系统搭建，不断减少农业成本消耗；提高产业化经营水平，以创新的经营机制促进高标准粮田布局优化的顺利完成。

在高标准粮田区域推行粮食产业化经营，需要建立在农村管理体制改革的基础上。必须打破行政区划、行业管制等层面的界限，对条块分割严重与产销管理脱节的体制进行改革，从管理角度重视市场与资源的导向作用，在规划建设上推进流通领域与加工行业的发展，同时大力扶持农民专业合作社及龙头企业，最终促进高标准粮田布局优化目标实现。

第八章　结论及展望

第一节　主要研究结论

以位于中原经济区与河南省粮食生产核心区重合区域内的鹤壁市为研究区域，应用遥感与信息技术，综合运用管理学、经济学、资源学等学科相关理论与方法，借助 Envi、ArcGIS、Fragstats、SPSS、IDRISI 等软件工具，系统分析“三化”协调发展背景下高标准粮田布局优化相关问题。其中，耕地动态变化分析主要包括对研究区耕地变化历史规律与驱动机理的揭示与阐释，耕地布局稳定性分析主要包括对未来趋势的方向预测，布局优化及其路径分析则主要实现对研究结果与措施建议的归纳安排。主要研究结论总结如下：

1. “三化”协调发展背景下研究区耕地动态变化规律

在 1993—2003 年“三化”协调发展的形成阶段，研究区耕地数量有所增加，但整体质量水平呈下降趋势；在 2003—2013 年“三化”协调发展的提升阶段，耕地数量减少，而整体质量呈现显著提升趋势；研究区耕地资源动态变化不仅在时间序列上表现出差异性，在空间上变异也较明显，耕地数量与质量水平整体上表现为“两县>三区”。鹤壁市耕地动态变化特征与“三化”协调发展阶段性特点基本符合，随着“三化”进程的推进，耕地资源利用出现由粗放向集约方式转变的方向性趋势；耕地动态变化规律对未来高标准粮田布局优化、耕地资源保护具有重要指导意义。

2. “三化”协调发展背景下研究区耕地动态变化驱动机理

农业现代化进程与区域经济发展是鹤壁市 20 年间耕地数量与质量动态变化的两大核心驱动力量，将其放在“三化”协调发展背景下做具体分析，可细分出农业生产水平、农业技术进步、农业种植结构与耕地区位水平四项农业发展驱动因素，以及社会经济水平、农民自身情况两项经济发展驱动因素，上述六项因素可视为驱动耕地变化的“燃烧物”；国家与地方政府有关耕地的各项制度、政策及法规是耕地动态变化的“助燃剂”，具有催化作用；“三化”协调发展的三项组成要素则是“着火点”，最终促成研究区耕地资源发生时空变化并表现出较为鲜明的特征；耕地动态变化的最直接结果即是产生耕地保护威胁这项“燃烧排放”，而高标准粮田布局优化不仅是推动农业集约化发展的必由之路，也是实现区域耕地保护的必然选择。

3. “三化”协调发展背景下研究区耕地布局稳定分析

将“三化”协调发展形成与提升阶段分别设定为两种不同情景，通过CA-Markov 模型模拟出研究区 2023 年的土地利用变化趋势，并选择依据情景 II 的模拟结果对耕地布局稳定性进行分析，得出结论：耕地布局稳定性数量结果与研究区未来规划的耕地面积相符、空间结果符合“三化”协调发展趋势、质量结果显示耕地整体质量水平可以满足高标准粮田建设需求。然而，鹤壁市未来耕地布局也存在后备资源紧张、质量退化严重的风险与挑战，其会对区域耕地可持续利用与高标准粮田建设产生影响，因此有必要从政策法规上保障耕地资源合理利用、从资源配置上提高耕地生产效率、从体制机制上协调自然生态效益与社会经济效益。总体上看，高标准粮田布局优化可望为耕地资源的可持续利用提供保障。

4. 基于高标准粮田布局优化的区域“三化”协调发展战略

高标准粮田布局优化包括空间优化、时序优化以及百千万方优化三个方面的内容，综合考虑上述布局优化分析结果，可望对研究区“三化”协调发展的未来战略选择产生重要影响：兼顾耕地保护与工业化城镇化发展；提升规模连片性与农业现代化水平；理顺资源布局与绿色可持续化关系。具体来说：空间布局优化分析结果符合耕地数量与质量保护要求，未入选区域集中在鹤壁市“一核双星”规划周边，土地可用于满足未来工业化与城镇化外扩需求；百千万方布局优化分析结果体现“宜大则大，宜小则小”原则，有助于稳固耕地连片成果、促进农业现代化生产；时序布局优化分析结果具有“近期试探摸索—中期大量投建—远期稳固提升”的特点，能够保障土地资源优化配置与耕地资源可持续利用。

5. “三化”协调发展背景下研究区高标准粮田布局优化保障

为了实现与巩固研究区高标准粮田布局优化成果，需要从四个方面强化措施保障：一是推动中低产田改造与实施土地整理工程来提升区域耕地质量水平；二是推进农业机械化、科技创新以及农技服务来满足技术服务需求；三是形成高标准粮田示范与创建粮食高产标准化来提高粮食生产能力；四是加强粮食田间工程、开展农田水利工程以及配套灌区续建节水改造来加强农田基础设施建设。同时，可从法律产权、政策制度、经济机制与管理体制四个层面构建综合保障体系，提出厉行耕地保护、推动农地流转、加强规划调控、完备监管系统、创新投入机制、构建补偿体系、完善政府职能、培育专业组织的保障建议。

第二节 研究的创新点

“三化”协调发展背景下鹤壁市高标准粮田布局优化研究的创新点如下：

1. 研究选题与研究视角上的创新

不同于以往研究较多的基本农田、高标准农田以及高标准基本农田，高标准粮田的概念具有河南省粮食生产核心区鲜明的地方性内涵，其在区域尺度上的布局优化研究也相对很少，以此为研究对象体现出研究在选题上具有的创新之处。将区域高标准粮田布局优化置于“三化”协调发展的大背景下，研究视角较为新颖，为中原经济区与河南省粮食生产核心区重叠区域的农业现代化发展研究提供了崭新的案例。

2. 研究内容上的创新

依托“三化”协调发展、耕地保护与高标准粮田布局优化三大核心主题，理顺了“三化”协调发展与高标准粮田布局优化外部及内在的逻辑关系，构建了具有创新意义的整体研究框架，建立了从耕地动态变化到高标准粮田布局优化的研究体系。内容上不但深入分析了耕地变化规律、驱动机理与布局稳定性特征，得出了高标准粮田布局优化的结果安排与措施建议，更对耕地保护、耕地可持续利用与“三化”协调发展战略选择进行了思考。

3. 研究方法上的创新

将“三化”协调发展不同阶段的耕地动态变化特征研究与未来土地利用模拟预测研究相结合，提出了基于“三化”协调发展两个阶段的土地利用情景模拟预测比较方法，并通过IDRISI软件在CA-Markov模型中予以实现；充分参考区域各项规划的基础上，综合运用包括模型方法、适宜性评价方法、GIS技术方法与多目标决策方法在内的多种布局优化方法，实现了研究区高标准粮田的时空与百千万方布局优化安排，在研究方法上具有一定创新性。

第三节 研究局限及展望

“三化”协调发展背景下鹤壁市高标准粮田布局优化研究的研究局限与展望如下：

依照《河南省高标准粮田建设标准》，全省可划分为黄淮海平原区、山前平原区、南阳盆地区这3个高标准粮田建设大区。作为研究区的鹤壁市横跨黄淮海平原与山前平原两个大区，因此研究的方法、步骤、指标、措施、建议等方面内容在上述二区具有较好的普适性。但对南阳盆地区高标准粮田布局优化的适用程度则无法确定，未来可考虑选择南阳盆地区内的典型区域展开研究，更深一步进行比较分析与结论验证。

研究将“三化”协调发展看作整体背景，主要基于宏观层面的指导作用、阶段划分、逻辑机理与目标要求展开分析，而对工业化、城镇化与农业现代化并未进行分项的细部研究。例如：书中提到的土地承包经营权流转是农业现代化的发展要求同时也是高标准粮田布局优化的实施基础，但由于缺少农户流转土地的调研数据而无法从微观层面进行分析。未来可考虑进行专项调研，进一步将宏观与微观研究进行整合。

研究的数据与资料受到指标口径统一性、数据可获得性与可整合性等方面的局限。例如：受到研究区行政区划变更的影响，统计年鉴仅使用两县三区的数据作为研究基础；受到遥感影像分辨率等方面影响，研究仅使用10年间隔的3期遥感影像进行动态变化分析；受到多源数据类型等情况影响，指标间的整合无法实现完全无缝对接。这些问题均会对研究的细节分析造成制约，未来可考虑进一步加强对研究数据与统计资料的收集与整理。

对鹤壁市高标准粮田布局优化的研究综合考虑了“三化”协调发展目标与高标准粮田建设要求，其是促进区域耕地保护的有效手段，对土地资源管理与社会生产实践具有一定指导意义。一方面，研究成果形成的数据库可促进区域土地资源可持续利用与信息化管理工作推进，同时可为市县应对高标准粮田验收工作提供标准和参考；另一方面，书中构建的各类指标体系可为决策层提供检验指标合理性的依据，同时有助于推动高标准粮田规划的理论方法完善；更进一步来看，研究的具体方法与路径未来可望在高标准粮田其他区域或类似高标准粮田区域的布局优化与建设实施中提供借鉴。

参考文献

一、外文文献

[1] Dumanski J, Pieri C. Land quality indicators: research plan [J]. Agriculture Ecosystems & Environment, 2000, 81 (2): 93-102.

[2] Leggett C G, Bockstael N E. evidence of the effects of water quality on residential land prices [J]. Journal of Environmental Economics & Management, 2000, 39 (2): 121-144.

[3] White R, Engelen G. High-resolution integrated modelling of the spatial dynamics of urban and regional systems [J]. Computers Environment & Urban Systems, 2000, 24 (5): 383-400.

[4] Thomson C N, Hardin P. Remote sensing/GIS integration to identify potential low-income housing sites [J]. Cities, 2000, 17 (2): 97-109.

[5] Verburg P H, Veldkamp A. The role of spatially explicit models in land-use change research: a case study for cropping patterns in China [J]. Agriculture Ecosystems & Environment, 2001, 85 (1-3): 177-190.

[6] Greene R P, Stager J. Rangeland to cropland conversions as replacement land for prime farmland lost to urban development [J]. Social Science Journal, 2001, 38 (4): 543-555.

[7] Lambin E F, Turner B L, Geist H J, et al. The causes of land-use and land-cover change: moving beyond the myths [J]. Global Environmental Change, 2001, 11 (4): 261-269.

[8] Kok K, Farrow A, Veldkamp A, et al. A method and application of multi-scale validation in spatial landuse models [J]. Agriculture Ecosystems &

Environment, 2001, 85 (1-3): 223-238.

[9] Lambin E F, Geist H J. Global land-use and land-cover change: What have we learned so far? [N]. Global Change News Letter, 2001, 46: 28-30.

[10] Torrens P M. can geocomputation save urban simulation? throw some agents into the mixture, simmer and wait [M]. University College, London, U. K. Publication, 2001.

[11] Tesfatsion L. Introduction to the special issue on agent - based computational economics [J]. Journal of Economic Dynamics & Control, 2001, 25 (3-4): 281-293.

[12] Kok K, Winograd M. Modelling land-use change for Central America, with special reference to the impact of hurricane Mitch [J]. Ecological Modelling, 2002, 149 (1-2): 53-69.

[13] Verburg P H, Soepboer W, Veldkamp A, et al. Modeling the Spatial Dynamics of Regional Land Use: The CLUE-S Model [J]. Environmental Management, 2002, 30 (3): 391-405.

[14] Davis J C, Henderson J V. Evidence on the political economy of the urbanization process [J]. Journal of Urban Economics, 2003, 53 (1): 98-125.

[15] Lin G C S, Ho S P S. China's land resources and land-use change: insights from the 1996 land survey [J]. Land Use Policy, 2003, 20 (2): 87-107.

[16] Moreenthaler G W, Khatib N, Kim B. Incorporating a constrained optimization algorithm into remote sensing/precision agriculture methodology [J]. Acta Astronautica, 2003, 53 (4-10): 429-437.

[17] Kalnay E, Cai M. Impact of urbanization and land-use change on climate [J]. Nature, 2003, 423 (6939): 528-531.

[18] Moran E. F. News on the land project [J]. Global Change Newsletter Issue, 2003, 54: 19-20.

[19] Rounsevell M D A, Annetts J E, Audsley E, et al. Modelling the spatial distribution of agricultural land use at the regional scale [J] . Agriculture

Ecosystems & Environment, 2003, 95 (2-3): 465-479.

[20] Barredo J I, Kasanko M, Mccormick N, et al. Modelling dynamic spatial processes: simulation of urban future scenarios through cellular automata [J]. Landscape & Urban Planning, 2003, 64 (3): 145-160.

[21] Dawn C. Parker, Steven M. Manson, Marco A. Janssen, et al. Multi-Agent Systems for the Simulation of Land-Use and Land-Cover Change: A Review [J]. Annals of the Association of American Geographers, 2003, 93 (2): 314-337.

[22] Aspinall R. Modelling land use change with generalized linear models--a multi-model analysis of change between 1860 and 2000 in Gallatin Valley, Montana [J]. Journal of Environmental Management, 2004, 72 (1-2): 91-103.

[23] Alig R J, Kline J D, Lichtenstein M. Urbanization on the US landscape: looking ahead in the 21st century [J]. Landscape & Urban Planning, 2004, 69 (2-3): 219-234.

[24] Hashino T, Saito O. Tradition and interaction: research trends in modern Japanese industrial history [J]. Australian Economic History Review, 2004, 44 (3): 241-258.

[25] Antrop M. Landscape change and the urbanization process in Europe [J]. Landscape & Urban Planning, 2004, 67 (3): 9-26.

[26] Foley J A, Defries R, Asner G P, et al. Global Consequences of Land Use [J]. Science, 2005, 309 (5734): 570-574.

[27] Davis C, Schaub T. A transboundary study of urban sprawl in the Pacific Coast region of North America: The benefits of multiple measurement methods [J]. International Journal of Applied Earth Observation & Geoinformation, 2005, 7 (4): 268-283.

[28] GLP. Science plan and implementation strategy [R]. IGBP Report No. 53 and IHDP Report No. 19, 2005.

[29] Tian G, Liu J, Xie Y, et al. Analysis of spatio-temporal dynamic pattern and driving forces of urban land in China in 1990s using TM

images and GIS [J]. Cities, 2005, 22 (6): 400-410.

[30] Xie Y, Yu M, Tian G, et al. Socio-economic driving forces of arable land conversion: A case study of Wuxian City, China [J]. Global Environmental Change, 2005, 15 (3): 238-252.

[31] Dai E, Wu S, Shi W, et al. Modeling change-pattern-value dynamics on land use: an integrated GIS and artificial neural networks approach [J]. Environmental Management, 2005, 36 (4): 576-591.

[32] Bakker M M, Govers G, Kosmas C, et al. Soil erosion as a driver of land-use change. [J]. Agriculture Ecosystems & Environment, 2005, 105 (3): 467-481.

[33] Grimm V, Revilla E, Berger U, et al. Pattern-oriented modeling of agent-based complex systems: lessons from ecology [J]. Science, 2005, 310 (5750): 987-991.

[34] Richards J A. Remote Sensing Digital Image Analysis [M]. Germany: Springer Berlin Heidelberg, 2006.

[35] Verburg P H, Bakker M M. Integrated analysis of land use change with the CLUE-s model [J]. Sensor Newsletter, 2006, 3: 7-10.

[36] Eastman R. Idrisi Guide to GIS and Image Processing [J]. Transformation, 2006, 7.

[37] Gaudenzi B, Borghesi A. Managing risks in the supply chain using the AHP method [J]. International Journal of Logistics Management, 2006, 17 (1): 114-136.

[38] Alauddin M, Quiggin J. Agricultural intensification, irrigation and the environment in South Asia: Issues and policy options [J]. Ecological Economics, 2006, 65 (1): 111-124.

[39] Boes S, Winkelmann R. Ordered response models [J]. AStA Advances in Statistical Analysis, 2006, 90 (1): 167-181.

[40] Michio Ito, Tetsuo Matsumoto, Marco A. Quinones. Conservation tillage practice in sub-Saharan Africa: The experience of Sasakawa Global 2000 [J]. Crop Protection, 2006, 26 (3).

[41] Munroe D K, Müller D. Issues in spatially explicit statistical land-use/cover change (LUCC) models: Examples from western Honduras and the Central Highlands of Vietnam [J]. Land Use Policy, 2007, 24 (3): 521-530.

[42] Castella J C, Verburg P H. Combination of process-oriented and pattern-oriented models of land-use change in a mountain area of Vietnam [J]. Ecological Modelling, 2007, 202 (3-4): 410-420.

[43] Thapa G B, Niroula G S. Alternative options of land consolidation in the mountains of Nepal: An analysis based on stakeholders' opinions [J]. Land Use Policy, 2008, 25 (3): 338-350.

[44] Lichtenberg E, Ding C. Chapter 5: Assessing Farmland Protection Policy in China [J]. Land Use Policy, 2008, 25 (1): 59-68.

[45] Poggio L, Vrš 8 1308DB30 Hepperle E, et al. Introducing a method of human health risk evaluation for planning and soil quality management of heavy metal-polluted soils—An example from Grugliasco (Italy) [J]. Landscape & Urban Planning, 2008, 88 (2-4): 64-72.

[46] Thapa R B, Murayama Y. Land evaluation for peri-urban agriculture using analytical hierarchical process and geographic information system techniques: A case study of Hanoi [J]. Land Use Policy, 2008, 25 (2): 225-239.

[47] Verburg P H, Overmars K P. Combining top-down and bottom-up dynamics in land use modeling: exploring the future of abandoned farmlands in Europe with the Dyna-CLUE model [J]. Landscape Ecology, 2009, 24 (9): 1167-1181.

[48] Samranpong C, Ekasingh B, Ekasingh M. Economic land evaluation for agricultural resource management in Northern Thailand [J].Environmental Modelling & Software, 2009, 24 (12): 1381-1390.

[49] Geri F, Amici V, Rocchini D.Human activity impact on the heterogeneity of a mediterranean landscape [J]. Applied Geography, 2010, 30 (3): 370-379.

[50] Valbuena D, Verburg P H, Bregt A K, et al. an agent-based approach to model land-use change at a regional scale [J]. Landscape Ecology, 2010, 25 (2): 185-199.

[51] Ji Yuan, DENG, Xiang Zheng. Progress of the research methodologies on the temporal and spatial process of LUCC [J]. Science Bulletin, 2010, 55 (14): 1354-1362.

[52] Sonneveld M P W, Hackten Broeke M J D, Diepen C A V, et al. Thirty years of systematic land evaluation in the Netherlands [J]. Geoderma, 2010, 156 (3-4): 84-92.

[53] Kaiyu Song, Jinyong Zhao, Wei Ouyang, Xuan Zhang, Fanghua Hao. LUCC and landscape pattern variation of wetlands in warm-rainy Southern China over two decades [J].Procedia Environmental Sciences, 2010, 2.

[54] Rajesh Bahadur Thapa, Yuji Murayama. Urban growth modeling of Kathmandu metropolitan region, Nepal [J]. Computers, Environment and Urban Systems, 2010, 35 (1).

[55] Kelarestaghi A, Jeloudar Z J. Land use/cover change and driving force analyses in parts of northern Iran using RS and GIS techniques [J]. Arabian Journal of Geosciences, 2011, 4 (3): 401-411.

[56] James D. A. Millington, DavidDemeritt, Raúl Romero-Calcerrada. Participatory evaluation of agent-based land-use models [J]. Journal of Land Use Science, 2011, 6 (2-3).

[57] Li Zhihua Gao Zhiqiang Gao Wei Shi Runhe Liu Chaoshun. Spatio-temporal feature of land use/land cover dynamic changes in China from 1999 to 2009 [J]. Editorial Office of Transactions of the Chinese Society of Agricultural Engineering, 2011, 27 (2).

[58] Bunting D P, Kurc S A, Grabau M R. Using existing agricultural infrastructure for restoration practices: Factors influencing successful establishment of Populus fremontii over Tamarix ramosissima [J]. Journal of Arid Environments, 2011, 75 (9): 851-860.

[59] David López-Carr, Jason Davis, Marta M. Jankowska, Laura Grant,

Anna Carla López-Carr, Matthew Clark. Space versus place in complex human-natural systems: Spatial and multi-level models of tropical land use and cover change (LUCC) in Guatemala [J]. Ecological Modelling, 2012, 229.

[60] Adhikari S, Southworth J. Simulating Forest Cover Changes of Bannerghatta National Park Based on a CA-Markov Model: A Remote Sensing Approach [J]. Remote Sensing, 2012, 4 (10): 3215-3243.

[61] Zhou D, Lin Z, Liu L. Regional land salinization assessment and simulation through cellular automaton-Markov modeling and spatial pattern analysis [J]. Science of the Total Environment, 2012, 439 (22): 260-274.

[62] Behera M D, Borate S N, Panda S N, et al. Modelling and analyzing the watershed dynamics using Cellular Automata (CA) -Markov model-A geo-information based approach [J]. Journal of Earth System Science, 2012, 121 (4): 1011-1024.

[63] Zhang R, Song N, Wang X, et al. Visual analysis of saline soil spatio-temporal variation using Geo-information TuPu [J]. Nongye Gongcheng Xuebao/transactions of the Chinese Society of Agricultural Engineering, 2012, 28 (9): 230-235.

[64] Henley D. The Agrarian Roots of Industrial Growth: Rural Development in South-East Asia and sub-Saharan Africa [J]. Development Policy Review, 2012, 30: 25.

[65] Robson J S, Ayad H M, Wasfi R A, et al. Spatial disintegration and arable land security in Egypt: A study of small- and moderate-sized urban areas [J]. Habitat International, 2012, 36 (2): 253-260.

[66] Chavez AB, Perz S G. Path dependency and contingent causation in policy adoption and land use plans: The case of Southeastern Peru [J]. Geoforum, 2013, 50 (50): 138-148.

[67] Rodrigo de Campos Macedo, Mauricio Zacharias Moreir, Eloisa Domingues, Angela Maria Resende Couto Gama, Fabio Eduardo de

Giusti Sanso, Felipe Wolk Teixeira, Fernando Peres Dias, Fernando Yutaka Yamaguchi and Luiz Roberto de Campos Jacintho. LUCC (Land Use and Cover Change) and the Environmental - Economic Accounts System in Brazil [J]. Earth Science and Engineering, 2013, 3 (12).

[68] Porphant Ouyyanont. Industrialization with a Weak State: Thailand's Development in Historical Perspective [J]. Journal of Contemporary Asia, 2013, 43 (1): 191-193.

[69] Young A. Inequality, the Urban-Rural Gap, and Migration [J]. Quarterly Journal of Economics, 2013, 128 (4): 1727-1785.

[70] Kityuttachai K, Tripathi N K, Tipdecho T, et al. CA-Markov analysis of constrained coastal urban growth modeling: Hua Hin seaside city, Thailand [J]. Sustainability, 2013, 5 (4): 1480-1500.

[71] Rosa D L, Privitera R. Characterization of non-urbanized areas for land-use planning of agricultural and green infrastructure in urban contexts [J]. Landscape & Urban Planning, 2013, 109 (1): 94-106.

[72] Adelman S, Peterman A. Resettlement and Gender Dimensions of Land Rights in Post - Conflict Northern Uganda [J]. World Development, 2014, 64 (64): 583-596.

[73] MartinPaegelow, María Teresa Camacho Olmedo, Jean-François Mas, Thomas Houet. Benchmarking of LUCC modelling tools by various validation techniques and error analysis [J]. Cybergeo, 2014.

[74] Dugord P A, Lauf S, Schuster C, et al. Land use patterns, temperature distribution, and potential heat stress risk - The case study Berlin, Germany [J]. Computers Environment & Urban Systems, 2014, 48 (1): 86-98.

[75] Salonen, Maria, Maeda, Eduardo Eiji, Toivonen, Tuuli. Evaluating the Impact of Distance Measures on Deforestation Simulations in the Fluvial Landscapes of Amazonia [J]. Ambio, 2014, 43 (6).

[76] CarmeloPeralta-Rivero, Carlos Contreras-Servín, María G. Galindo-Mendoza, Jean-François Mas Caussel, Marcos Algara-Siller. Analysis of

Land Use and Land Cover Changes and Evaluation of Natural Generation and Potential Restoration Areas in the Mexican Huasteca Region [J]. Open Journal of Forestry, 2014, 4 (2).

[77] Jean-François Mas, Melanie Kolb, Martin Paegelow, María Teresa Camacho Olmedo, Thomas Houet. Inductive pattern-based land use/cover change models: A comparison of four software packages [J]. Environmental Modelling and Software, 2014, 51.

[78] Skevas T, Swinton S M, Hayden N J. What type of landowner would supply marginal land for energy crops? [J]. Biomass & Bioenergy, 2014, 67 (67): 252-259.

[79] Aroengbinang B W, Kaswanto. Driving Force Analysis of Landuse and Cover Changes in Cimandiri and Cibuni Watersheds [J]. Procedia Environmental Sciences, 2015, 24: 184-188.

[80] Nguyen T T, Verdoodt A, Tran V Y, et al. Design of a GIS and multi-criteria based land evaluation procedure for sustainable land-use planning at the regional level [J]. Agriculture Ecosystems & Environment, 2015, 200: 1-11.

[81] Palanisami Swaminathan, Lee Keesoo, Balakrishnan Baskar, Nam Paul Ki-souk. Flue-gas-influenced heavy metal bioaccumulation by the indigenous microalgae Desmodesmus communis LUCC 002. [J].Environmental technology, 2015, 36 (1-4).

[82] Htwe, Kywe, Buerkert, Brinkmann. Transformation processes in farming systems and surrounding areas of Inle Lake, Myanmar, during the last 40 years [J]. Journal of Land Use Science, 2015, 10 (2).

[83] Swaminathan Palanisami, Keesoo Lee, Baskar Balakrishnan, Paul Ki-souk Nam. Flue-gas-influenced heavy metal bioaccumulation by the indigenous microalgae Desmodesmus communis LUCC 002 [J]. Environmental Technology, 2015, 36 (4).

[84] Sabr Abutaleb, Moeinaddini Mazaher, Azarnivand Hossein, Guinot Benjamin. Assessment of land use and land cover change using spatiotemporal

analysis of landscape: case study in south of Tehran. [J]. Environmental monitoring and assessment, 2016, 188 (12).

[85] Katarzyna Giełda-Pinas, Arika Ligmann-Zielińska, Zbigniew Zwoliński. Land use and land cover changes simulated with agent-based modelling for water conservation at catchment scale [J]. Limnological Review, 2016, 15 (3).

[86] Xiaoping Liu, Xun Liang, Xia Li, Xiaocong Xu, Jinpei Ou, Yimin Chen, Shaoying Li, Shaojian Wang, Fengsong Pei. A future land use simulation model (FLUS) for simulating multiple land use scenarios by coupling human and natural effects [J]. Landscape and Urban Planning, 2017, 168.

[87] Souza, Cervi, Brown, Rocha, Lamparelli. Mapping and evaluating sugarcane expansion in Brazil's savanna using MODIS and intensity analysis: a case-study from the state of Tocantins [J]. Journal of Land Use Science, 2017, 12 (6).

[88] Lishu Lian, Baofu Li, Yaning Chen, Cuicui Chu, Yanhua Qin. Quantifying the effects of LUCCs on local temperatures, precipitation, and wind using the WRF model [J]. Environmental Monitoring and Assessment, 2017, 189 (10).

[89] Xianliang Zhang, Zhe Xiong, Xuezhen Zhang, Ying Shi, Jiyuan Liu, Quanqin Shao, Xiaodong Yan. Simulation of the climatic effects of land use/land cover changes in eastern China using multi-model ensembles [J]. Global and Planetary Change, 2017, 154.

[90] Marcos Wellausen Dias de Freitas, Pablo Muñoz, João Roberto dos Santos, Diógenes Salas Alves. Land use and cover change modelling and scenarios in the Upper Uruguay Basin (Brazil) [J]. Ecological Modelling, 2018, 384.

[91] Batunacun, Claas Nendel, Yunfeng Hu, Tobia Lakes. Land - use change and land degradation on the Mongolian Plateau from 1975 to 2015—A case study from Xilingol, China [J]. Land Degradation & De-

velopment, 2018, 29 (6).

[92] DavidGarcía-Álvarez, Christopher D.Lloyd, Hedwig Van Delden, María Teresa Camacho Olmedo. Thematic resolution influence in spatial analysis. An application to Land Use Cover Change (LUCC) modelling calibration [J]. Computers, Environment and Urban Systems, 2019, 78.

[93] David García - Álvarez, María Teresa Camacho Olmedo, Martin Paegelow. Sensitivity of a common Land Use Cover Change (LUCC) model to the Minimum Mapping Unit (MMU) and Minimum Mapping Width (MMW) of input maps [J]. Computers, Environment and Urban Systems, 2019, 78.

[94] Eduardo Gomes, Patrícia Abrantes, Arnaud Banos, Jorge Rocha. Modelling future land use scenarios based on farmers' intentions and a cellular automata approach [J]. Land Use Policy, 2019, 85.

[95] Minmin Zhao, Zhibin He, Jun Du, Longfei Chen, Pengfei Lin, Shu Fang. Assessing the effects of ecological engineering on carbon storage by linking the CA-Markov and InVEST models [J]. Ecological Indicators, 2019, 98.

[96] Eduardo Gomes, Patrícia Abrantes, Arnaud Banos, Jorge Rocha, Michael Buxton. Farming under urban pressure: Farmers' land use and land cover change intentions [J]. Applied Geography, 2019, 102.

[97] Niraj K. C. , L. Thapa, D. P. Shukla. Fate of Agricultural Areas of Kailali District of Nepal: A Temporal Land Use Land Cover Change (Lucc) Analysis [J]. ISPRS-International Archives of the Photogrammetry, Remote Sensing and Spatial Information Sciences, 2020, XLIII-B3-2020.

[98] Eduardo Gomes, Arnaud Banos, Patrícia Abrantes, Jorge Rocha, Markus Schläpfer. Future land use changes in a peri-urban context: Local stakeholder views [J]. Science of the Total Environment, 2020, 718.

[99] Kongming Li, Mingming Feng, Asim Biswas, Haohai Su, Yalin Niu,

Jianjun Cao. Driving Factors and Future Prediction of Land Use and Cover Change Based on Satellite Remote Sensing Data by the LCM Model: A Case Study from Gansu Province, China [J]. Sensors, 2020, 20 (10).

[100] Alphan Hakan. Multi-temporal analysis of urbanisation patterns as coastal development indicators: Eastern Mediterranean coast of Turkey [J]. Ecological Indicators, 2021, 121.

[101] ChenYanguang. Exploring the level of urbanization based on Zipf's scaling exponent [J].Physica A: Statistical Mechanics and its Applications, 2021, 566.

二、中文文献

[1] 宋祥刚，朱跃文，马辰，等. 高标准粮田生产系统集成研究 [J]. 现代农业科技，2010 (22): 241-242.

[2] 马亚兰，刘普幸，程英. 甘肃省近 30 年来耕地空间动态变化与驱动力分析 [J]. 干旱区地理，2010，33 (2): 293-299.

[3] 常成，刘霞，张光灿，等. 蒙阴县土地利用动态与耕地变化驱动力分析 [J]. 中国水土保持科学，2010，8 (1): 65-70.

[4] 曾靖. 我国工业化发展对粮食安全的影响及对策研究 [D]. 华中农业大学，2010.

[5] 涂倩倩，高淑桃. 成都市耕地利用变化的人文驱动力分析 [J]. 西部经济管理论坛，2010，21 (1): 20-22.

[6] 陈红，吴世新，冯雪力. 基于遥感和 GIS 的新疆耕地变化及驱动力分析 [J]. 自然资源学报，2010 (4): 614-624.

[7] 付士波. 酒泉市耕地和基本农田保护研究 [D]. 兰州大学，2010.

[8] 张占仓. 河南省新型城镇化战略研究 [J]. 经济地理，2010，30 (9): 1462-1467.

[9] 李文强，陈宪. 新型工业化理论研究的发展 [J]. 上海经济研究，2011 (5): 16-24.

[10] 王秋香. 佛山市耕地变化驱动机理及空间布局优化研究 [D]. 南京

大学，2011.

[11] 许妍，吴克宁，赵华甫．新一轮土地利用总体规划中基本农田布局调整研究——以江西省高安市为例［J］. 资源与产业，2011，13（5）：65-72.

[12] 高丽丽，吴克宁，赵华甫，等．基于农地质量的基本农田布局优化——以浙江省路桥区峰江地区为例［J］. 资源与产业，2011，13（5）：72-77.

[13] 路雪．土地利用总体规划修编中基本农田空间布局调整优化的研究［D］. 浙江大学，2011.

[14] 汪永丰，田永中，徐旭晨，等．基于栅格数据的基本农田布局研究——以涪陵龙潭镇为例［J］. 西南大学学报自然科学版，2011，33（6）：151-155.

[15] 缪海鹰，杨子生．滇西北高寒山区土地利用变化与社会经济发展的关系研究——以宁蒗彝族自治县为例［J］. 中国农学通报，2011，27（8）：366-373.

[16] 唐宏，张新焕，杨德刚，等．近 60a 三工河流域耕地利用动态变化与驱动力分析［J］. 干旱区地理，2011，34（5）：843-850.

[17] 伍国勇．基于现代多功能农业的工业化、城镇化和农业现代化“三化”同步协调发展研究［J］. 农业现代化研究，2011，32（4）：385-389.

[18] 耿明斋．对新型城镇化引领“三化”协调发展的几点认识［J］. 河南工业大学学报（社会科学版），2011，7（4）：4-5.

[19] 王磊．土地利用变化的多尺度模拟研究-以贵州猫跳河流域为例［D］. 北京大学，2011.

[20] 王永苏．试论中原经济区工业化、城镇化、农业现代化协调发展［J］. 中州学刊，2011（3）：73-76.

[21] 杨军军，高小红，吴国良，等．基于遥感与 GIS 的县域土地利用/覆被变化研究——以青海省湟中县为例［J］. 遥感技术与应用，2011，26（5）：561-568.

[22] 张琳. 鹤壁市土地利用与城市耦合系统协调发展评价研究［D］. 河南大学，2012.

[23] 吴旭晓．我国中部地区城市化、工业化和农业现代化“三化”协调发展研究——以赣湘鄂豫四省为例［J］．农业现代化研究，2012，33（1）：1-7.

[24] 王发曾．中原经济区的“三化”协调发展之路［J］．人文地理，2012（3）：55-59.

[25] 吴旭晓．河南“三化”协调发展评价研究［J］．商业研究，2012（7）：149-156.

[26] 肖明，吴季秋，陈秋波，等．基于 CA-Markov 模型的昌化江流域土地利用动态变化［J］．农业工程学报，2012，28（10）：231-238.

[27] 周锐，苏海龙，王新军，等．CLUE-S 模型对村镇土地利用变化的模拟与精度评价［J］．长江流域资源与环境，2012，21（2）：174-179.

[28] 河南省社会科学院课题组．河南省"三化"协调发展的历程、成就与经验［J］．经济研究参考，2012（49）：35-59.

[29] 王双正．“三化同步”大视野下我国的耕地保护［J］．经济理论与经济管理，2012，31（2）：20-27.

[30] 宋戈，李晓静，向长玉，等．松嫩高平原黑土区耕地资源安全及其驱动力分析——以黑龙江省巴彦县为例［J］．水土保持通报，2012，32（4）：213-218.

[31] 孟俊杰，田建民，蔡世忠．河南省“三化”同步发展水平测度研究［J］．农业技术经济，2012（8）：65-71.

[32] 马敏娜，马秀颖，王志涛．“三化”统筹、“三化”协调、“三化”同步的内涵分析［J］．当代经济研究，2012（10）：64-68.

[33] 卢展工．推进“三化”协调发展，持续探索中原经济区科学发展路子［J］．农村．农业：农民，2012（1）：15-17.

[34] 陈志峰，刘荣章，郑百龙，等．工业化、城镇化和农业现代化“三化同步”发展的内在机制和相互关系研究［J］．农业现代化研究，2012，33（2）：29-34.

[35] 邢广洲，史铁勤，李书奎．浅山丘陵区高标准粮田建设主攻方向的探索［J］．河南农业，2012（9）：61-61.

[36] 冯锐，吴克宁，王倩．四川省中江县高标准基本农田建设时序与模式分区［J］．农业工程学报，2012，28（22）：243-251.

[37] 刘建生．农村居民点整治之模式识别、潜力测算与布局优化研究［D］．南京农业大学，2013.

[38] 侯俊国，杨朝现，信桂新，等．丘陵山区基本农田空间布局优化及评价［J］．农机化研究，2013，35（9）：54-59.

[39] 单卓然，黄亚平．“新型城镇化”概念内涵、目标内容、规划策略及认知误区解析［J］．城市规划学刊，2013（2）：16-22.

[40] 常瑞敏．基于生态理念的产业集聚区发展规划研究［D］．河北工程大学，2013.

[41] 王新盼，姜广辉，张瑞娟，等．高标准基本农田建设区域划定方法［J］．农业工程学报，2013（10）：241-250.

[42] 冯锐．基于区域差异的县域高标准基本农田建设时序研究［D］．中国地质大学（北京），2013.

[43] 刘名冲．县域高标准基本农田建设时序与模式研究———以河北省卢龙县为例［D］．河北农业大学，2013.

[44] 舒琳．都市区高标准基本农田建设评价研究与应用［D］．江西农业大学，2013.

[45] 陈江龙，高金龙，卫云龙．工业化、城镇化和农业现代化“三化融合”的内涵与机制——以江苏省为例［J］．农业现代化研究，2013（3）：20-24.

[46] 郭太忠，张凯，毕桃付．鹤壁市整建制推进粮食高产创建的实践探索［J］．中国农技推广，2013（11）：8-10.

[47] 赵颖智．我国“三化”发展的内在关系与协调性研究［D］．武汉大学，2013.

[48] 张俊杰．中原经济区“三化”协调发展路径与对策研究［D］．郑州大学，2013.

[49] 蔡世忠．中原经济区农区“三化”协调发展的现状评估与实现路径［J］．现代农业科技，2013（9）：307-309.

[50] 成丽，吴迪．粮食主产区粮食对外贸易与耕地资源可持续利用分析

[J]. 农业经济，2013（6）：106-108.
[51] 张延军，刘彦彤，李月芬 . 吉林省西部耕地动态变化及驱动力研究 [J]. 中国农学通报，2013，29（5）：92-96.
[52] 刘畅，翟华伟，高文文，等 . 西宁市耕地利用变化及其驱动力研究 [J]. 安徽农业科学，2013，41（8）：3665-3668.
[53] 张劼 . 十堰市郧县基本农田划定及空间布局优化的研究 [D]. 湖北大学，2013.
[54] 苏黎兰，杨乃，张紫薇 . 基本农田空间优化路径思考——一种数量与质量并重的基本农田划定方法 [J]. 中国国土资源经济，2013（12）：56-60.
[55] 田洁玫，杨俊孝 . 基于 DEA 方法的新疆玛纳斯县植棉农户农地流转规模效益分析 [J]. 国土资源科技管理，2013，30（2）：8-14.
[56] 田洁玫 . 基于现代农业发展的北疆棉区农地流转规模效益研究——以玛纳斯县为例 [D]. 新疆农业大学，2013.
[57] 毋晓蕾，冯红卫，周静 . 基于外部性内部化的耕地保护补偿标准研究 [J]. 南京师大学报：社会科学版，2014（A01）：371-373.
[58] 张述清，刘瑾，瞿国寻，等 . 云贵高原建设用地与基本农田空间布局优化的实现——以云南省大姚县为例 [J]. 地矿测绘，2014，30（2）：4-6.
[59] 李灿，黄九松，王玲燕，等 . 基于农用地分等成果的县级基本农田布局优化 [J]. 广东农业科学，2014，41（1）：193-197.
[60] 吴美琼，陈秀贵 . 基于主成分分析法的钦州市耕地面积变化及其驱动力分析 [J]. 地理科学，2014，34（1）：54-59.
[61] 吉珍珍 . 马鞍山市新型城镇化背景下的高标准基本农田建设研究 [D]. 安徽农业大学，2014.
[62] 刘纪远，匡文慧，张增祥，等 . 20 世纪 80 年代末以来中国土地利用变化的基本特征与空间格局 [J]. 地理学报，2014，69（1）：3-14.
[63] 丁志伟 . 中原经济区“三化”协调发展的状态评价与优化组织 [D]. 河南大学，2014.
[64] 张颖，田建民，滕永忠，等 . 河南省统筹推进高标准粮田建设工作

的思考［J］. 山西农业科学，2014，42（11）：1218-1220.
［65］冯献．长江流域“三化”协调发展水平综合评价与空间差异研究［D］. 中国农业科学院，2014.
［66］杜昭阳．县域高标准基本农田建设评价及时空布局研究［D］. 河北农业大学，2014.
［67］荣颖．基于耕地压力指数的河南省耕地保护与城市化发展研究［D］. 河南农业大学，2014.
［68］张永民，王睿博．2005-2010 年河南省土地利用结构的数量变化及空间差异［J］. 河南科技学院学报，2014（1）：1-5.
［69］李建春．银川市耕地变化与基本农田空间布局优化研究［D］. 中国农业大学，2014.
［70］刘霈珈，吴克宁，赵华甫，等．基于耕地综合质量的基本农田布局优化——以河南省温县为例［J］. 中国土地科学，2015（2）：54-59.
［71］霍明明，张轶莹，陈伟强．基于 CA-Markov 的土地利用变化及预测研究——以巩义市鲁庄镇为例［J］. 中国农学通报，2015，31（12）：279-284.
［72］陈天才，廖和平，李涛，等．高标准基本农田建设空间布局和时序安排研究——以重庆市渝北区统景镇为例［J］. 中国农学通报，2015（1）：191-196.
［73］陆文涛，代超，郭怀成．基于 Dyna-CLUE 模型的滇池流域土地利用情景设计与模拟［J］. 地理研究，2015，34（9）：1619-1629.
［74］王新利，肖艳雪．农业现代化、城镇化、工业化、信息化协调发展评价研究——以黑龙江农垦为例［J］. 农业技术经济，2015（6）：91-98.
［75］张利．曹妃甸新区土地生态安全评价与土地利用格局研究［D］. 河北农业大学，2015.
［76］高宇．基于 CLUE-S 模型的榆神府地区土地利用变化模拟研究［D］. 西北大学，2015.
［77］张颖，徐阳华．中国国家粮食安全战略演进及前瞻［J］. 国际安全研究，2015，33（3）：96-113.

[78] 曹飞．城镇化进程中的耕地占补平衡制度：困境与创新［J］．社会科学辑刊，2015（5）：120-125.

[79] 王冬辰，杜培军，苏红军，等．近20年大同市土地利用/覆盖遥感变化分析［J］．干旱区资源与环境，2015，29（7）：68-75.

[80] 陈学渊，唐华俊，吴永常，等．耕地格局时空动态变化过程和差异分析——以浙江安吉为例［J］．中国农业科学，2015，48（21）：4302-4313.

[81] 井剑国，程明向．农业大省的责任担当——河南建设高标准粮田“百千万”工程保障国家粮食安全调查报告［J］．农村农业农民月刊，2015（12）：41-43.

[82] 刘芮含．县域高标准基本农田判定与时序模式研究［D］．内蒙古师范大学，2015.

[83] 刘霈珈，吴克宁，赵华甫，等．河南省温县吨粮田高标准基本农田选址研究［J］．中国农业资源与区划，2015，36（3）：10-17.

[84] 李婷，林爱文，高云，等．高标准基本农田建设分区研究--以湖北省赤壁市为例［J］．江苏农业科学，2015（2）：396-399.

[85] 朱传民，郝晋珉，陈丽，等．基于耕地综合质量的高标准基本农田建设［J］．农业工程学报，2015，31（8）：233-242.

[86] 田洁玫，任彧，陈杰．高标准粮田区耕地质量变化及驱动力分析——以河南省鹤壁市为例［J］．江苏农业科学，2016，44（8）：494-497.

[87] 杨静丽，张旭，朱朝彬．正阳县高标准粮田建设情况及对策建议［J］．基层农技推广，2016（6）.

[88] 田洁玫，任彧，陈杰．高标准粮田区耕地动态变化及其驱动力-以河南省鹤壁市为例［J］．江苏农业科学，2016，44（12）：428-431.

[89] 李梓通．县域高标准粮田时空布局与项目规划研究——以孟州市为例［D］．郑州大学，2016.

[90] 李玉梅．三化协调发展中河南耕地保护问题研究［J］．河南农业，2016（27）：15-16.

[91] 田洁玫，任彧，陈杰．“五化”视角下鹤壁市土地利用动态变化研究

[J]. 中国农业资源与区划，2016，37（4）：228-236.

[92] 丁志伟，张改素，王发曾，康珈瑜，高岭．中国工业化、城镇化、农业现代化、信息化、绿色化"五化"协调定量评价的进展与反思[J]. 地理科学进展，2016，35（01）：4-13.

[93] 李宾，孔祥智．工业化、城镇化对农业现代化的拉动作用研究[J]. 经济学家，2016（8）：55-64.

[94] 吴义根，冯开文．安徽省"四化"协调发展的时空格局和动态演进[J]. 经济地理，2016，36（12）：28-36.

[95] 刘方媛，崔书瑞．东北三省工业化—信息化—城镇化—农业现代化—绿色化的"五化"测度及其协调发展研究[J]. 工业技术经济，2017，36（08）：35-42.

[96] 顾钰民，闫宇豪．城镇化和工业化、信息化、农业现代化同步发展研究[J]. 河南社会科学，2017，25（07）：35-40.

[97] 郭俊华，许佳瑜．工业化、信息化、城镇化、农业现代化"四化"同步协调发展测度与对策研究——以陕西为例[J]. 西北大学学报（哲学社会科学版），2017，47（04）：32-39.

[98] 张香玲，李小建，朱纪广，史焱文．河南省农业现代化发展水平空间分异研究[J]. 地域研究与开发，2017，36（03）：142-147.

[99] 田洁玫，陈杰．基于高标准粮田建设的鹤壁市耕地预测分析[J]. 资源开发与市场，2017（1）：45-48.

[100] 陈淑凤．工业化、城镇化、信息化、农业现代化和绿色化耦合协调发展研究[J]. 中南林业科技大学学报（社会科学版），2017，11（02）：21-26.

[101] 张平淡，袁赛，夏晓华．基于农业现代化视角的"五化"协同发展影响因素分析[J]. 经济地理，2017，37（03）：152-157.

[102] 张鹏岩，杨丹，李二玲，李颜颜．人口城镇化与土地城镇化的耦合协调关系——以中原经济区为例[J]. 经济地理，2017，37（08）：145-154.

[103] 杜俊平．农业现代化、新型工业化、城镇化、信息化、绿色化"五化"协同发展研究[J]. 重庆文理学院学报（社会科学版），2017，

36（01）：119-125.

［104］叶英聪，孙凯，匡丽花，赵小敏，郭熙．基于空间决策的城镇空间与农业生产空间协调布局优化［J］．农业工程学报，2017，33（16）：256-266.

［105］龚溪，曹铭昌，王东升，乐志芳，孙孝平，徐海根．黄河三角洲自然保护区土地利用格局空间优化模拟［J］．农业工程学报，2017，33（S1）：355-361.

［106］张晓娟，周启刚，王兆林，王福海．基于 MCE-CA-Markov 的三峡库区土地利用演变模拟及预测［J］．农业工程学报，2017，33（19）：268-277.

［107］刘畅，邓铭，冉春红．东北地区农业现代化与新型城镇化协调发展研究［J］．中国人口·资源与环境，2017，27（06）：155-162.

［108］［8］郭向阳，李红娟．加快信息化建设提升“三化”协调发展水平研究［J］．科技经济市场，2017（07）：60-61.

［109］李建国，李智慧．区域经济协调发展与城乡一体化的中国探索［J］．当代经济研究，2017（04）：78-85.

［110］陈万旭，李江风，朱丽君．河南省四化协调发展时空演变路径研究［J］．河南农业大学学报，2017，51（02）：282-292.

［111］李宾，王曼曼，孔祥智．我国城镇化与农业现代化协调发展的总体趋势与政策解释［J］．华中农业大学学报（社会科学版），2017（05）：46-55+146.

［112］江孝君，杨青山，张郁，王小艳，陈长瑶．中国经济社会协调发展水平空间分异特征［J］．经济地理，2017，37（08）：17-26.

［113］江孝君，杨青山，刘鉴．中国地级以上城市“五化”协调发展时空格局及影响因素［J］．地理科学进展，2017，36（07）：806-819.

［114］李帅．河北省“五化”协调发展及地域类型划分［J］．国土与自然资源研究，2017（03）：68-70.

［115］中共中央国务院关于加强耕地保护和改进占补平衡的意见［J］．中国农业信息，2017（02）：3-6.

［116］信桂新，杨朝现，杨庆媛，李承桧，魏朝富．用熵权法和改进 TOP-

SIS 模型评价高标准基本农田建设后效应［J］. 农业工程学报，2017，33（01）：238-249.

［117］魏建飞，丁志伟．我国中部城乡经济协调发展的时空格局研究［J］. 河南科学，2018，36（10）：1621-1633.

［118］杨丹，张鹏岩，周志民，李颜颜，何坚坚．城市用地扩张和经济发展的协整性与因果关系分析——以河南省为例［J］. 地域研究与开发，2018，37（04）：67-72+85.

［119］李二玲，胥亚男，雍雅君，魏莉霞．农业结构调整与中国乡村转型发展——以河南省巩义市和鄢陵县为例［J］. 地理科学进展，2018，37（05）：698-709.

［120］李欣，王先文．河南省县级行政区划空间形态特征分析与优化［J］. 测绘工程，2018，27（06）：69-76.

［121］向晶，钟甫宁．农村人口转移、工业化和城镇化［J］. 农业经济问题，2018（12）：51-56.

［122］高金龙，包菁薇，刘彦随，陈江龙．中国县域土地城镇化的区域差异及其影响因素［J］. 地理学报，2018，73（12）：2329-2344.

［123］赵文英，付仁玲，何佳琪，李瑞敏．我国各省农业现代化发展水平综合评价［J］. 中国农机化学报，2018，39（12）：94-100.

［124］胡碧松，张涵玥．基于 CA-Markov 模型的鄱阳湖区土地利用变化模拟研究［J］. 长江流域资源与环境，2018，27（06）：1207-1219.

［125］陈国生，丁翠翠，郭庆然．基于熵值赋权法的新型工业化、新型城镇化与乡村振兴水平关系实证研究［J］. 湖南社会科学，2018（06）：114-124.

［126］王飞鹏，白卫国．农业现代化、新型工业化与城镇化协调发展研究——基于中国 1998—2015 年三大经济地带的面板数据分析［J］. 兰州学刊，2018（05）：200-208.

［127］统筹推进新型城镇化与乡村振兴协调发展［N］. 河南日报，2018-06-30（007）.

［128］马雪莹，邵景安，曹飞．重庆山区县域高标准基本农田建设综合成效评估——以重庆市垫江县为例［J］. 自然资源学报，2018，33

(12): 2183-2199.

[129] 向雁，陈印军．中原现代农业科技示范区耕地保护问题与对策研究[J]．中国农业资源与区划，2018，39（12）：152-160.

[130] 刘春芳，刘立程，何瑞东．黄土丘陵区高标准农田建设的生态系统服务响应研究——以榆中县高标准农田建设项目为例[J]．中国人口·资源与环境，2018，28（12）：124-130.

[131] 周琳琳，朱嘉伟，王海帆，金俊超，邹燕平．高标准基本农田分区建设研究——以舞阳县为例[J]．中国农学通报，2018，34（19）：159-164.

[132] 朱传民，黄雅丹，姚治国，李旭东，涂刘玉．基于生态位理论的曲周县高标准基本农田建设研究[J]．北京师范大学学报（自然科学版），2018，54（03）：321-326.

[133] 赵素霞，牛海鹏，张合兵，张小虎．高标准农田建设中耕地空间稳定性评价研究[J]．农业机械学报，2018，49（07）：119-126.

[134] 吕雅慧，郧文聚，张超，朱德海，杨建宇，陈英义．基于 TOPSIS 和 BP 神经网络的高标准农田综合识别[J]．农业机械学报，2018，49（03）：196-204.

[135] 李长学．新马克思主义城市空间理论与中国新型城镇化理论比较研究[D]．中共中央党校，2018.

[136] 钟君．农业现代化、新型工业化、城镇化协调发展探析——基于贵州九个地州市的面板数据[J]．安顺学院学报，2018，20（03）：99-104+110.

[137] 梁慧超，王宝堃．新时代新型工业化发展路径分析[J]．社科纵横，2018，33（12）：53-57.

[138] 田时中，陈永盾，周晓星．工业化、城镇化、信息化、农业现代化、绿色化测度及互动效应研究[J]．南京财经大学学报，2019（06）：29-41.

[139] 陈明星，叶超，陆大道，隋昱文，郭莎莎．中国特色新型城镇化理论内涵的认知与建构[J]．地理学报，2019，74（04）：633-647.

[140] 陶长琪，陈伟，郭毅．新中国成立 70 年中国工业化进程与经济发

展［J］. 数量经济技术经济研究，2019，36（08）：3-26.

［141］娄钰华，张松林．工业化、城镇化与农业现代化协调发展路径——基于系统动力学仿真研究［J］. 学习与实践，2019（11）：65-72.

［142］吴荣涛，夏俊康，朱嘉伟，吴昆霖，张超．鹤壁市粮食耕地人口承载力评价［J］. 中国农学通报，2019，35（10）：89-94.

［143］赵越，罗志军，曹丽萍，钟珊，赵杰．基于空间决策的区域城镇发展与农业生产协调布局优化——以江西省临川区为例［J］. 自然资源学报，2019，34（03）：526-538.

［144］冯丽媛，米文宝，马国庆．基于 CA-Markov 模型的宁夏沿黄生态经济带土地利用变化及模拟研究［J］. 水土保持通报，2019，39（05）：218-222+230+2.

［145］靳含，杨爱民，夏鑫鑫，朱磊，张青青．基于 CA-Markov 模型的多时间跨度土地利用变化模拟［J］. 干旱区地理，2019，42（06）：1415-1426.

［146］叶超，高洋．新中国 70 年乡村发展与城镇化的政策演变及其态势［J］. 经济地理，2019，39（10）：139-145.

［147］丁静．新时代乡村振兴与新型城镇化的战略融合及协调推进［J］. 社会主义研究，2019（05）：74-81.

［148］陈国宏．河南省新型城镇化和农业现代化协调发展研究［J］. 安顺学院学报，2019，21（06）：111-115+120.

［149］张俊丽，张杏梅，罗悦，桑燕妮．河南省“五化”协调发展的时空演变研究［J］. 河南理工大学学报（社会科学版），2019，20（04）：47-55.

［150］曹俊杰．新中国成立 70 年农业现代化理论政策和实践的演变［J］. 中州学刊，2019（07）：38-45.

［151］祝志川，张君妍，王成岐．基于熵值赋权的区域“五化”耦合协调测度分析［J］. 数学的实践与认识，2019，49（03）：35-45.

［152］王兆君，任兴旺．农业产业集群化与城镇化协同度对农业经济增长的关系研究——以山东省为例［J］. 农业技术经济，2019（03）：106-118.

[153] 陈麟，吴克宁，冯喆，于兵，宋恒飞．生态文明建设视角下的高标准农田建设适宜性评价［J］．土壤，2019，51（04）：803-812.

[154] 赵玉领，王巍．耕地分等定级现状及改进建议［J］．中国土地，2019（02）：12-14.

[155] 杨绪红，金晓斌，贾培宏，任婕，吴定国，曹帅，周寅康．多规合一视角下县域永久基本农田划定方法与实证研究［J］．农业工程学报，2019，35（02）：250-259.

[156] 代碧波，陈晓菲．粮食主产区农业现代化与新型城镇化的耦合协调度测算［J］．统计与决策，2020，36（09）：104-108.

[157] 安晓宁．粮食主产区农业产业结构优化与农业现代化协调发展研究［D］．中国农业科学院，2020.

[158] 王亚华，臧良震，苏毅清．2035 年中国农业现代化前景展望［J］．农业现代化研究，2020，41（01）：16-23.

[159] 王沪宁在学习贯彻党的十九届五中全会精神中央宣讲团动员会上强调 深入学习领会习近平新时代中国特色社会主义思想 全面准确宣讲党的十九届五中全会精神［J］．党建，2020（11）：9.

[160] 张文炤，朱明君，杜琳玮，李建林．基于山水林田湖草系统的汤河流域生态修复研究［J］．中国水土保持，2020（07）：24-26+41+5.

[161] 夏海东，董红星，王怀苹，张洪伟，郭雁茹．2020 年鹤壁市小麦品种利用现状及麦播品种利用布局意见［J］．中国种业，2020（11）：54-55.

[162] 贾语非，王秀荣．基于 CA-Markov 模型的贵阳市花溪区景观格局预测及优化［J］．西部林业科学，2020，49（06）：118-127.

[163] 易丹，赵小敏，郭熙，赵丽红，张晗，韩逸，Roshan Subedi，罗志军．基于生态敏感性评价和 CA-Markov 模拟的平原型城市开发边界划定——以南昌市为例［J］．应用生态学报，2020，31（01）：208-218.

[164] 胥慧敏，王秀丽，李玲，石峡．河南省设施农业发展潜力评价与布局优化［J］．江苏农业科学，2020，48（04）：286-293.

[165] 陈政．“五化”协同发展的指标体系构建［J］．统计与决策，2020，36（04）：26-30.

[166] 石云霞. 论坚持以人民为中心——学习《习近平新时代中国特色社会主义思想学习纲要》[J]. 学校党建与思想教育，2020（01）：4-12.

[167] 徐坤，王智. 新时代中国工业化发展战略的背景、内涵与价值[J]. 扬州大学学报（人文社会科学版），2020，24（06）：19-31.

[168] 文枫，李会杰，周彦兵，鲁春阳，张宏敏，赵占辉. 河南省新型城镇化与农业现代化协调关系测度[J]. 中国农业资源与区划，2020，41（04）：143-149.

[169] 范文洋，蒋海洋，李斌. 县域高标准农田建设项目遴选布局方法——以舒兰市为例[J]. 中国农学通报，2020，36（02）：90-96.

[170] 徐成龙，庄贵阳. 新型城镇化下城镇可持续发展的内涵解析与差异化特征探讨[J]. 生态经济，2021，37（01）：77-82.

[171] 易雪琴. 推进新型城镇化和区域协调发展[N]. 河南日报，2021-01-03（004）.

[172] 秦建辉，于壮，麻永建. 基于 GIS 下"农业生产-城镇发展-生态维持"的耕地敏感性评价[J/OL]. 河南理工大学学报（自然科学版）：1-12[2021-01-13]. https：//doi. org/10. 16186/j. cnki. 1673-9787. 2020030082.

附　录

附表 1　河南省高标准粮田建设区域划分表

区域	包含县（市、区）
黄淮海平原区	滑县、内黄县、鹤壁市、浚县、新乡县、原阳县、延津县、封丘县、长垣县、濮阳县、清丰县、南乐县、范县、台前县、禹州市、长葛市、许昌县、鄢陵县、襄城县、临颍县、舞阳县、郾城区、汝州市、叶　县、郏　县、永城市、夏邑县、虞城县、柘城县、梁园区、睢阳区、宁陵县、睢　县、民权县、太康县、商水县、鹿邑县、淮阳县、郸城县、沈丘县、项城市、西华县、扶沟县、杞县、通许县、尉氏县、开封县、兰考县、确山县、泌阳县、遂平县、西平县、上蔡县、汝南县、平舆县、新蔡县、正阳县、驿城区、平桥区、罗山县、潢川县、固始县、息　县、淮滨县、光山县、商城县
山前平原区	伊川县、孟津县、宜阳县、洛宁县、安阳县、汤阴县、淇县、获嘉县、辉县市、卫辉市、沁阳市、孟州市、温县、博爱县、武陟县、修武县
南阳盆地区	宛城区、卧龙区、南召县、方城县、西峡县、镇平县、内乡县、淅川县、社旗县、唐河县、新野县、桐柏县、邓州市

附表 2　河南省鹤壁市耕地地力评价成果展示表（续表 1）

县土属名	县亚类名	县土类名	县名称	地类名称	地类号	乡名称	地貌类型	灌溉
砂土	黄潮土	潮土	浚县	水浇地	113	新镇镇	平原	能灌
褐土化两合土	褐土化潮土	潮土	浚县	水浇地	113	卫贤镇	坡洼地	保灌
立黄土	褐土	褐土	浚县	水浇地	113	白寺乡	平原	能灌
砂土	黄潮土	潮土	浚县	水浇地	113	城关镇	平原	保灌
褐土性黄土	褐土性土	褐土	浚县	果园	121	黎阳镇	平原	能灌
固定砂丘风砂土	冲积性风砂土	风砂土	浚县	水浇地	113	善堂镇	平原	能灌
立黄土	褐土	褐土	浚县	水浇地	113	屯子镇	平原	可灌
两合土	黄潮土	潮土	浚县	水浇地	113	王庄乡	平原	可灌
白面土	碳酸盐褐土	褐土	浚县	水浇地	113	小河镇	交接洼地	保灌
砂土	黄潮土	潮土	浚县	水浇地	113	新镇镇	平原	能灌
脱潮壤土	脱潮土	潮土	淇县	水浇地	113	高村镇	平原	保灌
灰石土	钙质石质土	石质土	淇县	旱地	114	黄洞乡	低山	保灌
灰石土	钙质石质土	石质土	淇县	水浇地	113	庙口镇	低山	可灌
白面土	石灰性褐土	褐土	淇县	水浇地	113	桥盟乡	低山	无灌
洪积潮土	典型潮土	潮土	淇县	水浇地	113	朝歌镇	坡洼地	保灌
潮褐土	潮褐土	褐土	淇县	水浇地	113	北阳镇	坡洼地	保灌
两合土	典型潮土	潮土	淇县	水浇地	113	西岗镇	坡洼地	保灌

附表 2　河南省鹤壁市耕地地力评价成果展示表（续表 2）

地形部位	成土母质	质地	省土种代码	省土属名	省土类名
河流冲积平原的边缘地带	古黄河冲积物	砂壤土	23011427	石灰性潮砂土	潮土
河流冲积平原的边缘地带	古黄河冲积物	轻壤土	23051219	脱潮壤土	潮土
丘陵低山中下部及坡麓平坦地	洪积物	中壤土	14051213	泥砂质石灰性褐土	褐土
河流冲积平原的边缘地带	古黄河冲积物	紧砂土	23011435	石灰性潮砂土	潮土
丘陵低山中下部及坡麓平坦地	洪积物	重壤土	14031211	泥砂质褐土性土	褐土
平原	风积物	紧砂土	17011116	草甸固定风沙土	风沙土
丘陵低山中下部及坡麓平坦地	洪积物	中壤土	14051218	泥砂质石灰性褐土	褐土
河流冲积平原的边缘地带	古黄河冲积物	轻壤土	23011545	石灰性潮壤土	潮土
丘陵低山中下部及坡麓平坦地	洪积物	中壤土	14051214	泥砂质石灰性褐土	褐土
河流冲积平原的边缘地带	古黄河冲积物	砂壤土	23011427	石灰性潮砂土	潮土
河流冲积平原的边缘地带	冲积物	中壤土	23051216	脱潮壤土	潮土
中低山上、中部坡腰	残积坡积物	重壤土	19031115	灰泥质钙质石质土	石质土
中低山上、中部坡腰	残积坡积物	重壤土	19031115	灰泥质钙质石质土	石质土
山前洪积平原	洪积物	中壤土	14051214	泥砂质石灰性褐土	褐土
河流冲积平原的边缘地带	洪积物	中壤土	23011714	洪积潮土	潮土
河流冲积平原的边缘地带	洪积物	中壤土	14011224	泥砂质潮褐土	褐土
河流冲积平原的边缘地带	洪积物	中壤土	23011714	洪积潮土	潮土

附表 2　河南省鹤壁市耕地地力评价成果展示表（续表 3）

有机质	有效磷	速效钾	全氮	pH	省亚类名	省土种名	县土种名
13.50	12.20	115.00	0.92	8.00	典型潮土	砂壤土	底粘砂壤土
17.10	20.90	135.00	1.10	7.90	脱潮土	脱潮底粘小两合土	褐土化底粘小两合土
16.80	13.00	118.00	0.98	8.00	石灰性褐土	壤质洪积褐土	立黄土
19.20	13.60	114.00	1.68	8.00	典型潮土	浅位壤砂质潮土	体壤砂土
10.10	14.60	58.00	1.06	8.20	褐土性土	厚层洪积褐土性土	厚层褐土性黄土
10.20	27.50	76.00	0.93	8.30	草甸风沙土	固定草甸风砂土	固定砂丘细砂风砂土
18.10	9.40	86.00	1.29	8.00	石灰性褐土	深位多量砂姜洪积褐土	深位中层砂姜立黄土
14.80	13.10	107.00	1.15	8.20	典型潮土	底粘小两合土	底粘小两合土
16.20	10.20	118.00	1.19	8.00	石灰性褐土	壤质洪积石灰性褐土	白面土
13.50	12.20	115.00	0.92	8.00	典型潮土	砂壤土	底粘砂壤土
18.20	22.60	142.00	1.03	8.00	脱潮土	脱潮两合土	褐土化两合土
17.80	16.80	134.00	1.02	7.90	钙质石质土	钙质石质土	多砾质中层灰石土
17.70	29.80	208.00	1.07	8.00	钙质石质土	钙质石质土	多砾质薄层灰石土
15.60	9.50	147.00	0.90	7.90	石灰性褐土	壤质洪积石灰性褐土	洪积碳酸盐褐土
15.50	11.90	113.00	0.95	8.00	典型潮土	壤质洪积潮土	底黑洪积潮土
17.10	16.60	181.00	1.10	8.00	潮褐土	壤质潮褐土	壤质潮褐土
15.80	15.80	170.00	0.91	7.90	典型潮土	壤质洪积潮土	两合土

附表 2　河南省鹤壁市耕地地力评价成果展示表（续表 4）

隶属度	坡度	土壤剖面	障碍类型	障碍厚度	障碍位置	耕层盐化	地表砾石	质地构型
0.44	2.40	粘底砂壤	砂壤层	50	0—50	无	无	粘底砂壤
1.00	2.40	无明显障碍	无			无	无	粘底轻壤
1.00	4.20	无明显障碍	无			无	无	
0.60	2.70	壤身砂土	砂土层	50	0—50	无	无	壤身砂土
0.30	2.40	深位石质接触	基岩	60 以下	60	无	中	
0.20	1.80	均质砂土	砂土层	100	0—100	无	无	均质砂土
0.80	3.10	深位薄层砂姜层	砂姜层	15	50—65	无	少	
1.00	3.30	无明显障碍	无			无	无	粘底轻壤
0.60	2.40	浅位厚层砂姜层	30%砂姜	70	30—100	无	少	
0.44	2.40	粘底砂壤	砂壤层	50	0—50	无	无	粘底砂壤
1.00	2.40	无明显障碍	无			无	无	均质中壤
0.20	18.20	浅位石质接触	基岩	45 以下	45	无	多	
0.20	4.30	浅位石质接触	基岩	45 以下	45	无	多	
0.60	5.70	浅位厚层砂姜层	30%砂姜	70	30—100	无	少	
1.00	2.50	无明显障碍	无			无	无	均质中壤
1.00	0.30	无明显障碍	无			无	无	
1.00	2.10	无明显障碍	无			无	无	均质中壤

附表 2　河南省鹤壁市耕地地力评价成果展示表（续表 5）

图上面积	平差面积	有效锌	有效铜	有效锰	有效铁	缓效钾	实体面积	内部标识码
174770. 58	42398. 54	1. 18	1. 16	22. 37	6. 13	758. 94	132372. 04	1. 00
49761. 24	12071. 85	2. 19	1. 81	21. 33	13. 33	941. 71	37689. 39	67. 00
92389. 60	22413. 30	1. 03	0. 66	12. 96	3. 97	540. 58	69976. 30	341. 00
387403. 98	93982. 43	1. 73	1. 03	12. 65	6. 38	867. 02	293421. 55	2723. 00
238264. 24	57801. 81	1. 30	0. 69	9. 09	6. 26	580. 57	180462. 43	317. 00
1558376. 70	378055. 04	1. 26	1. 11	11. 15	6. 65	668. 67	1180321. 66	278. 00
43644. 51	10587. 96	0. 89	0. 50	16. 10	3. 26	680. 55	33056. 55	1133. 00
17409. 09	4223. 36	1. 96	1. 16	15. 43	6. 14	868. 75	13185. 73	1347. 00
141280. 76	34274. 07	0. 90	1. 02	15. 18	6. 08	955. 49	107006. 69	2493. 00
174770. 58	42398. 54	1. 18	1. 16	22. 37	6. 13	758. 94	132372. 04	1. 00
12291. 57	-25. 56	2. 47	2. 08	18. 67	11. 99	862. 53	12317. 13	75. 00
1459. 70	-3. 03	1. 85	1. 36	13. 55	8. 74	621. 50	1462. 73	780. 00
42030. 01	-87. 38	3. 08	1. 25	13. 22	8. 95	933. 42	42117. 39	537. 00
4163. 10	-8. 65	1. 99	1. 17	19. 37	10. 82	981. 22	4171. 75	1109. 00
2012594. 68	-4184. 17	0. 93	1. 14	26. 69	13. 18	802. 84	2016778. 85	36. 00
1509. 99	-3. 14	2. 05	2. 26	23. 75	19. 20	837. 75	1513. 13	39. 00
674. 11	-1. 40	2. 49	2. 24	23. 50	16. 75	995. 76	675. 51	48. 00

附表 3 1993—2013 年鹤壁市耕地变化驱动因子标准化表（续表 1）

区域名	Y_1	X_1	X_2	X_3	X_4	X_5	X_6
	耕地数量	总人口数量	粮食总产量	固定资产投资额	非农业人口	农业总产值	工业总产值
2013 鹤山区	-0. 838	-0. 932	-0. 875	0. 194	-0. 478	-0. 485	0. 684
2013 山城区	-0. 714	-0. 413	-0. 826	1. 233	1. 173	-0. 461	1. 071
2013 淇滨区	-0. 642	-0. 316	-0. 373	0. 810	1. 891	-0. 065	0. 195
2013 浚县	1. 603	1. 741	2. 066	1. 333	0. 024	2. 878	0. 772
2013 淇县	-0. 170	-0. 179	0. 318	1. 73	-0. 464	0. 405	2. 162
2003 鹤山区	-0. 833	-0. 864	-0. 886	-0. 776	-0. 189	-0. 640	-0. 818
2003 山城区	-0. 701	-0. 392	-0. 838	-0. 769	1. 606	-0. 630	-0. 934
2003 淇滨区	-0. 600	-0. 929	-0. 682	-0. 775	-0. 374	-0. 602	-0. 918
2003 浚县	1. 635	1. 575	1. 179	-0. 696	-0. 54	0. 717	-0. 486
2003 淇县	-0. 159	-0. 349	-0. 191	-0. 707	-0. 627	-0. 397	-0. 022
1993 浚县	1. 583	1. 497	1. 279	-0. 787	-0. 762	-0. 360	-0. 871
1993 淇县	-0. 165	-0. 439	-0. 170	-0. 788	-1. 260	-0. 360	-0. 837

附表 3 1993—2013 年鹤壁市耕地变化驱动因子标准化表（续表 2）

区域名	X_7	X_8	X_9	X_{10}	X_{11}	X_{12}/Y_2	X_{13}	X_{14}
	农用机械总动力	农村居民人均纯收入	农业化肥施用量	粮食作物播种面积	经济作物播种面积	耕地质量	到水域重心距离	到建设用地重心距离
2013 鹤山区	-0.662	1.011	-0.716	-0.910	-0.564	-0.495	-0.711	-0.673
2013 山城区	-0.589	1.168	-0.428	-0.828	-0.548	-1.790	0.171	-0.930
2013 淇滨区	-0.312	0.976	-0.165	-0.483	-0.623	0.959	2.485	2.644
2013 浚县	2.425	1.205	2.123	1.593	1.026	0.541	-0.205	-0.081
2013 淇县	-0.098	1.231	-0.453	0.121	-0.582	-0.206	-0.355	-0.191
2003 鹤山区	-0.706	-0.703	-0.710	-0.905	-0.622	-0.471	-0.951	-0.452
2003 山城区	-0.656	-0.676	-0.753	-0.842	-0.536	-1.62	0.909	-0.927
2003 淇滨区	-0.588	-0.723	-0.678	-0.655	-0.663	1.423	0.979	1.142
2003 浚县	1.459	-0.668	1.478	1.495	1.929	-0.078	-0.380	-0.223
2003 淇县	-0.376	-0.657	-0.584	-0.095	-0.476	0.791	-0.622	0.076
1993 浚县	0.633	-1.085	1.191	1.58	1.869	0.059	-0.791	-0.466
1993 淇县	-0.530	-1.079	-0.305	-0.072	-0.211	0.887	-0.526	0.080

附表 4　鹤壁市高标准粮田布局优化指标标准化表

区域名	耕地质量	粮食单产	耕地连片性	农用机械总动力	农业化肥施用量	农业科技人员数量	工业生产总值	二三产固定资产投资额
鹤山区	0.471	0	0	0	0	0	0.751	1
山城区	0	0.048	0.337	0.024	0.101	0.18	0.555	0.634
淇滨区	1	0.87	0.007	0.113	0.194	0.128	1	0
浚县	0.848	1	1	1	1	1	0.707	0.617
淇县	0.576	0.931	0.241	0.183	0.093	0.093	0	0.573
区域名	城镇化水平	道路通达度	农业用电量	林地覆盖度	水域敏感度	粮食安全性	布局稳定性	
鹤山区	0.025	0	0.523	0.863	1	0	0	
山城区	0	0.008	0	1	0.724	0.012	0.683	
淇滨区	0.27	0.137	1	0.634	0	0.448	0.189	
浚县	1	1	0.935	0	0.842	0.996	1	
淇县	0.654	0.323	0.675	0.197	0.889	1	0.253	

附表 5　河南省高标准粮田验收认定指标评分表（续表 1）

考评项目	考评指标		考评要点	考评依据	得分
基础设施建设（48 分）	“田间五网”配套情况（45 分）	田网（6 分）	田间土地平整计 2 分；集中连片计 2 分；无影响耕作和废弃建筑物计 2 分。	实地查看及查看项目工程验收报告等	
		渠（井）网（15 分）	灌溉井渠及配套设施配备齐全、科学计 6 分；灌溉制度合理，灌水方式先进计 4 分；排水系统健全计 3 分；灌溉涉及保证率和排水设计标准符合规划要求计 2 分。	现场查看及查看项目工程验收报告等	
		电网（10 分）	变电设备齐全计 6 分；供电线路涉及科学计 2 分；农田输配电工程布设与排灌、道路工程衔接合理计 2 分。	现场查看及查看项目工程验收报告等	
		林网（6 分）	林网密度合理、林相整齐计 3 分；布局合理且采取以沟渠路定林计 1 分；当年植树造林苗木达到 1 级苗木标准，当年成活率达到 95%，三年后保存率达到 90% 计 2 分。	现场查看及查看项目工程验收报告等	
		路网（8 分）	道路整体布局整齐、密度合理计 4 分；田间道路和生产道路路宽设计合理，便于田间生产和机械化作业计 3 分；路面建设平整、晴雨通畅计 1 分。	现场查看及查看项目工程验收报告等	
	田间工程管护（3 分）		建立有建后管护机制计 2 分；田间工程设施建后检查维护及时，无明显损坏计 3 分。	文件资料、现场查看等	

附表 5　河南省高标准粮田验收认定指标评分表（续表 2）

考评项目	考评指标		考评要点	考评依据	得分
技术跟进及服务（18 分）	农技推广乡镇区域站建设及服务（8 分）	农技推广区域站建设（5 分）	高标准粮田区域内规划建设有农技推广区域站计 2 分；农机推广区域站建设布局合理计 1 分，2014 年前按标准建设完成计 2 分。	文件资料、现场查看及查看工程验收报告等	
		技术人员配备（1.5 分）	技术人员配备整齐计 1.5 分。	文件资料、现场查看等	
		技术推广和综合信息服务（1.5 分）	有开展技术推广、培训和综合信息服务的措施及记录计 1.5 分。	文件资料、现场查看等	
	商品种子供应率（2 分）		常规种商品种子供应率达到 96% 以上、杂交种达到 100%以上计 2 分，基本达到计 1 分，未达到计零分。	文件资料、现场查看等	
	农业机械化率（2 分）		农业全程机械化率黄淮平原区达到 85%以上，山前平原区达到 65%以上，南阳盆地区达到 75%以上计 1 分。耕地耕作层大于 25 厘米，每隔三年深耕深松一次，计 1 分。	农机部门统计数据	
	病虫害统防统治率（2 分）		病虫害统防统治率达到 100%计 2 分。	农业部门统计数据	
	测土配方施肥覆盖率（2 分）		测土配方施肥覆盖率达到 100%计 2 分。	农业部门统计数据	
	农产品质量安全（2 分）		规划区内生产农产品通过无公害认证计 2 分。	文件资料和农业部门数据	
农业信息化水平（8 分）	农情监测点（5 分）		规划区内建有农情监测点计 3 分，配套设施齐全及能有效开展监测、测报计 2 分。	农业部门数据	
	农业气象信息服务站（3 分）		高标准粮田建设规划区内建有乡镇农业气象信息服务站、人工影响天气及设施计 2 分；对气象信息和灾害能及时进行预警、预报和信息发布，计 1 分。	省气象局数据	

附表 5　河南省高标准粮田验收认定指标评分表（续表 3）

考评项目	考评指标	考评要点	考评依据	得分
耕地质量与粮食生产环境（10 分）	耕地地力提升（5 分）	采取有秸秆还田、增施有机肥、绿肥翻压还田等技术措施计 2 分；秸秆还田率达到 80%以上计 1 分；土壤有机质含量旱地达到 15g/kg 以上，水田达到 18g/kg 以上计 1 分；建有耕地地力监测点并有效开展上检测工作计 1 分。	实地查看、农业部门数据	
	粮食生产环境（5 分）	未发生建设项目非法占用耕地事件计 1 分；未发生向耕地及农田沟渠中排放或者倾倒有毒有害废水、废弃物现象计 1 分；非发生耕地耕层损毁现象计 1 分，为发生耕地质量污染事件计 1 分，粮食农药残留符合国家标准 1 分。	实地查看	
农业组织化程度（6 分）	新型经营主体（3 分）	有扶持专业合作社建设发展的措施 1 分；专业合作社服务面积达到 50%计 2 分。	工商部门、农业部门数据	
	土地规模化经营（3 分）	有扶持土地流转的措施 1 分；土地规模化经营面积达到 50%计 2 分。	工程部门、农业部门数据	
粮食生产能力（10 分）	主要粮食作物年种植面积（5 分）	主要粮食作物种植面积占规划面积 100%的计 5 分，每降低 1 个百分点扣 1 分。	农业、统计部门数据	
	主要粮食作物年平均单产（5 分）	粮食年生产能力稳定达到每亩 1000 公斤以上计 5 分；未达到每亩 1000 公斤，但较当年当地平均单产增产且达到亩产 900 公斤以上的计 3 分，实现增产的计 2 分。	农业、统计部门数据	

附表6　高标准粮田验收认定表

<table>
<tr><td>方的编号</td><td></td><td>面积（亩）</td><td></td></tr>
<tr><td>建设地点</td><td colspan="3"></td></tr>
<tr><td colspan="4">验收组认定结论

验收组组长（签名）

年　　月　　日</td></tr>
<tr><td colspan="4">领导小组办公室初审意见：

负责人（签名）

年　　月　　日</td></tr>
<tr><td colspan="4">县级人民政府建设高标准粮田领导小组审定意见：

负责人（签名）
（盖章）
年　　月　　日</td></tr>
</table>

备注：建设地点万亩方填写到乡（镇），千亩方填写到行政村，百亩方填写到自然村。

参研项目及学术论文

参研项目

2010—2012 年，参与国家社科基金项目“西部地区农地承包经营权流转问题研究”（编号：10BJY063）

2011—2012 年，参与新疆维吾尔自治区高校科研计划重点项目“新疆农地流转与现代农业经营模式选择研究”（编号：XJEDU2011I26）

2013—2014 年，主持完成郑州大学研究生自主创新项目：“河南罗山县农地流转规模效益调查研究”

2013—2014 年，参与科技部“十二五”农村领域国家科技计划课题：砂质潮土中低产田改良研究与示范（项目编号：2012BAD05B02-7）

2013—2015 年，参与国家自然科学基金项目：基于分类距离—环境协变量回归模型的土壤数字化制图研究（项目编号：40971128）

2019—至今，主持华侨大学高层次人才科研启动项目：大数据背景下闽三角城市群生活服务设施空间布局研究（项目编号：19SKBS215）

2020—至今，主持泉州市社会科学规划一般项目：协同发展视角下泉州市医疗资源布局优化研究（项目编号：2020D18）

2020—至今，主持福州市社会科学规划一般项目：协同发展视角下福州市医疗资源布局优化研究（项目编号：2020FZC36）

学术论文

1. 田洁玫，杨俊孝．基于转入户视角的新疆玛纳斯县农地流转对棉农植棉影响研究［J］．广东农业科学，2012，39（15）：234-236.

2. Tian Jiemei，Yang Junxiao. Effect of Agricultural Land Reform on Cotton

Cultivation in Manasi, XinJiang Based on Reformed Farmers [J]. Agricultural Science & Technology, 2013, 1: 176-179.

3. 田洁玫，杨俊孝．基于 DEA 方法的新疆玛纳斯县植棉农户农地流转规模效益分析 [J]. 国土资源科技管理，2013，30（2）：8-14.

4. 田洁玫，杨俊孝．新疆自治区农地流转规模效益与风险分析 [J]. 中国农业资源与区划，2014，35（1）：75-81.

5. 田洁玫，任彧，陈杰．“五化”视角下鹤壁市土地利用动态变化研究 [J]. 中国农业资源与区划，2016，37（4）：228-236.

6. 田洁玫，任彧，陈杰．高标准粮田区耕地质量变化及驱动力分析——以河南省鹤壁市为例 [J]. 江苏农业科学，2016，44（8）：494-497.

7. 田洁玫，任彧，陈杰．高标准粮田区耕地动态变化及其驱动力——以河南省鹤壁市为例 [J]. 江苏农业科学，2016，44（12）：428-431.

8. 田洁玫，陈杰．基于高标准粮田建设的鹤壁市耕地预测分析 [J]. 资源开发与市场，2017，44（8）：494-497.

9. 田洁玫，陈杰．“五化”视角下高标准粮田时空布局优化研究 [J]. 中国农业资源与区划，2017，38（7）：29-35.

10. 田洁玫，陈杰．高标准粮田区鹤壁市土地利用情景模拟预测研究 [J]. 国土资源遥感，2018，1：150-156.

11. 田洁玫．基于 POI 数据的城市群公园绿地规模效益评价——以闽三角城市群为例 [J]. 国土资源科技管理，2020，37（03）：1-12.

12. 田洁玫．基于 POI 数据的物流公司网点服务能力评价——以闽三角城市群为例 [J]. 物流技术，2020，39（04）：107-111+132.